国家社科基金
GUOJIA SHEKE JIJIN HOUQI ZIZHU XIANGMU
后期资助项目

合并会计报表研究：
权责确认与市价计量

Research on Consolidated Accounting Statements：
Recognition of Rights and Duty and
Measurement of Market Price

黄　申　著

上海远东出版社

图书在版编目(CIP)数据

合并会计报表研究：权责确认与市价计量/黄申著.—上海：上海
远东出版社，2022
ISBN 978 - 7 - 5476 - 1887 - 5

Ⅰ.①合… Ⅱ.①黄… Ⅲ.①会计报表-研究 Ⅳ.①F231.5

中国版本图书馆 CIP 数据核字(2022)第 247783 号

责任编辑 程云琦
封面设计 李 廉

合并会计报表研究

权责确认与市价计量

黄 申 著

出 版 上海遠東出版社
      (201101 上海市闵行区号景路 159 弄 C 座)
发 行 上海人民出版社发行中心
印 刷 上海锦佳印刷有限公司
开 本 710×1000 1/16
印 张 17.25
字 数 301,000
版 次 2023 年 4 月第 1 版
印 次 2023 年 4 月第 1 次印刷
ISBN 978 - 7 - 5476 - 1887 - 5/F · 709
定 价 78.00 元

前　言

　　作为合并报表的研究成果,本书有着内容聚焦与自成体系的特点。内容聚焦,表现为始终围绕合并报表这一对象研究,探讨其理论基础与技术方法,即使涉及物价变动会计与外币报表折算也是服务于合并报表编制。自成体系表现为首尾呼应,在绪论中提出了权责确认与市价计量两大基础,随后便以此分别探讨了合并报表基础理论与技术方法;在总结部分,通过对评审专家意见的回答呼应了会计基础指向会计目标这一思路。

　　在基础理论部分,主要以会计权利责任确认基础研究了合并报表的法理依据、内涵性质、编制理论三个问题。在法理依据方面,基于法人独立性认为合并报表缺乏编制法理,除非法人独立性丧失;但若对企业法人权利分离并授予控股股东,会有四种不同情况,而使用权能分离会产生会计报表合并之法理。在内涵性质方面,在辨析会计主体"权责统一体"之后,论证了"权责混同"的合并报表内涵与合并抵销的法理依据;随后,对现实存在的合并报表三种类型,从经营权责混同、行政权责混同、模拟权责混同视角给予解释。在编制理论方面,针对现有合并报表编制理论的共同缺陷,提出了合并报表编制的"公平理论",并通过对两种计量属性的对比,引出了市价计量的技术方法。

　　在技术方法部分,主要以市场价格计量基础化解了合并会计、合并商誉及物价变动、外币报表折算的计量问题。在合并会计方面,在解释权益结合法、购买法的法理依据与现实问题后,基于企业合并的法律实质提出了单一的市场价格计量法。在合并商誉方面,以商誉超额盈利结果的核心竞争力来源为切入点,通过对合并价差抽丝剥茧分析发现其源于企业文化的管理制度,遂提出了持续市价计量与充分披露的化解之策。在与合并报表相关的物价变动会计和外币报表折算两大难题中,首先明确了如实反映的会计目标以及实现该目标的市场交易计量方法,其次分析物价变动会计与外币报表折算难题,发现试图通过找寻物价变动与汇率变动原因来解题之路不通,最后基于如实反映的会计目标提出了市价计量与单一的期末汇率法的应对之法。

因为研究集中于合并报表且限于基础理论与技术方法部分,而非具体的合并报表编制,所以本书主要适用于高校教师、研究型学者。不过,由于涉及会计研究思路以及主要理论内容,因此也可作为学术性研究生的阅读参考。当然,更希望有助于不同研究思路与观点的汇集,有助于中国特色"合并报表理论"的形成。

本书的顺利出版,有赖于多人帮助。在这里,我要对他们表示深深的谢意。首先,要感谢浙江财经大学会计学院汪祥耀院长,安排我承担"高级财务会计"教学任务,使我从理论层面理解了合并报表编制一般原理与方法。其次,要感谢西安超越会计师事务所的杜成芳所长,安排我作为某集团公司审计项目负责人,使我掌握了合并报表编制复杂问题的处理方法。再次,要感谢西京学院会计学院李海霞院长,让我承担了审计专业硕士生"高级财务会计理论与实务"的教学工作,从而将合并报表理论与实务得以融会贯通。最后,尤其要感谢国家社科基金后期资助项目的资金支持与两批专家的指点①,使得本书从粗糙与凌乱走向精细与规整——不仅逻辑结构一致、研究结论清晰,而且增强了相关知识储备,探索了未来研究方向。当然,书稿的最终出版离不开上海远东出版社的专业化服务,离不开责任编辑的细心审校。其实,帮助过我的人何止这些,要感谢这个时代使我的理论观点得以成书出版。对此,我只有更加努力地投入会计研究,通过持续创新观点以丰富会计理论体系,方能回报所有帮助过我的人。

因为本书的交叉研究特点及本人能力所限,书中难免存在疏漏,甚至错误,恳请读者予以指正。

黄 申

2023 年 2 月 27 日

---

① 本书稿(课题)收到立项评审与结项鉴定两批专家意见,第一批用"评审专家"或"有(关)专家"表示,第二批用"鉴定专家"表示。

目　　录

第一章 绪 论

合并会计报表（consolidated accounting statements，也被称为"合并财务报表"，简称"合并报表"），[①]是指由母公司以纳入合并范围公司个别报表为基础所编制、反映母子公司整体财务状况的会计报表。之所以研究合并报表，是因为其处于财务会计难题的中枢，相关研究既有助于合并报表难题的化解，又有助于财务会计理论的丰富。

第一节 规范变迁与研究意义

理论研究是一个持续不断的进化过程，会计理论研究成果与观点通常会集中于会计技术性规范，因此，梳理会计规范变迁，能够给予我们启示，明确研究的意义。

一、规范变迁与启示

事物发展进程，通常都会经历萌芽期、发展期、成熟期与衰退期的不同发展阶段。对合并报表的会计规范，如今已经进入成熟期。

（一）我国会计规范回顾

萌芽期是指事物的开端、尚未出现雏形的时期，就合并报表而言，是指涉及合并报表相关经济事项，但未提出编制合并报表的阶段。此阶段，最早公开涉及合并报表的是 1985 年 3 月 4 日财政部发布的《中华人民共和国中

---

① 《中华人民共和国会计法》（中华人民共和国主席令第八十一号）与《企业财务会计报告条例》（国务院令第 287 号）均采用"会计报表"的表述，而合并报表的具体规范《企业会计准则第 33 号——合并财务报表》（财会〔2014〕10 号）表述为"合并财务报表"。基于上位法高于下位法、规范性文件不能与行政法规相抵触的原则，本书用"合并会计报表"的表述，简称"合并报表"。

外合资经营企业会计制度》(财会字〔1985〕第 16 号),①该制度的第 62 条提及"合并会计报表"、第 63 条解释了合并抵销内容。

之后,财政部于 1988 年发布了《对外承包企业会计制度》(财会〔1988〕68 号),②其中第 64 条要求"国内公司对国外公司上报的会计报表应先按美元数进行汇总,然后将汇总的美元数按规定的折合率折成人民币,与国内分公司上报的和公司本身的会计报表进行汇编。在汇编时,应将拨付所属的资金和相互间的往来款项,与所属单位报表中的有关项目相互冲销"。该文件涉及外币报表折算及其合并报表事项。

针对国有企业兼并,财政部于 1989 年发布了《关于国营企业兼并财务处理的暂行规定》(财工字〔1989〕131 号)和《关于出售国营小型企业产权财务处理的暂行规定》(财工字〔1989〕134 号)。前者第 7 条涉及合并商誉、第 11 条中提及可能保留法人资格的控股合并,后者仅限于小型企业而内容相对简单。对会计处理,财政部于 1989 年发布了《财政部关于国营工业企业兼并和出售有关会计处理的暂行规定》(财会字〔1989〕60号),指出了不丧失法人资格(控股合并)时的会计处理,以及商誉金额计算公式与处理方法。

发展期是指事物不断变化以孕育但尚未产生成果的生长时期,对合并报表而言是指已出现合并报表会计规范,但需要持续完善的时期。此阶段,以股份公司尤其上市公司为主要规范对象,以《合并报表暂行规定》为主要标志、以相关文件为间接补充。

此阶段主要标志《合并报表暂行规定》(财会字〔1995〕11 号),是财政部对合并报表的首份专门会计规范,详细规范了合并范围的界定、合并会计报表的构成、合并报表的编制程序、权益法核算分录、境外子公司会计报表折算、四张会计报表的合并抵销内容(分录)、合并报表附注与合并报表格式。该文件所规范的企业合并会计方法仅有购买法,未明确界定"商誉"概念而是一个内容庞杂的"合并价差"项目。

在此之前,主要有三部"会计制度"。其一,1992 年 6 月 24 日发布的《中华人民共和国外商投资企业会计制度》(财会字〔1992〕33 号),③其中第 75

---

① 该制度系根据 1983 年内部发布的试行草案修订而来(参见,陈德容:《中外合资经营企业会计制度问题解答(一)》,《上海会计》1985 年第 7 期,第 44—46 页),1983 年内部与 1985 年公开发布制度时,都有一个《中外合资经营工业企业会计科目和会计报表》作为配套文件。

② 裔保生、陈琦:《〈对外承包企业会计制度〉简介》,《财务与会计》1989 年第 2 期,第 39—42页。

③ 沈小南:《外商投资企业会计制度介绍》,《财务与会计》1992 年第 7 期,第 41—43 页。

条规定,"如投资额占接受投资企业的资本总额或者股本总额50%以上,应当将本企业和接受投资企业的会计报表合并,编制合并会计报表"。其二,1993年发布的《对外经济合作企业会计制度》(财会〔1993〕3号),是对1988年《对外承包企业会计制度》的替代,涉及合并报表、外币报表折算,但也无具体细则。其三,《股份制试点企业会计制度》(财会〔1992〕27号),第73条明确要求编制"合并会计报表",且明确了合并抵销项目及对少数股权的反映。

之后,还有两个"会计制度"。其一,1998年的《股份有限公司会计制度:会计科目与会计报表》(财会字〔1998〕7号),有关合并报表仅增加了对资本总额占比不足50%"但具有实质控制权的"应编制合并会计报表的要求。① 其二,2000年的《企业会计制度》(财会〔2000〕25号),要求合营企业采用"比例合并法"编制合并报表。② 不过,如何编制合并会计报表,依然由《合并会计报表暂行规定》来具体规范。

另外,还有来自财政部的对合并报表具体问题答复的规范性文件,如,《关于合并会计报表合并范围请示的复函》(财会二字〔1996〕2号)、《关于资不抵债公司合并报表问题请示的复函》(财会函字〔1999〕10号)、《关于印发〈股份有限公司会计制度有关会计处理问题补充规定问题解答〉的通知》(财会字〔1999〕49号)、《关于执行〈企业会计制度〉和相关会计准则有关问题解答》(财会〔2002〕18号)、《关于执行〈企业会计制度〉和相关会计准则有关问题解答(二)》(财会〔2003〕10号)。

成熟期是指事物或行为发展到相对完善而形成果实的阶段,在合并报表方面是指"合并报表准则"的颁布、补充与确立的过程。此阶段,以国际流行的"会计准则"为主要形式,以相关规范性文件与解释公告为必要补充,以更好应对我国的具体情况。

此阶段的标志为,2006年财政部发布(财会〔2006〕3号)的《企业会计准则第20号——企业合并》(CAS No. 20)、③《企业会计准则第33号——合并财务报表》(CAS No. 33),系首份与国际趋同的会计规范。④ 趋同表现为采用会计准则的形式以及与"国际会计准则理事会"(International Accounting

---

① 中华人民共和国财政部:《股份有限公司会计制度:会计科目与会计报表》,北京:中国财政经济出版社,1998年,第4页。

② 中华人民共和国财政部:《企业会计制度2001》,北京:经济科学出版社,2001年,第75页。

③ 财政部:《企业会计准则:2020年版》,上海:立信会计出版社,2020年,第119—125页。

④ 中华人民共和国财政部:《企业会计准则2006》,北京:经济科学出版社,2006年,第84—88、158—164页。

Standards Board,IASB)①《合并财务报表和单独财务报表》(IAS No. 27)一致的内容:取消了"比例合并法",保留"权益结合法"用于"同一控制下的企业合并";但未明确内部交易逆流与顺流的抵销处理,依然留有完善空间。

之后的会计规范,多为针对性规范文件。如,《企业会计准则解释第 2 号》(财会〔2008〕11 号)要求对合营企业采用"权益法核算",从而废止了"比例合并法"。《关于做好执行会计准则企业 2008 年年报工作的通知》(财会函〔2008〕60 号)规范了权益性交易原则,其差额"不得确认商誉或确认计入当期损益"等。《关于不丧失控制权情况下处置部分对子公司投资会计处理的复函》(财会便〔2009〕14 号),要求处置差额应当计入合并报表中的所有者权益。《关于非上市公司购买上市公司股权实现间接上市会计处理的复函》(财会便〔2009〕17 号)规范了非上市公司对"反向购买"取得上市公司控制权的会计处理。《关于执行会计准则的上市公司和非上市企业做好 2009 年年报工作的通知》(财会〔2009〕16 号)强调应根据是否构成业务来判断是否构成企业合并,并对处置子公司股份后丧失与不丧失控制权两种情况规定了不同的会计处理方法。《企业会计准则解释第 4 号》(财会〔2010〕15 号)规范了多次交易实现非同一控制下企业合并、企业因处置部分股权等原因丧失了对原子公司控制权、购买方对因企业合并而产生的递延所得税资产、子公司超额亏损的会计处理。《企业会计准则解释第 6 号》(财会〔2014〕1 号)要求同一控制企业合并的被合并方资产、负债应以其"在最终控制方财务报表中的账面价值为基础"。

如今的 CAS No. 33 是 2014 年的修订版(财会〔2014〕10 号),就"合并范围"基于"实质重于形式"原则细化了对控股权判定的说明,增加了"特殊交易会计处理"一章,以规范购买或出售少数股权不改变控股权、多次交易获得控股、多次处置丧失或不丧失控股权这几类特殊情况合并报表层面的会计处理。② 在 2014 年 CAS No. 33 之后,仅有《企业会计准则解释第 7 号》(财会〔2015〕19 号)明确了被动丧失控股权但能实施共同控制或施加重大影响的、母子孙结构中子公司注销后的母公司控股孙公司的会计处理。仅有一项补充文件的客观现实,是合并报表会计规范成熟期的重要标志。

---

① 2001 年由"国际会计准则委员会"(International Accounting Standards Committee,IASC)改组而来,IASC 于 1973 年由来自加拿大、西德、英国、美国等国的 16 个职业会计师团体成立于伦敦,目的在于制订高质量、易于理解和具有可行性的会计准则,陆续发布了"国际会计准则"(International Accounting Standards,IAS)、"国际财务报告准则"(International Financial Reporting Standards,IFRS)等技术规范。

② 财政部会计司:《企业会计准则第 33 号——合并财务报表》,北京:经济科学出版社,2014 年,第 112—127 页。

（二）美国会计规范变迁

企业会计实务与理论的领先者是美国，自然包括合并会计与合并报表。在会计实务方面，世界上第一份合并报表是由美国科尔顿石油托拉斯公司于 1886 年编制的；①而相关的法律规则，最早则出自 1888 年美国新泽西州（State of New Jersey）的公司法，其对合并会计报表的编制进行规定，②从此开始了依法编制合并报表的时代。

不过，会计规范远落后于实务界的操作以及法律要求，直至 1929 年经济危机之后，美国才开始了会计的规范化工作。此后，美国颁布了《1933 年证券法》和《1934 年证券交易法》，以及因此而设立了"美国证券交易委员会"（Securities and Exchange Commission，SEC）。但是，经由首席会计师布劳（Carmen George Blough）提议，SEC 于 1938 年投票决定将会计规范制定权转交民间的"美国会计师协会"（American Institute of Accountants，AIA）。③ 为此，AIA 将成立于 1936 年的"会计程序特别委员会"改组为"会计程序委员会"（Committee on Accounting Procedure，CAP），通过总结会计实务经验并发布"会计研究公报"（Accounting Research Bulletins，ARB）来规范会计处理方法。④

在归纳了会计实务中的主要处理方法之后，CAP 于 1950 年 9 月发布了第一份合并会计规范《会计研究公告第 40 号——企业合并》（ARB No. 40），该公告规范了"购买法"与"权益结合法"两种合并会计方法。其中，对权益结合法提出了四个条件：（1）所有权利益具有延续性；（2）参与合并的公司规模相当；（3）管理者当局或控制管理当局的力量具有延续性；（4）参与合并的公司经营活动性质类似或具有互补性。该公告进一步规定，如果现金使用量较小时应采用权益结合法，否则使用购买法；而当现金使用量较大时，不论其他条件如何都应当使用购买法。⑤ 1953 年 6 月 CAP 对此前的 42 份 ARB 进行了重述与修订，形成了《会计研究公告第 43 号——会计研究公报重述与修订》（ARB No. 43），并对权益结合法处理后的收益列报进行了

---

① 常勋、常亮：《国际会计》，大连：东北财经大学出版社，2008 年，第 243—244 页。

② 葛希群：《合并会计报表问题研究》，北京：经济学科出版社，2002 年，导言，第 1 页。

③ 其前身是 1887 年成立的"美国公共会计师协会"（American Association of Public Accountants，AAPA），后经四次合并、三次更名，最终确定为"美国注册会计师协会"（American Institute of Certified Public Accountants，AICPA），是美国全国性会计师的行业自律组织。

④ 周华：《会计程序委员会的时代：1936—1959 年》，《财会月刊》2019 年第 10 期，第 49—55 页。

⑤ 黄世忠：《企业合并会计研究报告》，财政部会计准则委员会编，《企业合并与合并会计报表》，大连：大连出版社，2005 年，第 69 页。

明确。

由于购买法下合并商誉一次性冲销的严重影响,1957 年 1 月 CAP 又发布了《会计研究公告第 48 号——企业合并》(ARB No. 48),取代了 ARB No. 43 中有关企业合并的第七章(三)内容,重申了合并会计的权益结合法和购买法。新公告虽未能明确区分两种会计方法的具体应用,但明确了购买法下合并商誉不能一次性冲销。然而,该公告放松了权益结合的适用条件,"不再要求'参与企业合并的各方的业务活动具有相似性或者互补性',也不再认为参与合并的双方的相对规模是决定性因素"。[①]

在持续规范合并会计处理的同时,CAP 也提出了合并报表的会计规范。其于 1959 年 8 月发布了《会计研究公告第 51 号——合并财务报表》(ARB No. 51),规定了基于"多数股权"的合并范围确定原则;[②]进一步,该公告还明确了合并报表编制的目的、合并政策、一般程序等。但是,ARB No. 51 认为当母子公司的业务存在实质性差异时个别报表相比合并财务报表的信息更为有效,从而将部分子公司排除在合并范围之外。[③]

1966 年 8 月,"美国会计学会"(American Accounting Association, AAA)[④]为庆祝其成立 50 周年而发表了著名的会计理论研究成果——《基本会计理论说明书》(A Statement of Basic Accounting Theory, ASOBAT),基于权益结合法的会计信息缺乏"相关性","因此,建议取消权益集合法"。[⑤] 为了应对来自社会各界针对权益结合法等会计方法的批评,AICPA 于 1959 年组建了"会计原则委员会"(Accounting Principle Board, APB)以取代 CAP,并通过发布"会计原则委员会意见书"(APB Opinions)来发布会计规范。

在合并会计方面,APB 于 1970 年 8 月发布了《会计原则委员会第 16 号意见书——企业合并》(APB Opinion No. 16),该意见书取代之前所有有关企业合并的文件和公告,并对权益结合法提出了严格的 12 项适用条件。对

[①] 周华:《会计程序委员会的时代:1936—1959 年》,《财会月刊》2019 年第 10 期,第 49—55 页。

[②] 储一昀、林起联:《合并会计报表的合并范围探析》,《会计研究》2004 年第 1 期,第 54—59 页。

[③] 耿建新、徐同:《合并财务报表准则的历史沿革、国际比较与展望》,《财会月刊》2020 年第 12 期,第 48—59 页。

[④] 前身为成立于 1916 年的"美国大学会计教授会"(The American Association of University Instructors in Accounting, AAUIA),宗旨为促进会计理论研究等,出版 The Accounting Review、Accounting Horizons 等学术刊物,发表过《公司会计准则绪论》《基本会计理论说明书》等理论研究报告。

[⑤] 美国会计学会:《基本会计理论》,文硕等译,北京:中国商业出版社,1991 年,第 39 页。

此，会计学家常勋教授认为该 12 项条件有着不同特征，其中的"第 4 条、第 5 条、第 7 条是决定权益结合法的实质性条件，第 5 条、第 7 条还体现了有关企业合并早期准则文告中所提出的股东股权的连续性原则和合并规模的类似性；第 1 条、第 2 条则涉及参与合并的原公司的地位；第 10 条、第 12 条在于防止为预先安排好的通过收回或重新取得为合并而发行的股票或处置账面价值较低的子公司资产而去牟利；其与各条主要在于阻止权益结合法的滥用"。①

但是，严苛条件招致了来自第四次合并浪潮实务界的批评，取代 APB 的地位成立于 1973 年的"财务会计准则委员会"（Financial Accounting Standards Board，FASB）②于 1975 年 10 月发布了《财务会计准则公告第 10 号——对企业合并"不追溯"条款的扩展（对 APB 意见书第 16 号的修正）》（Extension of "Grandfather" Provisions for Business Combinations：an amendment of APB Opinion No. 16，SFAS No. 10），该公告的实质性内容就一点——通过将第 16 号意见书第 99 段"合并在 1970 年 10 月 31 日之后的五年内完成"的限制性条件豁免，从而放宽了权益结合法的适用条件。③

现实中，限制既未能阻止实务界对权益结合法的滥用，亦未停止各方面的批评。在充分调研后，FASB 于 2001 年 6 月发布了有着重大影响的《财务会计准则公告第 141 号——企业合并》（Business Combinations，SFAS No. 141）取代了 APB 第 16 号意见书，统一了合并会计方法——"本准则适用范围内的所有企业都将使用一种方法进行会计处理——购买法"，废止了权益结合法。与此同时，还发布了与之相关的《财务会计准则公告第 142 号——商誉和其他无形资产》（Goodwill and Other Intangible Assets，SFAS No. 142），将商誉摊销变更为定期的减值测试。④ 两方面的变化，即实现了两种合并会计方法之间的微妙平衡，也完成了理论界观点与实务界呼吁的相互妥协。

与合并会计相比，合并报表编制方面争议不多，其关键问题在于如何确定合并报表的编制范围。此方面，FASB 于 1987 年 10 月发布了《财务会计

①　常勋：《财务会计四大难题》，上海：立信会计出版社，2002 年，第 127—129 页。

②　成立于 1973 年并取代了 APB，是 SEC 所承认制定财务会计准则的机构，成果主要有"财务会计准则公告"（Statements of Financial Accounting Standards，SFAS）、8 辑"财务会计概念公告"（Statements of Financial Accounting Concepts，SFAC）等成果。

③　耿建新、靳琦琦：《企业合并准则的历史沿革与国际比较》，《财会月刊》2020 年第 19 期，第 65—72 页。

④　美国财务会计准则委员会：《美国财务会计准则 141—142 号：企业合并、商誉和其他无形资产》，李明、李海军译，北京：经济管理出版社，2005 年，第 1 页。

准则公告第 94 号——对所有拥有多数股权子公司的合并》（Consolidation of All Majority-Owned Subsidiaries，SFAS No. 94）。该公告对 ARB No. 51 进行了修正，更加强调了"控制"的概念，把所有子公司纳入合并报表，即母公司始终应当将持有多数股权的子公司（非暂时性持有）纳入合并财务报表的合并范围，但 SFAS No. 94 对于持有少数股权却被控制的子公司是否需要纳入并表范围，未做出明确规定。随后，FASB 于 1995 年和 1999 年分别发布了两份征求意见稿：《合并财务报表：政策与程序》和《合并财务报表：目的与政策》，力求将"多数股权控制与法定控制"拓展至"实质性控制"。在完善了控股股东的确认之后，FASB 将研究重点转向少数股东，于是在 2007 年 12 月发布了《财务会计准则公告第 160 号——合并财务报表中的非控制性权益》（Noncontrolling Interests in Consolidated Financial Statements，SFAS No. 160），通过对 ARB No. 51 的修正来对非控制性股东（少数股东）的合并问题进行规范，以提高会计信息的相关性、可比性与透明度。[①]

（三）国际会计规范梳理

在国际上，会计规范主要来自 IASC 及其改组后的 IASB。在成立后不久，IASC 于 1976 年 6 月发布了《国际会计准则第 3 号——合并财务报表》（Consolidated Financial Statements，IAS No. 3）。其中，规范了合并财务报表的列报，并规定用权益法处理对联营企业的投资。要求除少数例外情况，母公司需要将所有子公司纳入合并财务报表的合并范围。

在合并会计规范方面，"IASC 于 1978 年组建了一个指导委员会，以便为制定企业合并、收购的准则和商誉的会计处理方法提供建议。该委员会列出了适用于企业合并的三种处理方法：购买法、权益结合法、新实体法。其中，购买法下，企业合并要确认收购净资产成本与公允价值之间的差额；权益结合法下，合并报表应体现被合并企业在合并之前的账户数字；新实体法下，参与合并企业应重新列报其资产和负债的账面金额（按市场价格）"。[②]

经过 5 年的调研与征求意见，IASC 于 1983 年 11 月发布了合并会计的第一个准则《国际会计准则第 22 号——企业合并》（Business Combinations，IAS No. 22），将企业合并分为购买与权益结合两种类型，并规定企业合并一般适用购买法，对具有股权联合性质以及无法区分购买方

---

① 耿建新、徐同：《合并财务报表准则的历史沿革、国际比较与展望》，《财会月刊》2020 年第 12 期，第 48—59 页。

② 黄世忠：《企业合并会计研究报告》，财政部会计准则委员会编，《企业合并与合并会计报表》，大连：大连出版社，2005 年，第 77 页。

的企业合并可以采用权益结合法。该准则在 1993 年 12 月①进行了首次修订，目的在于在承认两种合并方法同时适用的基础上，通过对权益结合与"控制"重新定义以更为明确划分不同方法的适用范围。1998 年 9 月，IASC第二次修订第 22 号准则，②以便与其他准则在处理商誉、其他无形资产、或有资产负债保持一致。为了配合该准则的顺利执行，1998 年 7 月，IASC 下设的"常设解释委员会"（Standing Interpretation Committee，SIC）先后发布了三项关于企业合并准则的解释公告：第 9 号解释公告《企业合并：划分为购买或权益结合》，第 22 号解释公告《企业合并：初始报告公允价值和商誉的后续调整》；第 28 号解释公告《企业合并："交易日"和权益工具的公允价值》。1998 年末，IASC 开始探讨统一使用购买法是否优于购买法与权益结合法并存的问题，但一直未有结论。2000 年 7 月，SIC 发布了《解释公告第 22 号——企业合并：初始报告公允价值和商誉的后续调整》，规定对所购可辨认资产和负债账面金额的调整，应如同调整后的公允价值自购买日起就采用那样进行计算。进一步，对折旧和摊销、减值费用等调整，应计入利润表中；除非根据其他国际会计准则，被要求或允许直接借记或贷记权益的购买后的项目。③

2001 年 7 月，IASB 经咨询其"准则顾问委员会"（Standards Advisory Committee，SAC），决定将现行企业合并准则的趋同纳入议程。之后，2004年 3 月 IASB 发布了《国际财务报告准则第 3 号——企业合并》（IFRS No.3），其最大变化在于要求"所有的企业合并都应该采用购买法进行会计处理"，实质上废止了权益结合法；另外，针对合并商誉规定，首先确认商誉，随后应按《国际会计准则第 36 号——资产减值》规定进行"减值测试而非摊销"。新准则取代了 IAS No.22 以及《解释公告第 9 号——企业合并：区分为购买或权益结合》《解释公告第 22 号——企业合并：初始报告的公允价值和商誉的后续调整》《解释公告第 28 号——企业合并："交易日"和权益工具的公允价值》；不过，新准则不适用于"同一控制下主体或业务的企业合并"。④ 这一例外，既认可了我国 CAS No.20 中的"同一控制企业合并"采用"权益结合法"的合理性，又为其新会计准则制定留下了伏笔。

---

① 朱海林：《国际会计准则第 22 号——企业合并》，《会计研究》1994 年第 6 期，第 43—52 页。
② 朱海林：《国际会计准则第 22 号——企业合并（1998 年修订）》，《会计研究》1999 年第 1 期，第 48—58 页。
③ 中华会计网校：国际会计准则委员会常设解释委员会发布五份解释公告，https://www.chinaacc.com/new/63/65/2000/7/ad2612040111170002480.htm。
④ 冷冰、陈瑜：《国际财务报告准则第 3 号——企业合并》，《会计研究》2004 年第 9 期，第 89—96 页。

　　在合并报表编制方面，IASC 于 1989 年 4 月将 IAS No. 3 修订为《国际会计准则第 27 号——合并财务报表及对子公司投资会计》（Consolidated and Separate Financial Statements，IAS No. 27），新准则改进了"控制"概念，取消了 IAS No. 3 所规定的备选会计方法。2003 年，IASB 对 IAS No. 27 进行了修订，统一了单独财务报表中对各类投资的会计处理，减少了可选择的会计处理，并规定除半数以上表决权之外的拥有实质性控制的子公司、非同质子公司、长期处于严格限制条件下的子公司同样应当纳入合并财务报表的合并范围，并因此将名称变为《合并财务报表和单独财务报表》。①

　　2011 年 5 月，IASB 发布了《国际财务报告准则第 10 号——合并财务报表》（IFRS No. 10）以替代 IAS No. 27，以"控制"为确定合并的唯一基础，明确了控制三要素内容，增加了对投资性主体的确认。该准则同时取代了《常设解释委员会解释第 12 号——特定目的主体》中有关合并报表的要求，②还导致了 IAS No. 28"对联营企业的投资"和 IAS No. 31"合营中权益的财务报告"相应规定的修订。新准则"除规范母公司控制下的集团合并财务报表的编制和列报以及母公司单独财务报表中对子公司投资的核算外，还在主体选择公布单独财务报表或当地法规要求列报单独财务报表时，适用于在投资者的单独财务报表中对在联营企业投资的核算以及在合营者的单独财务报表中对在合营中投资的核算"。其中，母公司单独财务报表中，对子公司的投资、对联营企业的投资或合营者对合营的投资，应该采用成本法或按 IAS No. 39"金融工具：确认和计量"的规定处理。针对少数股权，因其不符合负债定义，因此要求少数股权应在合并财务报表中作为所有者权益项目单独列示。③

　　当取消权益结合法之后，合并会计中购买法的主要问题就在于商誉，为此 IASB 于 2020 年 3 月发布了《企业合并——披露、商誉及其减值》（Business Combinations：Disclosures，Goodwill and Impairment）讨论稿，向社会各界征求意见。其中，IASB 提出了增加企业合并相关业绩信息的披露要求、保留只对商誉进行减值测试的方法、简化商誉减值测试方法、继续

---

① 耿建新、徐同：《合并财务报表准则的历史沿革、国际比较与展望》，《财会月刊》2020 年第 12 期，第 48—59 页。
② 乔元芳：《国际财务报告准则第 10 号——合并财务报表》，《新会计》2011 年第 7 期，插三、第 72 页。
③ 张至象、李红霞：《〈改进国际会计准则〉项目 13 项国际会计准则主要变化（四）》，《会计研究》2004 年第 4 期，第 93—96 页。

对企业合并中获得的可辨认无形资产单独进行确认等议题。①

之后,为了弥补 IFRS No. 3"将同一控制下企业合并排除在适用范围之外"的缺陷,于 2020 年 11 月开始对"同一控制企业合并"会计准则征求意见,其中的备选方法包括已有的购买法,还包括我国采用的"账面价值法"。②

(四)回顾变迁的启示

会计准则具有经济后果,尤其是与企业合并相关的企业会计准则,③因此,纵观我国合并报表规范变迁发展历史,我们可以获得以下两点启示。④

其一,不能脱离具体经济社会环境而制定会计规范。

会计规范作为服务于社会经济发展的制度性安排,不能脱离具体的社会经济环境。合并报表会计规范发展的各个时期,正处于我国改革开放尤其是国有企业改革的不同时期,每个时期面临着不同的突出矛盾,为此而应急式地颁布了适应当时环境的相关会计规范。

从 1992 年起,我国就已经确立建立社会主义市场经济制度的决定,且当年 12 月"关贸总协定"(General Agreement on Tariffs and Trade, GATT)中国工作组 12 次会议就恢复中国缔约国地位议定书进行了实质性谈判,这些都使我们应当建立与国际惯例趋同的会计规范,但不顾国情的趋同是有害的。如,1997 年的"债务重组准则"中采用了与国际趋同的"公允价值计量",却因有悖于国情而不得不在 2001 年将其改回"账面价值计量",这导致我国会计准则建设出现了走回头路的曲折经历。同样,美国对于权益结合法的确认,却导致了实务界对其滥用,不得不最终将其废止。相反,我国"同一控制下的企业合并"保留了权益结合法实质,并在合并报表层面得以落实,不仅得到了 IASB 的认可,并且在 2020 年开始了征求意见,说明了坚持中国特色、构建中国理论的必要性。

其二,被动改变仅能应急,持续趋同才能把握主动。

萌芽期与成长期正值国有企业改革探路与摸索的阶段,相关会计规范均为应对实务中相关问题而制定,具有被动改变以解燃眉之急的特征。即使在成熟期之始依然处于应急状态,一次性颁布 38 项具体会计准则是整体

---

① IASB 初步决议保留现行商誉减值模式并增加企业合并业绩披露要求,https://www.casc.org.cn/2020/0403/203054.shtml。
② 会计司:《关于就国际会计准则理事会发布的同一控制下的企业合并讨论稿公开征求意见的函》(财会便〔2021〕14 号),2021 年 2 月 25 日,http://kjs.mof.gov.cn/gongzuotongzhi/202103/t20210301_3663375.htm。
③ 袁皓:《美国合并会计准则变迁:一种经济后果观》,《河北经贸大学学报》2007 年第 3 期,第 89—93 页。
④ 黄申:《合并报表会计规范变迁探析》,《财会月刊》2019 年第 13 期,第 102—106 页。

例证，而之后众多的解释公告与通知文件，便是"合并财务报表准则"的单项例证。从被动改变到主动完善的飞跃，以 2010 年《中国企业会计准则与国际财务报告准则持续趋同路线图》的颁布为时间点。基于持续趋同原则，CAS No. 33 于 2014 修订后鲜有解释公告、文件通知，可以看作成熟与主动性效果的证明。

因此，基于中国国情而进行会计理论研究，不仅能服务于我国经济发展，有助于中国特色会计理论的形成，而且也有助于国际会计准则的完善，提高中国方案的通用性。

二、研究价值与意义

合并报表在财务会计理论体系中处于中枢地位，这一特征既体现在个别会计报表中也体现在合并报表整体层面。这是因为，编制合并报表的数据基础是合并范围内的个别报表，故而合并报表质量有赖于个别报表的质量；否则编制合并报表时，就会涉及大量的个别报表调整。因此，合并报表研究不能脱离个别会计报表。在个别报表研究中，会涉及会计主体内涵、计量属性、"市价交易计量法"、自创商誉等等。建立在这些研究成果之上的个别报表，才能够作为合并报表的编制基础。因此，探讨合并报表编制问题，首先要解决个别报表的相关问题，涉及个别报表关键内容的研究。

在会计报表整体层面，是合并会计报表、外币报表折算、物价变动会计这三个财务会计难题，而三大难题之枢纽便是合并报表。之所以这三个问题是财务会计三大难题，在于其涉及会计报表整体而非具体项目，故为"大"；同时，三个问题中均有着不止一种且暂无共识的处理方法，故为"难"。因此，被会计学家常勋教授称为财务会计三大难题。[①] 在三大问题中，外币报表折算首要目的在于编制合并报表，而物价变动的会计调整也会与外币报表折算最先关联——我国虽无物价变动会计准则，但在《企业会计准则第19号——外币会计》(CAS No. 19)中，第 13 条规范了"处于恶性通货膨胀经济中的境外经营"财务报表所涉及的物价变动的会计调整。因此，物价变动会计、外币报表折算与合并报表编制三大会计问题集中于一点便是合并报表编制，可见合并报表难题处于枢纽地位。

因此，基于合并报表建立在个别报表基础之上，基于财务会计三大难题服务于合并报表，所以，研究合并报表编制将能够取得中心开花这样事半功

---

① 　常勋：《财务会计三大难题》，上海：立信会计出版社，1999 年，前言。

倍的效果。

　　理论方面,本书的研究将能丰富财务会计尤其是合并报表的相关理论构成。为了更好地研究合并报表问题,本书梳理了会计诞生与研究的起点,确立了会计目标,采用了从会计起点(基础)实现会计目标的研究思路,能丰富会计研究既有思路方法。在基础理论部分,基于法学权责理论探讨了合并报表编制法理依据、不同表现形式的内涵实质,借鉴民商法中的"公平原则"提出了合并报表编制的"公平理论",能丰富形成中国特色的会计理论观点。在技术方法部分,基于企业合并法律实质提出了持续市场价格的计量方法,基于对持续超额盈利来源的剖析提出了企业文化的商誉内涵本质,基于市价计量的主观性提出了充分披露的应对之策,在外币报表折算与物价变动会计研究中基于"如实反映"的会计目标提出了期末市场汇率与市场价格计量的化解之法。该技术方法,一方面能够丰富现有的会计处理方法,另一方面又可以实现"从基础指向目标"的会计研究思路。

　　社会层面,本书的研究是"全面依法治国"在会计领域的实践。因为本书以《中华人民共和国会计法》(以下简称"《会计法》")所要求的"真实、完整"为会计目标,因此所形成的研究结论将有助于"规范会计行为,保证会计资料真实、完整,加强经济管理和财务管理,提高经济效益,维护社会主义市场经济秩序"立法宗旨的实现。在学术贡献层面,本书的研究实践着越是中国特色越能产生世界贡献的逻辑。因为目前会计研究多是在证明西方理论观点的正确性,所以我们需要提出更多的中国观点并验证其适用性。

　　经济发展的全球化,使得会计规范也在持续地全球化。对这一进程,会计学家郭道扬教授指出:"各主权国家是全球性利益分配博弈中至为重要的利益相关者,要切实保障在它们之间实现利益的公平、公正与均衡分配,其关键取决于一系列产权法律制度的安排,而全球性统一会计制度的安排又是其中具有基础保障作用的部分。"[①]这一论断指明了会计规范对于国家利益的重要性,也是布置给我们的重要研究任务。

　　基于合并报表在财务会计体系中的地位与价值,本书研究必然具有理论、实务、社会与学术贡献的意义;同时,本书以《会计法》的法定目标为指向、以中国法律规范为基础研究,将会形成具有中国特色的学术观点,形成一个学者的学术贡献。

---

① 郭道扬:《全球性会计制度变革研究》,《中国社会科学》2013 年第 6 期,第 72—90 页。

第二节　研究思路与研究基础

理论研究不可能凭空而生,必须具有确定的起点与坚实的基础,具有明确的目标指向。唯此,才能够建立起具有稳定性与适用性的理论体系。

一、会计研究的起点

如何构建会计理论研究的起点? 会计名家吴联生教授认为该起点应当"能连接会计系统与会计环境、能联系会计理论与会计实践、能对其他抽象范畴进行推理论证、具有可知性"。[①] 基于此评价标准,只有"会计基础"(accounting base)符合该特征。在此处,会计基础是指会计产生、存在与发展所赖以存在的历史起点;具体是指经济利益归属的权利责任基础、经济利益计量的市场价格基础(论述参见本节第三小节)。

(一) 会计研究起点的不同观点

此方面,最早产生的是 1922 年由佩顿(William Andrew Paton)提出的"假设起点论"。其认为"如果没有一定的假设,那么会计实务就不可能顺利进行",并提出了会计主体、持续经营、资产负债表等式等七项会计假设。[②] 现行《基础会计》等启蒙教材中,依然以"四大假设"(基本前提)为先导解释着会计理论体系,说明其价值之所在。

其次,"本质起点论"是由会计学家杨纪琬和阎达五两位教授联袂提出的。其认为"在会计科学理论问题中,首先需要解决会计学的科学属性问题,即:会计学有没有阶级性? 会计学究竟是一门什么性质的科学?"[③]为此,需要在厘清会计本质后,方可进行其他研究以构建会计理论体系;否则,本质界定一旦错误,后续研究就会南辕北辙。

再次,"价值起点论"为会计学家吴水澎教授提出。其认为会计学逻辑起点应具备三方面条件:作为会计对象矛盾特殊性的"本原",它是会计科学的理论基石;它必须是会计学理论里表现为抽象的、在自身中潜藏理论发展可能性的东西;它同时是会计活动的历史起点。[④] 因此,"价值"可作为会计

---

① 吴联生:《会计研究起点理论述评》,《会计研究》1998 年第 10 期,第 20—21 页。
② 葛家澍、杜兴强等:《会计理论》,上海:复旦大学出版社,2005 年,第 120 页。
③ 杨纪琬、阎达五:《开展会计理论研究的几点意见》,《会计研究》1980 年第 1 期,第 1—5 页。
④ 吴水澎:《"价值"是会计学的逻辑起点》,《厦门大学学报(哲学社会科学版)》2001 年第 3 期,第 5—12 页。

学的逻辑起点,因为,"会计的本质、对象、职能、方法等基本理论问题都可以从'价值'这个'原'得到解释",而且,"会计理论中的会计基本理论问题,如会计产生动因、会计与环境、会计的本质、会计对象、会计的职能、会计的程序与方法、会计的行为等,都是从价值的内在矛盾运动中演化出来的"。①

在理论体系中,研究对象影响着研究内容以及研究本体的本质。对此,学者劳秦汉认为:"由于会计实践是会计主体按照一定的实践目标,遵行一定的实践规范,运用一定的实践手段作用于会计实践客体即会计对象的活动,因而会计对象的价值运动理论,就是对会计实践客体进行质和量的规定性的认识与描述的理论。会计定义、会计概念、会计目标、会计假设、会计原则、会计制度、会计程序方法、会计工作组织诸理论都是围绕反映会计对象而形成的,会计理论体系的建立必须以其为基石和出发点。"②

特定环境是任何事物产生与发展的必要条件。因此,会计名家谢德仁教授认为:"会计内环境决定了会计本质,从而决定了会计职能,进一步决定着会计程序与方法。会计外环境决定了会计目标,从而决定了会计信息质量特征,进一步影响着会计程序与方法。……会计理论研究的逻辑起点应是会计环境。会计环境具有高度的综合性,包含了会计实践的全部内容和孕育着会计理论要素的全部'胚胎'。由此出发构建的会计理论体系可以揭示会计发展过程的全部因素和客观规律,从而是全面的、完整的会计理论体系。"③

在语义上,"职能"(function)是指"人、事物、机构应有的作用,功能"。④ 因此,会计职能说明了会计体系所具有的作用、功能,基于其作用、功能则可以构造其其余的功能体系——会计体系。对此,李孝林教授等指出:"会计职能内联结构与本质,外联系统与环境,核算和控制会计对象与要素,制约会计目标,贯穿于会计工作全过程。以会计职能为起点进行研究,即可建立科学实用的会计准则理论框架,用以指导、评价会计准则的制定,进而建立前后一贯的、完整实用的会计信息体系。"⑤

---

① 吴水澎:《会计理论纲要》,上海:立信会计出版社,2012年,第31—36页。

② 劳秦汉:《论会计理论体系的基础理论与起点理论》,《会计研究》1992年第1期,第17—20页。

③ 谢德仁:《会计理论研究逻辑起点及会计理论体系》,《会计研究》1995年第4期,第1—6页。

④ 中国社会科学院语言研究所词典编辑室:《现代汉语词典》,北京:商务印书馆,2016年,第1682页。

⑤ 李孝林等:《会计基本理论比较研究》,北京:科学技术文献出版社,1997年,第111页。

　　而"目标起点论"，则是 FASB 在 1978 年《企业财务报告的目标》(Objectives of Financial Reporting by Business Enterprises)中所倡导的研究方法，并被会计学家张为国教授所认同：其指出应以"会计目的（目标）为起点"来"建立一整套会计理论"。[①] 基于"目标"(objective)具有"想要达到的境地或标准"的含义，[②]会计目标是沟通会计系统及其环境的桥梁，能够连接会计理论与实践，具有可知性，并推导出其他会计概念。因此，《企业会计准则——基本准则》(财政部令第 76 号)指出"财务会计报告的目标是向财务会计报告使用者提供与企业财务状况、经营成果和现金流量等有关的会计信息，反映企业管理层受托责任履行情况，有助于财务会计报告使用者作出经济决策"，实际上认可了主流的"目标起点论"。当然，这也是我国会计准则持续趋同下的合理选择。

（二）不同观点的评价标准

　　对此，会计名家吴联生教授认为会计理论研究起点应当能够连接会计环境与会计系统，须能联系会计理论与会计实践，须能对其他抽象范畴进行推理论证，必须具有可知性的四个具体条件。其观点与学者杨月梅稍早的观点很接近：第一，应当是会计其他理论的基础，并以此形成完整的会计体系；第二，必须能够将会计理论和实务紧密地结合起来，以便指导现有实务；第三，应具有科学预见性，以便演绎出新理论以适应今后会计实务需求；第四，不能脱离会计环境而孤立地存在。[③] 更新的观点为会计学家吴水澎教授的看法：一是能集中体现会计学的特殊矛盾，并能够促进其理论体系的发展；二是抽象但能够演绎出整个会计理论；三是与会计发展历史具有统一性。[④]

　　上述观点虽表述各异但本质无异，这里以会计名家吴联生教授的观点为基础，将会计理论研究起点应具备的条件综合为五点。[⑤]

　　第一，应能适应环境变化。因为，财务会计是环境的产物，其理论研究起点不但需要连接会计系统及其环境，而且要能适应环境变化以指导不同环境下的会计实践。否则，所构建理论仅能指导之前环境条

---

①　张为国：《会计目的与会计改革》，北京：中国财政经济出版社，1991 年，前言，第 1—2 页。

②　中国社会科学院语言研究所词典编辑室：《现代汉语词典》，北京：商务印书馆，2016 年，第928 页。

③　杨月梅：《论会计理论的逻辑起点》，《会计研究》1998 年第 7 期，第 36—37 页。

④　吴水澎：《"价值"是会计学的逻辑起点》，《厦门大学学报（哲学社会科学版）》2001 年第 3期，第 5—12 页。

⑤　黄申：《会计理论研究起点观比较与评价——兼议会计理论研究的"基础起点论"》，《西部论坛》2013 年第 2 期，第 66—72 页。

件下的社会需求,难以指导其他环境下会计理论的发展。具体来讲,在如今信息化的时代,这一研究起点依然要存在,否则研究就难以为继了。

第二,应当能够指导会计实践。会计理论研究的起点,不能仅仅是将理论与实践相联系,而是要能够指导会计实践;当然,这里的指导实践,主要是指所建立的理论体系能够指导会计实践。这是因为,理论来自实践、更要指导实践,这才是理论价值之所在。否则,不能指导实践的理论,仅是一套无实用价值的空洞概念。

第三,应当能演绎出完整的会计理论体系。因为,作为会计理论体系研究的起点,必须能够演绎出其他概念范畴,进而形成完整的会计理论体系。否则,如果无法演绎出其他概念,无法构建出完整的会计理论体系,则属于局部的会计理论的研究起点,而不能称其为会计理论研究的起点。

第四,应当具有可被验证性。这是与可知性意思相同,但更具操作性。如此修改,在于理论与起点两方面。对于会计理论研究而言,目前的主流研究方法是"实证研究法"。之所以该方法具有优势,在于其通过可验证的数据来研究,因此所获得的研究结论是被可验证的。否则,就会有学术不端嫌疑,研究结论因此而不被接受认可。就会计理论研究起点而言,也应当是被可验证的,而不能建立在不被验证的假设基础之上。

最后,应当具有"确定性"。因为,"确定"(define)是指"明确而肯定"。① 这里的"确定"有两方面含义:(1)该理论研究起点应当具有确定性。面对复杂多变的外部环境,会计研究起点自身应当确定而不是多变。若研究起点随着外部环境而变化,则据其构建的会计理论体系就不得不变,进而会难以指导会计实务;(2)基于该起点而建立的会计理论体系以及会计处理结果也应具有确定性。因为,会计工作的成果——会计报告所反映的财务状况本身作为一个客观存在应当具有确定性。进一步,如果会计理论体系不确定就难以指导会计实务,而会计处理结果不确定则难以实现其决策有用的价值。

(三) 不同观点之间的关系

以优化后的评价标准来对比分析,"基础起点论"具有符合上述所有标准的相对优势。对于这一比较内容与结果,可以用表1-1列示。

---

① 中国社会科学院语言研究所词典编辑室:《现代汉语词典》,北京:商务印书馆,2016年,第1087页。

表1-1 不同会计理论研究起点评价对比表

	适应环境	指导实践	推导体系	可被验证	确定性
假设起点论	不能	能	能	不能	是
本质起点论	能	能	能	不能	是
价值起点论	能	能	能	能	否
环境起点论	能	能	不能	能	否
对象起点论	能	能	不能	能	否
职能起点论	能	能	不能	能	是
目标起点论	能	能	不能	能	是
基础起点论	能	能	能	能	是

　　如何认识不同学者所提出的不同观点? 笔者认为,应当以唯物辩证法的视角来看待。对此,唯物辩证法认为:"事物的联系具有普遍性。任何事物内部的各个部分、要素是相互联系的;任何事物都与周围的其他事物相互联系着:整个世界是一个相互联系的统一整体。"依据该原理,不同观点间也具有相互联接、相互依赖、相互影响、相互作用、相互转化等相互关系,如果各种观点的认知过程无误,从终极意义上各种观点所形成的会计理论体系将是大同小异。如何分析不同观点之关系? 唯物辩证法进一步主张:"从事物的内部、从一切事物对他事物的关系去研究事物的发展,即把事物的发展看作是事物内部的必然的自己的运动,而每一事物的运动都和它周围其他事物相互联系着和相互影响着。事物发展的根本原因,不是在事物的外部而是在事物的内部,在于事物内部的矛盾性。任何事物内部都有这种矛盾性,因此引起了事物的运动和发展。事物内部的这种矛盾性是事物发展的根本原因,一事物和他事物的相互联系和相互影响则是事物发展的第二位的原因。"①

　　对不同观点的关联,会计本质应为各个要素的"核心","会计价值""会计假设""会计目标""会计对象""会计基础""会计职能"等要素环绕在会计本质周围,之外的部分是会计环境。按照内因、外因的标准,上述观点可分为两大类。

　　其一,广义的环境起点论。在这一领域内,"价值起点论""对象起点论""目标起点论"等观点关联程度较高,它们一方面内接会计理论另一方面外联会计环境,其理论变化源自外部需求(外因)的驱动,因此属于广义的环境

① 毛泽东:《矛盾论》,中共中央文献编辑委员会.《毛泽东选集(第一卷)》,北京:人民出版社,1991年,第301页。

起点论。

其二,广义的本质起点论。在这一领域内,"基础起点论""职能起点论""假设起点论"联系较为紧密,其一方面内联会计本质另一方面外联会计环境,其变化主要源自内部能力(内因)的驱动,故属于广义的本质起点论。只不过因为本质可以被学者界定但难以被客观验证,才借助于其他要素进行会计理论体系的研究与构建。

其中,"目标起点论"可以看作外因驱动型的会计理论体系构建模式的代表,而"基础起点论"可以看作内因驱动型的会计理论体系构建模式的代表。

外部环境、会计理论、信息使用者三者关系如图1-1所示。

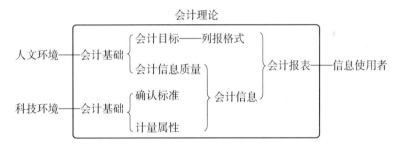

图 1-1　会计环境、会计基础、会计目标关系图

图1-1试图说明三方面问题。(1)会计理论与会计环境的关系。会计系统离不开会计环境,但会计环境仅仅是会计诞生的外因,不能决定、影响会计本质;会计环境可以使得会计理论体系中适合该环境的部分得以显现,得以广泛应用。(2)会计理论构成及其逻辑关系。会计理论包括会计基础以及演绎出的确认标准、计量属性;而使用者的外部需求,通过会计基础生成了会计目标以及实现该目标所需要的报表规则及其会计报表,最后,会计信息填列于会计报表中,实现会计目标。(3)会计目标与会计基础的关系。会计环境作用于会计基础而产生会计目标,会计基础所演绎出的整个会计理论体系正是为了实现该目标。会计理论体系的构建,可以概括为一个从会计基础到会计目标的过程,会计目标是使用者需求与会计基础之交集,而不是一个独立范畴(见第七章第一节)。

从会计理论发展的终极视野看,"目标起点论""基础起点论"及其他研究思路或研究模式,都应当且可以形成大同小异的会计理论体系。但从现实情况看,主流的"目标起点论"具有外因化、动因化等特点,具有受到外部主观需求的影响、受到外部环境变化影响的特点,虽然能够建立起一套完善的会计理论,但其过程会因为多变的环境而比较漫长。

相反,"基础起点论"具有内因化、本质化等特点,具有不受外界影响的客观、独立、稳定的特点,因此更容易演绎出一套逻辑严密的会计理论体系,所建立的是会计人员能够实现且能够为会计信息使用者所认可的会计理论体系。两种模式之间的关系可以概括为:从会计基础指向会计目标,会计基础所构建的会计理论体系的目的在于实现会计目标。[①]

二、会计研究的思路

语义上,"思路"(mentality)是指解决问题时"思考的线索";而"线索"(clue)是指"比喻事物发展的脉络或探求问题的路径"。[②] 因此,理论研究应当有着清晰的思路,有着清晰的思考脉络以及探索的技术路径,唯此才可能构建较为合理的内容体系。

会计理论研究应当采用"从会计基础指向会计目标"的思路,具体来讲就是以目标提出具体的质量标准,而从基础一步步来实现该标准。因为"基础"(base)是指"建筑物的根脚;事物发展的根本或起点"。[③] 其实,美国会计理论体系结构也是如此构建的。在史蒂夫·鲁宾(Steve Rubin)所表述的"GAAP房屋"结构图中,便是按照"地基、第一层、第二层、第三层、第四层"的形式来表示的,其所认为的"地基"由"持续经营假设、实质重于形式、中立性、应计制、稳健主义"构成。[④] 但是,在词语含义中,"地基"(foundation)是指"承受建筑物重量的土体或岩层,土层一般经过夯实;地皮"。[⑤] 因此,地基并非建筑物之构成;会计地基应是支撑会计理论与实务产生的经济学、管理学、法学、数学等。[⑥] 会计理论体系中,会计理论应当诞生、存在与发展于基础;会计基础将决定着会计理论大厦的位置、方向,其坚实程度则决定着大厦的高度。正所谓,"基础不牢、地动山摇"。而且,基础作为事物的根本,一旦失去则该事物就会随之消亡,对会计也是如此。而基础指向哪里呢,则是前进与发展的目标。因为,"目标"是指"射击、攻击或寻求的对象;想要达到

---

① 黄申:《会计理论研究起点观比较与评价——兼议会计理论研究的"基础起点论"》,《西部论坛》2013年第2期,第66—72页。

② 中国社会科学院语言研究所词典编辑室:《现代汉语词典》,北京:商务印书馆,2016年,第1237,1425页。

③ 中国社会科学院语言研究所词典编辑室:《现代汉语词典》,北京:商务印书馆,2016年,第603页。

④ Steve Rubin, "The house of GAAP", *Journal of Accountancy*, 1984,149:122—129.

⑤ 中国社会科学院语言研究所词典编辑室:《现代汉语词典》,北京:商务印书馆,2016年,第603页。

⑥ 郭道扬:《管理基础论》,《会计之友》2013年第27期,第4—10页。

的境地或标准"，①是最终要达到的地方，而非事物发展的起点。就会计而言，其理论发展的脉络与路径就是从其存在的前提基础，通过会计体系的运行而实现会计目标的过程。

根据基础与目标的含义，会计系统就是一个从会计基础达成会计目标的系统。这一系统不仅存在于理论体系中，也存在于实务处理中。在理论体系中，是以会计基础的演绎而构建出会计理论具体内容来实现会计目标的；在实务中，是通过确认、计量的基础，通过记账凭证、会计账簿、会计报表等环节，来完成对外提供合格财务报告的工作。这样一种研究思路，笔者称之为"基础起点论"（basic starting point theory）。②

其中，所采用的会计基础为"权责确认基础"与"市价计量基础"，将随后（第一章第一节）探讨。会计目标是"如实反映"或"反映真实"，是《会计法》——第1条指出"为了规范会计行为，保证会计资料真实、完整，加强经济管理和财务管理，提高经济效益，维护社会主义市场经济秩序，制定本法"③所规定的法定目标。其中，"保证会计资料真实、完整"是对会计目标的界定。而且，《企业财务会计报告条例》（国务院令第287号）该行政法规第1条针对条例的立法宗旨、第3条针对企业负责人的会计责任也是如此规定。④ 为什么本书采用的会计目标不是主流的"决策有用观"？这将在"市价交易计量法"（见第七章第一节）中论述，这里指出其源自《会计法》规定，在于后续论述的需要。

三、会计研究的基础

在辩证思维方法中，"逻辑与历史的统一"是我们采用的方法之一，其含义是指"认定思维的逻辑进程或理论体系的逻辑进程与客观现实发展的历史进程和人类认识发展的历史进程过程是相一致的。这种统一或一致根据就在于，历史的东西是逻辑的东西的基础，逻辑的东西是对历史的东西的反映，是历史的体系在理论思维中的再现，它是由历史的东西派生出来的"。⑤ 因会计基础与会计共存亡，故简要回顾其历史，便可发现其所在。又

---

① 中国社会科学院语言研究所词典编辑室：《现代汉语词典》，北京：商务印书馆，2016年，第284页。
② 目标与起点之间的欠缺便是后续研究的内容，因此研究有时候看起来是从目标的倒推，但第一步一定从基础开始。因为，目标主要作用在于指导前进的方向，而非确定研究之起点。
③ 这段文字，从1999年至2017年未曾改变，故未指明出自哪一版本《会计法》中。但要求"会计资料必须真实、准确、完整"，自从1985年第一版《会计法》开始就一直未曾改变。
④ 国务院：《企业财务会计报告条例》，《财务与会计》2008年第8期，第50—52页。
⑤ 陶德麟、汪信砚：《马克思主义哲学原理》，北京：人民出版社，2010年，第148页。

因会计是一个从经济事项、会计确认、货币计量到财务报告的过程,故对会计基础的发掘可通过对其核算内容、确认标准、计量单位的历史考察来发现。

(一) 会计诞生的回顾

其一,对会计核算内容的回顾。对此,会计名家唐国平教授等考证发现:"1211 年佛罗伦萨一家钱庄的银行簿记,是现存最古老的应用'借贷'两字的复式记录史料,现珍藏于佛罗伦萨梅迪切奥·劳伦齐阿纳图书馆。该簿记被称为'佛罗伦萨式簿记',是复式簿记的萌芽。其采用转账的方法和叙述的形式记录债权和债务,借方和贷方分别是债务人和债权人。"此后,会计核算内容不断拓展,"起源于古代银钱业簿记法中的借贷逐渐延展至其他领域,并不断得到完善,进而形成现代会计的记账方法"。[①] 因此,"早期关于复式簿记的描述,都是属于处理债务者和债权者个人关系的"。[②] 之后,复式记账法则先后经历了这样的阶段:萌芽期的佛罗伦萨式,记账对象仅限于债权债务;改进期的热那亚式,核算内容已经拓展到商品、现金;初步完备期的威尼斯式,此时核算内容已经包括损益和资本。随后,才出现了卢卡·帕乔利(Luca Pacioli)在《数学大全》中所介绍的"簿记论"。而这一阶段的会计核算依据,会计学家郭道扬发现,都是"以'都市法'为依据,来阐明复式簿记的理论与方法",并因此而"显示了对'城关市民'私有财产权益的维护"。[③]

如今,会计核算内容已经延伸到物权、知识产权、股权等领域,甚至还包括人力资源会计、环境会计、虚拟会计、碳排放会计等。但我们发现,虽然会计报表内容在不断拓展,但其反映内容或核算对象始终都未脱离会计主体的权利与责任这个大范畴。

其二,对会计确认标准的回顾。在财务会计中,"确认(recognition)是将某一项目,作为一项资产、负债、营业收入、费用等等之类正式地计入或列入某一个体财务报表的过程"。[④] 故确认标准决定了会计反映的内容,进而决定了会计实质。会计最早的确认基础是"现金制"(cash basis),又称"收付实现制"。之所以采用现金制,根本原因在于现金是种类物、是计量经济利益的一般等价物,所以现金能最直接、清晰地反映出经济利益及其流动。

---

① 万仁新、唐国平:《复式记账借贷符号奥秘的训释》,《财会月刊》2021 年第 17 期,第 55—62 页。

② 埃尔登·S.亨德里克森:《会计理论》,王澹如、陈今池编译,上海:立信会计出版社,2013 年,第 27 页。

③ 郭道扬:《复式簿记起源历史环境新论》,《会计研究》2007 年第 12 期,第 15—22 页。

④ 财务会计准则委员会:《论财务会计概念》,娄尔行译,北京:中国财政经济出版社,1992 年,第 228 页。

因此,首先被采用的会计确认基础是现金制而不是其他。

但因未考虑现金流动的性质、原因及结果,故以现金制为确认标准的会计信息无法客观反映主体实际财务状况,后随对应收应付等项目反映的需要,权责发生制(accrual basis)逐步替代了收付实现制。在会计实务中,"由于复式簿记系统中会计分录的巧妙运用,任何交易或事项,若有收入或费用发生,只要确认一笔收入,就必须同时确认金额相等的资产增加或负债减少;同理,只要应当确认一笔费用,就必须同时确认金额相等的资产减少或负债增加。因此,权责发生制,实际上是一项涉及全部会计要素确认时间的假设"。① 之所以如此,是因为按照法律所规范的权利与责任来界定经济利益是否受到保护、经济责任如何承担,将会受到国家强制力的保护,其结果因接近实际情况而被会计信息使用者所接受与认可,所以也是能用于决策、评价管理层责任的财务信息。

其三,会计计量标准的回顾。虽然经济利益计量开始时并未采用货币,但如今货币不但成为计量经济利益的统一尺度,而且成为会计发展的重要推动力之一。对此,著名会计学家郭道扬教授指出:"史实表明,单式簿记的发展与单式簿记方法水平的提高,在一定程度上取决于货币计量单位地位的提高,取决于它的应用程度与应用水平的提高。……在簿记计量单位应用中,人们对于货币量度的认识的每一提高都表现为簿记思想的提高。这是因为,一则货币计量单位不仅能够简单明了地、统一与一致地反映比较复杂的经济活动过程,而且能够全面、正确地表现为对比较复杂经济活动过程及其结果中的监督关系,进而使经济与簿记的主管者达到管理的目的;二则货币计量单位的一个十分突出的优越性,在于能够通过它进行综合计算,可以把不同的实物计量单位统一起来,使难以进行比较的经济事项或簿记事项可以进行比较,使无法汇总加以统一考核的经济指标或簿记指标得到正确的汇总与考核,这些优越性在单式簿记时代人们就已经认识到了。"②

虽然我们一直在采用货币计量,但环境变化与会计技术发展,已衍生出了不同的计量属性,从历史成本拓展到重置成本、现行成本、现值等多种计量属性,以及如今热门的是"公允价值"(fair value)。之所以如此,目的在于更加准确地计量会计主体的财务状况,为了反映会计主体在不同时点上真实的财务状况。但这些计量属性之源头、根基都是实际交易中的市场价格,

① 葛家澍:《会计基本假设与会计目标》,财政部会计准则委员会编,《会计基本假设与会计目标》,大连:大连出版社,2005 年,第 87 页。
② 郭道扬:《会计史研究:历史·现时·未来(第 3 卷)》,北京:中国财政经济出版社,2008 年,第 122 页。

计量模式极有可能在下一个世纪的上半叶成为主流,历史成本计量模式将逐步退出会计的历史舞台。"①因此,会计诞生之时是"市场价格会计",未来也一定是"市场价格会计"。

此时,当我们能按照权责界定出经济利益的归属、按照市场价格计量出经济利益的数量后,会计便能够反映出会计主体真实的财务状况。会计基础不但决定了曾经的会计理论与实务,而且也会决定未来的会计理论与实务,并因此构成了会计理论研究的历史与逻辑统一的基础起点,自然也影响着合并报表理论的形成。

第三节　研究方法与主要内容

理论研究要基于一定的科学方法而进行,本书的研究涉及多个具体方法;同时,不同的研究方法又是针对不同的研究内容而采用,二者有效结合形成了本书研究成果。

一、主要研究方法

一般而言,"方法"(method)是指"关于解决思想、说话、行动等问题的门路、程序等",②也可以指为达到某种目的而采取的途径、手段等。在理论研究中,研究方法通常是指用以发现新现象或提出新理论观点,从而揭示事物内在规律的工具和手段。在本书研究中,所采用的具体研究方法主要有系统分析法、思辨研究法、法学研究法等。

在这里,"系统分析法"(system analysis method)是基于"系统科学"而形成的一种研究方法——先把要解决的问题作为一个系统,对系统要素进行综合分析,再找出解决问题的可行方案的一种研究方法。一般认为,"系统科学"(system science)萌芽于奥地利生物学家贝塔朗菲(Ludwig Von Bertalanffy)的《一般系统论:基础、发展和应用》,③是 20 世纪 40 年代以后迅速发展起来的一个横跨各个学科的新的科学部门,它基于系统立场去考

---

① 黄世忠:《公允价值会计:面向 21 世纪的计量模式》,《会计研究》,1997 年第 12 期,第 1—4 页。

② 中国社会科学院语言研究所词典编辑室:《现代汉语词典》,北京:商务印书馆,2016 年,第 366 页。

③ 冯·贝塔朗菲:《一般系统论:基础、发展和应用》,林康义等译,北京:清华大学出版社,1987 年。

察和研究整个客观世界，为人类认识和改造世界提供了科学的理论和方法。

　　系统分析法在本书研究的应用有两个层面，其一是整体性理论层面，其二是具体性问题层面。整体性应用系统分析法有会计研究的起点与会计研究的目标两个方面。对会计研究的起点，认为是权责确认、市价计量的两大基础；对会计目标，认为是如实反映的法定目标。这两点是对会计理论的整体性看法，除了"基础指向目标"的整体思路外，还涉及会计计量属性、会计职能、会计信息质量特征等。在具体问题层面，是合并报表相关问题的系统性思考。首先探讨了合并报表编制的合法性，其次辨析了各类合并报表的内涵性质，最后针对现有理论观点共同缺陷而提出了新的"公平理论"。在具体的技术方法层面，主要应用单一的市场价格计量（属性）方法。这一方法首先应用于企业合并的会计处理，当然也是延伸到合并报表编制中；其次，系统研究了合并商誉本质属性、计量方法与披露原则，并将其应用于商誉金额计量中；最后，研究了物价变动会计与外币报表折算，并将其演化为持续的市场价格计量与单一的期末现行汇率折算，以化解这两个财务会计难题。

　　在语义上，"思辨"是指"哲学上指运用逻辑推导而进行的纯理论、纯概念的思考。思考辨析"。[①] 因此，所谓"思辨研究方法"（speculative research method），其基本含义是以研究者个人理性认识及直观经验基础，通过对概念、命题、判断等逻辑进行归纳、演绎以认识事物本质属性的一种研究方法，也可称之为主观经验的逻辑研究法，与其对立的研究方法即客观经验的数理研究法，目前多称其为"实证研究方法"。[②] 思辨研究方法不仅应用于合并报表理论研究部分，如，合并报表合法性的挖掘、合并报表内涵性质的探寻、合并报表编制公平理论的构建中，而且应用于合并报表具体问题化解中，如，合并会计方法通过对企业合并实质辨析而提出，合并商誉内涵本质主要通过合并价差构成剖析而发现，外币报表折算与物价变动会计主要通过财务状况的客观性而发现应对之策。由此可见，本书的主要观点结论都是基于思辨研究方法而产生，而非实证研究的结果。

　　在这里，"归纳法"（induction）"是从个别事物中概括出一般性结论的方

---

① 中国社会科学院语言研究所词典编辑室：《现代汉语词典》，北京：商务印书馆，2016 年，第1237 页。

② 目前为主流分类的是"规范研究"（normative research）与"实证研究"（empirical research）。但是，观其论文可见其所谓的规范研究实质正是思辨研究，因为其研究内容的确是采用了思辨研究的模式而不是规范研究。目前，规范研究是针对经济现象建立一般模型的研究，属于从个别到一般规律的总结，需要采用数理模型的表现形式，而不是文字概念的归纳。

法"。① 此研究方法主要针对现实问题的解答,涉及编制观点、方法与具体问题。在合并报表编制理论方面的现实归纳主要有两个思路。一个是理论的思路,即在归纳现有主要观点的共同缺陷的基础上,形成了合并报表编制的"公平理论";在归纳现有会计研究不同起点的基础上,提出了会计研究的"基础起点论"。另一个是方法思路,主要针对外部环境变化,针对会计未来发展趋势的探讨。如,通过信息技术应用的大趋势,认为将会有会计报表智能化生成与事项法会计崛起的两大趋势;再如,通过对法律制度影响经济利益学者观点的归纳,认为基于权责确认基础的会计发展趋势在于会计法律、会计准则的持续完善;又如,基于信息化与大数据的应用,归纳出会计体系中管理会计为了发展的趋势。

"法学研究法"(jurisprudence research methods)是指根据法学理论、概念与条文规定,对会计处理的合法性与法理依据进行论证的研究方法。在理论分析篇,此方法首先应用于合并报表编制法理依据分析中,发现了合并报表编制不存在法理基础的情况,又基于法学权能分离理论挖掘其法理依据存在的情况。其次,探讨了合并报表本质内涵,基于法学权利与责任概念,提出了会计主体的"权责统一体"的看法并基于"权责混同理论"解析了合并抵销的法理依据。随后,再根据这一发现解释了合并报表的不同表现形式与适用领域。再次,基于法人平等、同股同权的法学概念,论证了合并报表编制的"公平理论"。

在技术应用篇,此方法首先应用于合并会计方法研究中,一方面解释了购买法、权益结合法会计处理中的法理依据,另一方面通过企业合并法律本质而说明了市价计量法统一的大趋势。在合并商誉部分,从知识产权视角解释了商誉符合资产现时权利的特征。在"市价交易计量"部分,归纳了会计"真实反映"的法定会计目标,论证了"市价交易计量法"的地位等,及其对化解外币报表折算与物价变动会计难题的有效性。

二、主要研究内容

本书围绕合并会计报表,进行了基础理论与技术方法两方面的研究。

第一章绪论,由三节构成。第一节回顾了合并报表会计规范的国内外变迁历史以及从中获得的启示,会计研究必须考虑国情的启示给予了笔者研究的动力。第二节,梳理会计研究起点的不同规范,论证了财务会计诞生的两大基础,解释了本书秉持的"从基础起点指向会计目标"的研究思路以

---

① 陶德麟、汪信砚:《马克思主义哲学原理》,北京:人民出版社,2010年,第142页。

及"权责确认"与"市价计量"两大会计基础。第三节,介绍了本书采用的主要研究方法及其具体应用,以及本书各章节内容。

就逻辑关系而言,第一章的价值在于给后续研究提供了一个理论基础——经济利益的"权责确认基础"与经济利益的"市价计量基础"。随后,本书前三章基于法学权利责任(义务)相关理论而进行,主要探讨了合并报表编制理论问题;后三章基于市场价格计量方法而进行,主要分析了合并报表有关的会计方法问题。

第二章挖掘了合并报表编制依据,即合并报表的合法性。首先,基于法人独立性原则,发现合并报表编制缺乏法理依据,以及如何获得整体财务信息的方式方法;同时,探讨了子公司法人人格丧失后控股股东合并的法理依据。其次,从法学的权能分离理论与法人权利构成,分析了企业法人权分离的可行性。最后,基于权能分离理论分别从占有权能、使用权能、收益权能、处分权能的授予分离后,挖掘了合并报表编制的可能性法理,并针对不同情况解析了整体财务状况反映的方法途径。

第三章探寻了合并报表内涵性质,即合并报表不同形式的内涵性质。一方面探寻了合并报表的一般内涵性质——首先基于权利与义务关系探析了会计主体内涵,其次基于会计主体内涵解释了合并报表的内涵——"主体混同",最后基于"主体混同"论证了合并抵销分录的法理来源。另一方面解释了合并报表不同表现形式的具体内涵。基于控股权而形成的"经营权责混同",产生了集团公司的合并报表以及非营利组织对企业的合并报表;基于内部管理的"行政权责混同",产生了政府机构对事业单位、总部机关对分支机构、承包方对被承包方的合并报表;基于决策需要的"模拟权责混同",产生了股份制改制中与重大资产重组后、投资决策前的模拟以及同一控制合并日前的合并报表。

第四章提出了合并报表的公平理论。一方面对现行的所有权理论、母公司理论、实体理论以及当代理论分析发现其共同的缺陷,于是提出了基于民商法"公平原则"的"公平理论"。另一方面,首先从理论上解释了"公平理论"的具体原理,其次从技术方法上介绍了可能的计量属性——"市场价格计量"与"账面价值计量",最后通过对两种处理方法中存在的问题,引出了下一章对合并会计方法的研究需求。

第五章论证了合并会计市价计量方法。合并会计方法在国际上主要采用购买法,而我国 CAS No.20 规定了购买法与权益结合法,分别适用于"非同一控制下的企业合并"与"同一控制下的企业合并"。因此,前两节分别对这两种方法从法学权责确认、市场价格计量的视角进行探讨,解析其处理方法的法理依据，并辨析了其应用困难。在第三节，则较为详细地论述市场价格计量方法下的具体处理方法。而当所有独立会计主体采用市价交易计量法进行会计处理之后，便实现了合并会计方法的统一化结果。

第六章是商誉会计的探讨。以商誉构成价格差的分解为开始，发现其中构成较为复杂，故而转入对形成商誉持续超额盈利原因的剖析；并通过对企业核心竞争力来源的分析，提出了商誉来源与企业文化管理制度的看法。随后，在商誉计量方面，发现有关企业价值与股份价值的计量方法多样且难以准确计算出商誉金额。最后，针对商誉市场价格计量结果的主观性，借鉴司法诉讼中质证的做法提出了透明化披露的化解之策。

第七章探讨了化解物价变动会计与外币报表折算难题。为了提供解题钥匙，第一节介绍了"市价交易计量法"。通过会计人员、会计系统、会计用户三者交集确立了"如实反映"的会计目标，随后论证该目标实现的"市价交易计量法"，最后对比其与资产负债观、收入费用观的主要差异。第二节在分析外币报表折算现有方法缺陷的基础上，试图在汇率形成理论中找寻化解之道无果之后，基于外币报表折算现状而提出的"单一的期末汇率法"，以便如实反映会计主体的财务状况。第三节对物价变动会计进行了分析，通过找寻物价变动原因无果之后，认为"持续市价计量"是其现实的有效对策。

第八章为总结与展望。第一节回答了评审专家的两组问题。第一组与会计职能、会计信息质量特征相关，基于财务会计独立反映职能解释了会计信息质量体系的构成。第二组涉及会计智能化与事项会计，分析了会计智能化及其引发的事项法会计崛起趋势。第二节总结了研究观点。一方面梳理了研究逻辑与各章节内容，另一方面介绍了可能性创新、研究缺陷以及今后的方向。第三节，基于会计基础展望会计发展。其中，权责确认基础的发展趋势在于会计法律、会计准则的中国化，市场价格计量基础应用趋势在于管理会计，并可能集中于环境会计、三农会计领域。

第二章 合并报表法理依据挖掘

遵纪守法是人们的行为准则,故合并报表编制也应依法而为。不过,合并报表编制是否具有法理依据? 就广泛存在的现状而言,一定有着法理依据;但对此鲜有学者研究[①]表明这并非一个简单问题,而是要深入挖掘方可能获得答案。

第一节 法人独立时的合并情况

合并报表常见于公司集团中,其中控股股东(母公司)与被投资公司(子公司)均为独立企业法人。基于法人独立性,控股股东合并被投资公司的法理何在?

一、法人独立时的难以合并

编制合并报表首先要有被合并对象,对此,CAS No. 33 第 7 条规定:"合并财务报表的合并范围应当以控制为基础予以确定。控制,是指投资方拥有对被投资方的权力,通过参与被投资方的相关活动而享有可变回报,并且有能力运用对被投资方的权力影响其回报金额。"[②]但是,控股股东是否具有控制被投资公司的法理?

(一) 公司法人的独立性

在民法领域,法律主体主要有自然人、法人和其他组织三类。在"企业会计准则"适用的企业主体中,合伙企业与独资企业并非法人,仅公司有法人资格,故又被称之为"法人"。而法人之所以能被法律赋予"人"的资格,在

---

① 以"合并报表"或"合并会计"或"会计报表"或"财务报表"或"合并财务报表"与"法理"为标题组合在中国知网(ciki. net)搜索,未见符合条件的文献。

② 财政部会计司:《企业会计准则第 33 号——合并财务报表》,北京:经济科学出版社,2014年,第 4 页。

于其具有独立性。

对法人独立性,"我国法学界的通说[①]认为,法人应具有四大特征:独立的人格、独立的组织机构、独立的财产以及独立承担法律责任",[②]并由此构成了公司基本法律特征。

其一,独立的人格。独立人格是指法律赋予法人独立的意思能力,这是因为"公司独立的意思乃公司法律人格之本质要素"。"所谓公司独立的意思,并非股东意志的简单集合,而是体现股东共同意志又不同于股东共同意志的作为独立的法律人格而独立生成的自主意志。因此,必须有一套机制确保公司独立意思的产生,不受股东的个人意志或管理者的个人意志的不当影响或干涉。这种机制便是公司的组织制度或者说公司法人治理结构。"[③]

即使在由政府出资的国有企业中,根据《中华人民共和国企业国有资产法》(2008 年 10 月 28 日第十一届全国人民代表大会常务委员会第五次会议通过,以下简称"《企业国有资产法》")第 6 条规定:"国务院和地方人民政府应当按照政企分开、社会公共管理职能与国有资产出资人职能分开、不干预企业依法自主经营的原则,依法履行出资人职责。"第 14 条进一步明确:"履行出资人职责的机构应当依照法律、行政法规以及企业章程履行出资人职责,保障出资人权益,防止国有资产损失。履行出资人职责的机构应当维护企业作为市场主体依法享有的权利,除依法履行出资人职责外,不得干预企业经营活动。"[④]

其二,独立的机构。机构是人格的表现与落实,为此法人需要设立自己的组织机构,并应当区别于其控股股东及其相关机构,以便独立参加民事活动。为此,《中华人民共和国公司法》(以下简称"《公司法》")[⑤]规定应当设立股东会、董事会与监事会,三机构相互独立且制衡。其中,董事会与监事会相互制衡且均由股东会选举,而股东会则由持股人组成,且三机构有着不同的表决规则。机构独立意味着被投资公司的股东会、监事会、董事会独立于

---

① 法学界流行用语,其基本含义是指"理论界多数学者比较认可的学说"。
② 范健、王建文:《公司法》,北京:法律出版社,2018 年,第 20 页。
③ 范健、王建文:《公司法》,北京:法律出版社,2018 年,第 209 页。
④ 人大常委会:《中华人民共和国企业国有资产法》,《司法业务文选》2008 年第 37 期,第 3—15 页。
⑤ 新中国《公司法》1993 年首次颁布,1999 年首次修正,2004 年第二次修正,2005 年首次修订,2013 年第三次修正,2018 年 10 月 26 日第四次修正且目前有效。2018 年《中华人民共和国公司法》,参见中国人大网,http://www.npc.gov.cn/npc/c12435/201811/68a85058b4c843d1a938420a77da14b4.shtml。

其控股股东的相应机关,可以独立表达自己意思,以便更好地实现人格独立。

如,《企业国有资产法》要求通过选派代表而非行政干预来履行责任。第13条规定:"履行出资人职责的机构委派的股东代表参加国有资本控股公司、国有资本参股公司召开的股东会会议、股东大会会议,应当按照委派机构的指示提出提案、发表意见、行使表决权,并将其履行职责的情况和结果及时报告委派机构。"对其所投资的子企业,第21条规定:"国家出资企业对其所出资企业,应当依照法律、行政法规的规定,通过制定或者参与制定所出资企业的章程,建立权责明确、有效制衡的企业内部监督管理和风险控制制度,维护其出资人权益。"该规定明确,应基于法律、章程的规定而非行政干预来维护权益。

其三,独立的财产。作为人格独立的物质基础,要求股东财产与其所投资公司财产彼此独立分置;公司以自有财产对其债务负有无限清偿责任,股东以足额出资对公司负有限责任,股东出资后所获得的权利是股权,该权利交换后不再有权支配其所投出的财产,公司因而享有独立的财产权。对此,《公司法》第3条指出:"公司是企业法人,有独立的法人财产,享有法人财产权。"《企业国有资产法》第2条规定"企业国有资产,是指国家对企业各种形式的出资所形成的权益";第16条规定"国家出资企业对其动产、不动产和其他财产依照法律、行政法规以及企业章程享有占有、使用、收益和处分的权利。国家出资企业依法享有的经营自主权和其他合法权益受法律保护"。

上述规定,较《中华人民共和国全民所有制工业企业法》(1988年4月13日第七届全国人民代表大会第一次会议通过;2009年08月27日第十一届全国人民代表大会常务委员会第十次会议修订,以下简称"《全民所有制工业企业法》")有着实质性的改进。因为《全民所有制工业企业法》第2条规定:"企业的财产属于全民所有,国家依照所有权和经营权分离的原则授予企业经营管理。"①该规定使得此类企业财产属于全民(国家)所有而非企业所有,企业仅仅拥有经营管理权,因此现实中也越来越少。相反,《企业国有资产法》中政府仅拥有股东权益,故而其所投资的企业拥有独立的法人资格。

其四,独立的责任。公司法人以自己财产独立承担债务清偿义务,债权人原则上不能越过公司而直接追究投资人责任,即股东责任有限同时公司

---

① 　人大常委会:《中华人民共和国全民所有制工业企业法》,《企业管理》1998年第6期,第36—41页。第2条内容2009年修改中未曾涉及。

责任独立。对此,《公司法》第 3 条表述为"公司以其全部财产对公司的债务承担责任"。为了厘清与独资企业、合伙企业的不同,进一步规定"有限责任公司的股东以其认缴的出资额为限对公司承担责任;股份有限公司的股东以其认购的股份为限对公司承担责任"。此规定一方面将股东责任与公司责任进行了区分,同时强调了公司独立责任的特征。针对高级管理人员的职务行为所可能造成的损失,《公司法》第 149 条规定:"董事、监事、高级管理人员执行公司职务时违反法律、行政法规或者公司章程的规定,给公司造成损失的,应当承担赔偿责任。"这一规定,实际上是独立责任的又一体现,即公司责任与员工责任的相互独立,不能要求公司员工对合法职务行为承担损失。而公司独立责任的第三点,是公司与被投资单位之间的独立。为此,《公司法》第 15 条规定:"公司可以向其他企业投资;但是,除法律另有规定外,不得成为对所投资企业的债务承担连带责任的出资人。"

在公司不同类型中,上市公司更为典型且管理规范。为了提高其独立性,中国证券监督管理委员会(以下简称"证监会")与国家经济贸易委员会最初于 2002 年 1 月 7 日联合发布了《上市公司治理准则》(2018 年 9 月 30 日中国证券监督管理委员会公告〔2018〕29 号修订)。[①] 该准则第 22 条规定"控股股东与上市公司应实行人员、资产、财务分开,机构、业务独立,各自独立核算、独立承担责任和风险"。2018 年修订后准则用"上市公司独立性"一节从第 68 条到第 75 条共 8 条逐项对独立性提出具体要求。上述对上市公司与其控股股东相互独立性的规定,可以被概括为"五分开"。此"五分开"可以看作法人独立性原则的样板性落实,在于防止控股股东对上市公司的过度控制。

因此,当"五分开"得以全面落实与充分执行后,控股股东无法控制上市公司。此时,就合并报表编制而言,确定合并范围的"控制基础"将不存在。那么,由法人平等、股东平等的"平等原则",上市公司的子公司也是独立法人,也应独立于其控股股东——上市公司。正如前述《企业国有资产法》中规定,即使国家政府也是依法参与对国有资产的监督,而非直接的行政干预;相关法律规定不仅从法律层面明确了法人主体的独立性,而且明确了股东(出资人)依法履行职责的技术路线。因此,不论是我国证监会的"五分开"还是法人独立性的落实,都会使得控股股东难以直接决定被投资公司的财务和经营政策,使得控股股东难以控制被投资公司,进而缺乏编制合并报

① 王文兵、张春强、干胜道:《新时代上市公司治理:中国情境与国际接轨——兼评〈上市公司治理准则〉(修订版)》,《经济体制改革》2019 年第 2 期,第 114—120 页。

表的法理基础。

(二) 法人独立时的合并不能

会计处理起点在于"确认",而确认需要符合要素定义。控股股东(母公司)要合并被投资公司(子公司)报表,被投资公司会计要素首先要符合控股股东会计要素定义;而当法人独立性被确立后,符合定义就变得不可能了。以资产为例,按照《企业会计准则——基本准则》(中华人民共和国财政部令第 76 号)第 20 条规定,"资产是指企业过去的交易或者事项形成的、由企业拥有或者控制的、预期会给企业带来经济利益的资源"。[①] 对于具有独自财产、独立人格的被投资公司,其资产不符合控股股东资产定义:(1)被投资公司的资产不是由于控股股东过去的交易或事项形成的。在两个独立公司形成控股关系时,控股股东与被投资公司间过去交易只是股权投资与被投资,通常没有其他交易或事项(即使有也是法人独立交易)。被投资公司所拥有或控制的资产是根据自己过去而不是控股股东的交易或事项所形成的。[②] (2)公司独立的财产与独立的人格,使得被投资公司资产必然要独立于控股股东,否则若被投资公司的投资者(如控股股东)依然拥有对投资资产的控制,则被投资公司会因为缺乏独立财产而无法成立。因此,控股股东不可能拥有被投资公司的资产,同时也不能控制其资产。为了防止股东(尤其是控股股东)对于公司独立性的侵害,《公司法》第 20 条特别强调:"公司股东应当遵守法律、行政法规和公司章程,依法行使股东权利,不得滥用股东权利损害公司或者其他股东的利益……公司股东滥用股东权利给公司或者其他股东造成损失的,应当依法承担赔偿责任。公司股东滥用公司法人独立地位和股东有限责任,逃避债务,严重损害公司债权人利益的,应当对公司债务承担连带责任。"该规定严格限制了控股股东对被投资公司的控制。(3)被投资公司财产预期所带来的经济利益也应当由被投资公司享有,控股股东所拥有的经济利益只能依据《公司法》、通过"公司章程"规定、通过股东大会决议、依据被投资公司的会计报表或股份市场价格来核算其能享有的经济利益。因此,控股股东对被投资公司经济利益的权利,仅为经济学中常说的"剩余索取权"(residual claim)而不是直接控制权。

---

① 财政部:《中华人民共和国财政部令第 76 号——财政部关于修改〈企业会计准则——基本准则〉的决定》,《交通财会》2014 年第 8 期,第 88—91 页。具体文字除公允价值概念外,与 2006 年无差异。

② 鉴定专家意见一认为"控股股东无论是决策,还是人员安排以及责任承担,都不可能与被控股企业完全分割",故认为此表述"似乎也有曲解的问题"。

其实,CAS No. 33 中所列举的控制方式,是基于《公司法》规定的相关权利而进行。如,第 13 条指出"投资方持有被投资方半数以上的表决权的。投资方持有被投资方半数或以下表决权,但通过与其他表决权持有人之间的协议能够控制半数以上表决权的"。① 简单分析,便可发现该表述实为《公司法》中的"多数决原则"(majority rule),"是指股东会决议原则上由出资比例或持股比例达到多数以上的股东们的赞同才能作出决议"。② 为此,《公司法》第 42 条对有限公司原则规定"股东会会议由股东按照出资比例行使表决权";而"公司章程另有规定的除外"系例外性规定。进一步,第 103 条对股份公司严格规定"股东出席股东大会会议,所持每一股份有一表决权"。此两点,形成了股东会表决中的"一股一票"与"资本多数决"两大原则。因此,控股股东可以通过其所拥有相对多数的股份表决权,通过两大原则选派治理层人员来间接控制被投资公司。但即便如此,被投资公司具体的资产、负债依然不符合控股股东(母公司)资产、负债定义,不符合控股股东会计要素确认标准,自然就失去合并到控股股东会计报表中的可能性了。

根据法律规定,控股股东(股东)③只能按照《公司法》与公司章程的规定来行使自己的股东权利,控股股东不能也无法控制被投资公司。其所以存在直接控制的现象,乃是长期计划经济思维、政企不分的产物,也是《全民所有制工业企业》第 2 条"企业中的国有资产所有权属于国家"的影响,以及曾经的《公司法》第 4 条"公司中的国有资产所有权属于国家"规定的影响。控股股东针对被投资公司而言,只能按照《公司法》第 4 条规定"依法享有资产收益、参与重大决策和选择管理者等权利"。不过,其在被投资公司中所享有经济利益可借助股权投资权益法核算来反映,并非一定要直接控制不可。

认为合并报表缺乏法理,并非笔者一家之言。如,学者周华教授曾提出"合并报表并非会计报表""企业集团不是民事主体""会计要素概念不适用于企业集团"的观点,并进一步指出"就会计原理而论,合并报表的编制是以母公司报表和子公司报表的汇总数字为基础,抵销内部交易的影响后编制而成的。它所列示的数据缺乏原始凭证、账簿数据的支持"。因为,根据《会计法》第 9 条规定,"各单位必须根据实际发生的经济业务事项进行会计核

---

① 财政部会计司:《企业会计准则第 33 号——合并财务报表》,北京:经济科学出版社,2014 年,第 6 页。

② 刘俊海:《公司法学》,北京:北京大学出版社,2013 年,第 247 页。

③ 《公司法》条文系对所有股东的一般规定,该规定自然适用于控股股东。为了更加贴近合并报表编制分析,文中才使用了控股股东的表述。

算,填制会计凭证,登记会计账簿,编制财务会计报告";①同时,《会计基础工作规范》(根据 2019 年 3 月 14 日《财政部关于修改〈代理记账管理办法〉等 2 部部门规章的决定》修改,中华人民共和国财政部令第 98 号公布)第 51 条明确规定,"除结账和更正错误的记账凭证可以不附原始凭证外,其他记账凭证必须附有原始凭证"。② 合并报表编制多采用工作底稿法以纳入合并范围公司个别会计报表为基础,通过"编制调整分录和抵销分录"来完成。③ 但是,合并报表编制的关键"调整分录与抵销分录",并不符合《会计法》与《会计基础工作规范》中的相关要求,故而缺乏法理依据。④

二、不合并时的整体财务状况

基于法人独立性原则,控股股东(母公司)难以突破被投资公司(子公司)独立性而直接控制子公司,难以确认其资产负债为自己的资产负债;同时,合并抵销分录缺乏实际交易的原始凭证支撑。因此,控股股东难以合并被投资公司,但为了决策的需要,控股股东依然需要知道其所控制经济利益的整体状况。对此需求,有何合理的解决方案? 在控股股东不合并被投资公司时,其个别会计报表如何反映出整体的财务状况?

对此,会计名家谢德仁教授等对"该问题进行了深入分析,论证了在母公司个别财务报表之中采用权益法来核算其对子公司投资的逻辑合理性和现实必要性,并建议修订我国现行《长期股权投资》会计准则,在母公司个别财务报表之中由成本法改为采用权益法来核算其对子公司投资"。⑤ 根据此建议,控股股东所拥有的长期股权投资采用权益法核算后,即可让控股股东个别会计报表反映其所拥有的整体财务状况。

在会计处理方法中,股权投资的"权益法"(equity method)核算有着"简单权益法"(simple equity method,又被称为不完全权益法)与"完全权益法"(complete equity method,又被称为复杂权益法)的区别。⑥ 在目前会计规

---

① 人大常委会:《中华人民共和国会计法》,《交通财会》2018 年第 1 期,第 88—92 页。
② 虽然《会计基础工作规范》经过一次修改,但第 51 条内容没有变化。参见,财政部修改《代理记账管理办法》和《会计基础工作规范》,《中国总会计师》2019 年第 3 期,第 16 页。
③ 财政部会计司:《企业会计准则第 33 号——合并财务报表》,北京:经济科学出版社,2014 年,第 69 页。
④ 周华:《法律制度与会计规则:关于会计理论的反思》,北京:中国人民大学出版社,2016 年,第 175—177 页。
⑤ 谢德仁、张梅:《母公司个别财务报表中对子公司投资的会计处理方法之辨:成本法还是权益法?》,《会计研究》2020 年第 2 期,第 3—15 页。
⑥ 苏哲、汪燕芳:《浅析长期股权投资的不完全权益法与完全权益法》,《财会月刊》2007 年第 34 期,第 26—28 页。

则下,若要让股权投资反映出基于整体视角的经济利益,则应采用"完全权益法"核算。

"简单权益法"的会计处理,其规则为"你变我变、性质相同"。(1)"你变我变",是指只要被投资公司所有者权益发生任何变化,股东均需会计处理。即所谓"你变"——被投资公司变化,"我变"——股东的会计处理。(2)"性质相同",是指会计处理所涉及科目性质相同。具体来讲,子公司当期净利润的变化,股东调整其净利润项目——投资收益;子公司其他所有者权益变化——资本公积等,股东则要调整相同项目。

"完全权益法"的会计处理,需要增加一条"整体视角、以我为主"的规则。为此,涉及两类调整。(1)"整体视角",系对内部交易期末未实现损益的调整。当母子公司形成了企业集团后,控股股东便可以影响纳入合并范围的内部交易。因此,需要基于集团整体视角,将其中的期末未实现损益抵销。(2)"以我为主",系对被投资公司公允价值与账面价值差额对净利润影响的抵销。因为股权交易通常按照公允价值进行,所以对被投资公司的净利润计量也应当以该公允价值为基础计算,当存在该差额的资产或负债转入利润表后,就需要对该净利润按照公允价值进行调整,然后再按照股权比例计算当期投资收益,[①]并进行"你变我变"的当期损益调整。新增的处理需要基于合并范围内公司间交易资料而进行,与合并报表相关的股权处理均为"完全权益法",故而后文不再增加"完全"二字。

当控股股东(母公司)对其长期股权投资采用"权益法"核算后,该"长期股权投资"余额便能够反映其在被投资公司所有者权益中应享有的经济利益,同时所确认"投资收益"便能够反映其在被投资公司当期净利润中享有的份额。此时,控股股东个别资产负债表中的所有者权益金额、个别利润表中的净利润,便与合并报表中归属于母公司的所有者权益金额、合并利润表中归属于母公司的净利润金额相等。基于这一金额相等的结果,理论界将此法看作一种合并报表编制方法,并称其为"单行合并法"(one-line consolidation)。[②]因此,即便控股股东缺乏合并被投资公司会计报表的法理,但通过长期股权投资的权益法核算,其个别会计报表也能够反映出所拥有的完整的经济利益。

---

① 中国注册会计师协会教育教材编审委员会:《高级财务会计》,北京:中国财政经济出版社,1996年,第135页。

② 并非严格的合并报表编制方法,仅因投资公司会计报表的两个净值金额与合并报表中归属于母公司的两个净值金额相等,具有合并之金额效果而被理论界将其看作(广义)合并方法之一。

但是,上述这一结果目前还是难以达成的。因为我国 CAS No. 2 第 7 条规定,"能够对被投资单位实施控制的长期股权投资应当采用成本法核算"。此规定导致控股股东的个别会计报表难以反映其所拥有的经济利益。因为与权益法核算不同,股权投资的"成本法"(cost method)规则为"基本不变、见钱确认"。(1)"基本不变",是指除了股东(主动或被动①)增加或减少股权投资之外,不改变其初始计量金额。(2)"见钱确认",是指收到被投资公司所分派现金股利公告或者实际收到时,才进行"投资收益"的会计处理。因此,权益法核算不适用于控股股东的长期股权投资价值的确定。因为根据 CAS No. 2 第 9 条对联营企业与合营企业,第 14 条对重大影响或实施共同控制的长期股权投资,可以采用权益法核算。不过,CAS No. 2 第 3 条规定,"风险投资机构、共同基金以及类似主体持有的"部分金融资产以及"投资性主体对不纳入合并财务报表的子公司的权益性投资,以及本准则未予规范的其他权益性投资"则由《企业会计准则第 22 号——金融工具确认和计量》(财会〔2017〕7 号,CAS No. 22)来规范会计处理。②

其实,从 CAS No. 2 第 3 条关于适用范围的排除性规定中,可以认为对长期股权投资采用市场价格计量是未来趋势。不仅股权投资应当采用市场价格计量,而且所有的资产负债在每一个会计期末都应当采用市场价格计量,即全面的市场价格计量。③ 而当所有会计报表均采用市场价格计量之后,权益法核算的结果其实就是市场价格计量的结果。此时,控股股东就能够利用其个别报表中长期股权投资的市场价格来反映出其所拥有的整体财务状况的净值,从而获得合并报表的净值信息,并非一定要编制合并报表不可。

三、独立性丧失后的依法合并

当被投资公司人格独立时,其独立财产、独立机关与独立责任使其独立于控股股东而不符合"控制"定义,进而其资产负债不符合控股股东(母公司)资产负债的定义,故而缺乏合并报表编制的法律基础。但当被投资公司丧失独立性、法人人格被否认、控股股东不再承担有限责任时,被投资公司

---

① 当原股东放弃认购被投资公司的增发股份或放弃出售股份以协助被投资公司回购减资时,都会导致原持有股份价值的变化,对此被动的价值变化也需要会计调整。

② 财政部会计司:《企业会计准则第 2 号——长期股权投资》,北京:经济科学出版社,2014 年,第 3—7 页。

③ 若采用市场价格计量,则将不存在简单权益法与完全权益法的不同,也不涉及整体视角的调整。因为,市场价格的客观性不因个体与整体而存在差异。论述参见第五章第三节——全面的市价计量基础。

资产负债就符合控股股东会计要素定义。此时，控股股东便可以依法对被投资公司会计报表进行"全面合并"，以便反映出整体财务状况的具体构成，而不仅仅是权益法核算后所完成的"一行合并"的净值金额。

因为公司法人并非"自然人"，故而"不能根据自己的意思作出相应的行为。因此，有必要把特定的自然人或者是会议体作出的意思决定或者特定自然人作出的行为当作公司的意思与行为。像这样的自然人或者会议体就称为公司的'机关'"。① 对公司机关的设立，各国均借鉴了国家治理的"三权分立"理念，其法理精神来自法学家孟德斯鸠（Charles Louis Montesquieu）的观点："自古以来的经验表明，所有拥有权力的人，都倾向于滥用权力，而且不用到极限决不罢休。……为了防止权力滥用，必须通过事物的统筹协调，以权力制止权力。"②借此，在现代公司中设有股东会、董事会、监事会等公司治理机关，从而形成了公司内部的"三权分立"。而为了提升管理效率，会选派一个具体自然人对外代表公司，即所谓"法定代表人"（民间称其为"法人代表"）。为此，《公司法》第 13 条规定了可"由董事长、执行董事或者经理担任"公司法定代表人；进一步，为了异地经营或同时处理多个重要业务的需要，法定代表人通常又会授权其他人行使其所代表的公司权利。

不过，董事、监事、总经理、实际控制人、法定代表人等均为自然人，自然人难以避免为了个人私利而损害公司。为了防止公司代理人以及公司对有限责任权利的滥用，《公司法》第 20 条规定："公司股东应当遵守法律、行政法规和公司章程，依法行使股东权利，不得滥用股东权利损害公司或者其他股东的利益；不得滥用公司法人独立地位和股东有限责任损害公司债权人的利益。……公司股东滥用公司法人独立地位和股东有限责任，逃避债务，严重损害公司债权人利益的，应当对公司债务承担连带责任。"可见，公司股东、法定代表人等代理人的违法行为会导致公司利益的损失，导致未参与该行为其他股东利益的损失，而股东有限责任又会进一步伤害债权人，为防止公司独立人格和股东有限责任被滥用而有损于他人利益，于是诞生了以"矫正的公平"实现着公司法人制度中一般正义的"法人格否认"（disregard of personality）之法理，它在一般正义与个别正义、抽象正义和具体正义、形式正义与实质正义之间构筑起一道坚固的桥梁，以实现公司法人人格制度中公平、正义的价值目标。③ 为了防止法定代表人及其委托人等人行为给公司

① 神田秀树：《公司法的精神》，朱大明译，北京：法律出版社，2016 年，第 51 页。
② 孟德斯鸠：《论法的精神（上册）》，许明龙译，北京：商务印书馆，2009 年，第 166 页。
③ 朱慈蕴：《公司法人格否认法理研究》，北京：法律出版社，1998 年，第 380 页。

利害关系人所带来的经济利益损失,实践中产生了公司人格否认的司法现象。

　　在法学界,将世界上的法律体系分为"大陆法系"(根据其不同特征,又被称为民法法系、法典法系、成文法法系)与"英美法系"(又被称为英国法系、普通法法系、判例法系、海洋法系)。[①] 在法人人格理论中,大陆法系的"公司法人格否认",在英美法系被称为"刺破公司面纱"(piercing the corporation's veil),大意是指"为了阻止公司独立人格的滥用和保护公司债权人即社会公众利益,就具体法律关系中的特定事实,否认公司与其背后股东的各自独立的人格及股东的有限责任,责令公司股东对公司债权人或公共利益直接负责,以实现公平、正义目标之要求而设置的一种法律措施"。[②] 需要说明的是,否认的不是公司的有限责任也不是公司的法人格,否认的是"公司的独立人格与股东的有限责任"。因此,当公司法人格被否认之后,公司与其股东人格成为一个整体,股东对公司有限责任便不再存在,而是与不具有独立人格的公司一起对公司债务承担无限责任。

　　在美国,如何从学理上解释"刺破公司面纱"这一现象,法学界先后有过四种主要认识:代理说(agency doctrine)、企业整体说(enterprise entity doctrine)、工具说(instrumentality doctrine)、另一自我说(alter ego doctrine)。其中,(1)代理说认为当子公司被母公司牢牢控制之时,便成为母公司的一个代理人,实质上丧失了法人独立性,而背后的控股股东(母公司)才是真正的"所有者"。(2)企业整体说,系由法学家伯利(Berle)提出,其认为母公司对于子公司的过度控制,使其实质上成为母公司的一个分支机构,母子公司才是一个实质上的主体。(3)工具说,系由学者鲍威尔(Powell)提出,其认为当子公司成为母公司的一个工具之时,实质上就丧失了自己的独立意志,进而失去了独立性;(4)另一个自我说,系由学者布拉姆博格(Blumberg)提出,如果子公司仅为了母公司利益而存在,则子公司实质上就称为母公司的另一个自我。[③]

　　不论学者们如何解释这一现象,理由均在于:当被投资的"公司完全由其背后的股东(尤其控股股东)控制或支配,控制股东将自己的意思强加于

---

① 若以此划分,因为有着体系化的成文法律故我国属于大陆法系;在改革开放后,我国又有着向美国学习的趋势,但尚未改变成文法系之根本。当然,还有其他非主流的分类方式,此不赘述。

② 甘培忠:《企业与公司法学》,北京:北京大学出版社,2017 年,第374—375 页。

③ 张勇健、金剑锋:《中外公司人格否认的理论和精典案例》,黄来纪等,《完善公司人格否认制度研究》,北京:中国民主法制出版社,2012 年,第93—95 页。

公司之上,把公司视为实现自己目标的工具,其独立意思完全被股东个人或母公司的意思所取代,以致使公司丧失了自我意志、自我决策的能力,成为完全没有自主行动的玩偶"时,即所谓"人格混同"(confuse of personality)时,公司面纱就会被"几乎接近 100%"成功揭开。[①] 其实,以上描述的情况恰恰符合会计合并中的控制定义。因为此时的子公司不再具有人格之独立,子公司完全被母公司完全控制,正属于"子公司法人人格"应当被否认的情形。

之所以会产生"公司法人人格被否认"的情况,关键在于股东(多为控股股东)对被投资公司的"过度控制",进而导致了法学意义上的"人格混同"或"主体混同"。[②] 这里的主体混同,"是指公司(被投资公司)与股东(投资公司)混同为一个主体,违背了公司作为一个独立主体的法律期望,于是公司的债务当然应当由股东连带承担"。在司法实践中,"因股东对公司的控制过度而刺穿面纱较多地发生在母子公司之间,故而刺穿公司面纱还有另一个称谓:'企业整体责任规则'(business enterprise liability doctrine),即把整个企业集团看作一家公司,追究整体的责任而不是单独一家问题公司的责任"。[③]

在我国社会现实中,因为某种需要,经常会出现"一套人马两块牌子"的情况。此时,虽然在法人主体方面有着两个独立的组织,但是在经营政策、管理决策方面,却是由一套人马在决定。此为典型的主体混同,虽然多存在于社会管理中,但也出现于企业集团中,集团总部的管理人员多会在下级公司中担任一定的管理职务,从而导致集团母公司的管理层实质上行使着下属子公司董事会的职责,形成了事实上的"主体混同"。

在现实中,可能导致"人格混同"的主要情况有如下几类。第一种情况,对被投资公司未足额出资。根据《公司法》第 28 条规定:"股东应当按期足额缴纳公司章程中规定的各自所认缴的出资额。"若股东未实质履行出资义务,则被投资公司就会因资金、实物资产的未到位而难以经营发展,在法律上属于未实质性设立。处于设立中的公司,相当于控股股东一个分支机构,不具有独立责任能力,自然是"人格混同"了。第二种情况,向非有限责任主体投资时。为此,《公司法》第 15 条原则上禁止公司"成为对所投资企业的债务承担连带责任的出资人"。因为《中华人民共和国合伙企业法》(2006年第十届全国人民代表大会常务委员会第二十三次会议修订)第 2 条规定,

①　朱慈蕴:《公司法人格否认法理研究》,北京:法律出版社,1998 年,第 151 页。
②　民事权利主体之法律资格被称为"人格"(参见,梁慧星:《民法总论》,北京:法律出版社,2011 年,第 59 页),因此,"主体混同"与"人格混同"具有相同含义。
③　朱锦清:《公司法学》,北京:清华大学出版社,2019 年,第 171—172 页。

"普通合伙人对合伙企业债务承担无限连带责任"。① 因此，如果控股股东向此类独资、合伙企业投资后，因该被投资企业责任不独立从而导致控股股东的责任无限，形成了控股股东与被投资单位的"责任混同"。第三种情况，对其他企业提供足额担保、其承担其破产风险时。在诸多担保形式中，具有这一特征的担保应为保证担保。对此，《中华人民共和国民法典》（2020年5月28日第十三届全国人民代表大会第三次会议通过，以下简称"《民法典》"）第688条规定："当事人在保证合同中约定保证人与债务人对债务承担连带责任的，为连带责任保证。连带责任保证的债务人在主合同规定的债务履行期届满没有履行债务的，债权人可以要求债务人履行债务，也可以要求保证人在其保证范围内承担保证责任。"② 此时，如果控股股东对其他单位负债足额担保，实际上就承担了被担保单位全部风险，实质上导致了两个单位的"人格混同"。为了防止担保方的风险，《公司法》第16条规定："公司向其他企业投资或者为他人提供担保，依照公司章程的规定，由董事会或者股东会、股东大会决议；公司章程对投资或者担保的总额及单项投资或者担保的数额有限额规定的，不得超过规定的限额。"

具体情况无法穷举，但原则是"经济实质重于法律形式"：只要被投资公司丧失了独立法人人格时，便会产生法律上的"人格混同"，此时，股东（对其过度控制的股东）便可以将其纳入合并范围，进而编制合并报表。③ 虽然这里论述时采用了母子公司或控股股东、被投资公司等说法，但符合条件的情形不限于母公司，可包括合伙企业甚至虚拟主体等情形；被合并也不限于公司，也可以是合伙企业等。

第二节 合并报表法理挖掘思路

法人独立性具有两面性，一方面使得被投资公司独立于控股股东，另一面则给予其依法独立行使权利的自由，为我们挖掘合并报表编制法理提供了思路。

---

① 人大常委会：《中华人民共和国合伙企业法》，《司法业务文选》，2006年第8期，第34—48页。
② 全国人大常委会法制工作委员会审定：《中华人民共和国民法典》，北京：法律出版社，2021年，第384页。
③ 其中法律问题依然很多，如其他股东如何看待这一结果：该公司的其他股东是否会因此对公司或者该行为股东提起法律诉讼？行为股东所在公司的其他股东是否也为对行为人提起诉讼？

一、权能分离的逻辑

法学权利作为一个抽象的整体,需要通过具体权能来实现。权利人将权利的构成部分与其整体分开而行使的做法,即为"权能分离理论"或"权能分离说"。

(一)权能概念与分离依据

法学理论中,权利概念具有抽象性与整体性,其权利效力的体现有赖于具体法律关系与具体环境,即需要确定具体的对象、内容与方式等,其发挥效力的针对性手段则被称为"权能"(right capacity)概念。权能,既是权利的具体内容构成也是权利的具体行使方式,是权利人实现权利所包含利益的具体手段。在权利与权能之整体与个体、抽象与具体关系中,权能成为落实权利价值的手段。在具体法律关系与应用环境中,整体性权利利益仅针对具体的对象、内容而体现,并表现为具体权能来实现。

就概念含义而言,"权能分离理论"(theory of separation of right capacity)基于"权能作为整体性权利的构成部分"为前提,是将整体性权利具体分解为具体的权能,权利人依法将其中某一项权能分离且授予其他人形式,以获得更大权益的学说。① 就发展进程而言,"'权能分离说'产生于解释土地私有制背景下,用益物权生成机制的理论需求",并产生过"概括权能分离说"与"具体权能分离说"等不同观点。② 观点差异仅在于对所分离具体权能与整体权利关系的看法,并不影响该理论的现实应用。例如,我国房地产行业之所以存在,便在于建设用地使用权从土地所有权中的分离。

在民法领域内,"按照绝对所有权的观念,只要所有人不损害社会或他人利益,就可以对其物任意行使支配权,而排除来自国家或他人的干涉"。③ 此依法独立行使权利的做法,即为"意思自治"(autonomy of will)。根据学者张民安教授研究,"意思自治"概念是法学家韦斯(André Weiss)于1886年在《国际私法基础专论》中提出的,是指"人的意志、意图或者意思所具有的能够给自己制定法律的权力"。在其所自治领域内,"立法者的制定法仅仅能够对当事人的意图、意志起到补充或者解释的作用"。④ 鉴于"意思

---

① 李国强:《"权能分离论"的解构与他物权体系的再构成——一种解释论的视角》,《法商研究》2010年第1期,第37—45页。
② 蔡立东:《从"权能分离"到"权利行使"》,《中国社会科学》,2021年第4期,第87—105页。
③ 李国强:《"权能分离论"的解构与他物权体系的再构成——一种解释论的视角》,《法商研究》2010年第1期,第37—45页。
④ 张民安:《法国民法中意思自治原则的新发展》,《法治研究》2021年第4期,第47—70页。

自治是民法基本原理",因此只要不损害国家公共利益、只要不违背公序良俗、只要不侵害其他人的利益,当事人便可以自主决定进行与己相关民事法律关系的设立、变更和终止。正是该原理,给权利主体将权利具体内容授予其他法律主体的"权能分离"提供了法理基础。

我国对所有权"权能分离说"的探讨,始于 20 世纪 80 年代论证国有企业改革中放权的合理性。在国家所有权与企业经营权中,"决定所有权存在的是决定权能和终属权能,只要国家不放弃这两项权能就可以保证企业按照国家的意志,根据经济、合理的原则,自主地使用交由其经营管理的财产"。其中,"决定所有权存在的是终属权能和决定权能。这就要求我们在处理国家与国营企业在财产支配的关系时,首先要保证国家对国有财产的决定终属权能和部分收益权能。在此前提下,应将所有权的其他权能全部交给企业来行使,使企业以独立的法人资格占有、使用、处分国有财产,参与民事活动,并与国家一起共享收益权能"。[①] 基于所有权与经营权分离说,一方面论证了企业股改的途径,另一方面给国家所有权利益提供了依法保障的法理。

(二) 可分离的权能

那么,什么样的权能可以被分离? 什么样的权能不能被分离? 对此,我们需要根据法律规定来分析,而且我们需要厘清所借鉴的法律领域。就会计而言,其反映主体的经济利益,此方面法律为民商法,其法典是《民法典》。其第 161 条规定:"依照法律规定、当事人约定或者民事法律行为的性质,应当由本人亲自实施的民事法律行为,不得代理。"[②]由此可见,并非所有的权能都能被分离并授予其他主体来行使。根据与法律主体关系提供,民事权利可以分为财产权利与非财产权利。其中,非财产权利多与人身相关,如"生命权、身体权和健康权",通常不会委托他人行使其中的权利。

对公司权利而言,"除非宪法和法律另有规定、公司的存在目的另有限制,自然人根据宪法、实体法和程序法享有的一切权利,公司皆得享有。与公民隐私受法律保护相若,公司商业秘密亦受法律保护。但公司不享有专属自然人的政治权利以及以自然人人格或身体为前提的人身权利"。不过,公司的营利目标使其更关注财产权利。在各种财产权利中,"物权是公司自治与公司资本制度的基础。公司成为独立法律主体的关键在于,公司具有

---

① 赵万一:《论所有权的权能》,《现代法学》1985 年第 2 期,第 50—53 页。
② 全国人大常委会法制工作委员会审定:《中华人民共和国民法典》,北京:法律出版社,2021年,第 313—314 页。

独立于股权和股东财产的所有权的法人所有权。公司财产独立于股东、董事、经理或政府的自有财产"。同时,"公司自治原则又可引申出公司财产权利尊重原则和公司行为自由原则。公司财产权利尊重原则意味着,公司依法取得的物权、债权、知识产权和股权等民事权利,代表着公司拥有的资本、劳动、管理与技术等财产资源,依法受到尊重与保护。这些民事权利的享有和行使是企业生存和盈利的前提条件。公司行为自由原则既包括双方行为自由,也包括单方行为自由,还包括多方行为自由。该原则有助于公司以其自主决定的意思形成民事关系"。①

根据上述观点我们可知,公司法人财产权利的物权、债权、知识产权等这些基本权利,都可以由公司独立委托给他人或组织来行使。其中,物权具有绝对优先地位,"在物权法上特别重视物的所有权,认为'所有权是文明人组织经济的基础',对财产权利归属的界定是一切法律关系的前提,所有权成为财产权制度的原点和核心。传统物权理论认为,所有权是一切财产权形式的基础,不论是债权还是他物权都以所有权为基础和归属。也就是说,所有权在诸种财产权中具有至高无上的地位,财产权必须以保障所有权的优势地位为基础,因而一系列与财产权相关的法律概念、制度无不是围绕所有权这一概念规定的,并以此构成物权法的理论体系。可以说,传统的物权理论是以所有权中心的"。② 而在物权权利中,所有权具有独立完整的全部权能;因此,权能分离通常以所有权为对象进行,因为所有权权能内容全面,故而分析结论更具一般性与适用性。

二、法人的三权分离

控股股东若想获得合并报表编制合法权利,需要有两个前提:一是要获得被投资公司授予的控制权,二是被投资公司能将控制权能分离并授予控股股东,这两个条件必须同时满足。为此,必须厘清公司法人权利形成、构成及其权利分离的表现。

对现代公司由职业经理人管理的现象,美国公共律师贝利(Adolf A. Berle)和经济史学家米恩斯(Gardiner C. Means)在 1932 年出版的《现代公司与私有财产》中归纳,③如今绝大多数人将其概括为"所有权与控制权"或

---

① 刘俊海:《公司法学》,北京:北京大学出版社,2013 年,第 1—2、5 页。
② 秦伟、杨占勇:《论所有权及其权能分离的双向性》,《东岳论丛》2001 年第 4 期,第 111—115 页。
③ Adolf A. Berle, J R. & Gardiner C. Means, *The Modern Coiporation and Private Property*, New York: the Macmillan Company, 1932,70—90.

"管理权与经营权"等不同形式的表述,均认为系"两权分离"。然而,"两权分离说是否科学关键在于能否使企业在产权上真正独立。早在市场经济提出前的 1990 年,有的学者就提出两权分离说已受到'学理和实践的严峻挑战',这是为适应形势需要但又不与传统的观念冲突而产生的。因为,市场经济必然要求合格的市场主体在产权上和经济活动上真正独立的企业,而两权分离说塑造不出这样的企业,如果为使两权彻底分离,则又否定了两权分离本身"。①

对于公司中由职业经理人经营的现象,两大法系有着不同看法:大陆法系认为这一关系属于委托代理(agency),而英美法系将此看作信托(trusts)。对于这一不同认识,笔者进行过较为细致的分析,发现股东投资设立公司法人、公司法人将法人权利授予其他主体经营管理的法律关系中,恰好涉及信托关系与代理关系,两大法律关系缺一不可。因而,公司设立并授权经营的经济行为中,其中涉及的权利分离并非常说的"所有权与经营权"的"两权分离",而是"股东权与法人权、法人权与控制权(或经营权)"的"三权分离"。之所以会被误读,在于对其中公司"法人权利"的忽视。②

第一个权利分离是两类所有权的分离,是股份的所有权与公司法人权利的分离。其中,投资人投入资金财产而公司成立过程,是投资人提供资金财产给公司,公司获得该资金财产而设置股份、投资人持有股份而拥有股权的过程。在此过程中,投资人放弃其投入资产的所有权转而拥有公司提供的股权,完成财产所有权与股权的交换。

在权利转换完成之后,还需要进行一次信托法律关系才会促使公司独立经营的可能。而这一法律关系为信托法律关系,系其中的自益(私益)信托。就法律概念而言,"信托是一种基于信任而产生的财产关系。在这种关系中,信托人将信托财产转移给受托人并委托其管理或处分,受托人享有该项财产的所有权,但有义务将信托利益交付给受益人。在社会生活中,有相当多的财产所有人并不具备运用其财产并使之产生收益的能力、精力、兴趣、时间或其他条件。这样,他可以通过设立信托将其财产作为信托财产而转移给受托人占有,并以订立契约的方式要求该受托人按照特定的方式来运用该项财产和向其(指定受益人)交付由此所生收益,从而既使自己能获

---

①　康德琥:《股权性质论辨》,《政法论坛》1994 年第 1 期,第 67—74 页。
②　黄申:《论现代企业制度被误读的"两权分离"》,《河南金融管理干部学院学报》2008 年第 2 期,第 127—130 页。

得收益"。①

此方面,在我国颁布有《中华人民共和国信托法》(2001 年 4 月 28 日第九届全国人民代表大会常务委员会第二十一次会议通过),其第 2 条指出信托"是指委托人基于对受托人的信任,将其财产权委托给受托人,由受托人按委托人的意愿以自己的名义,为受益人的利益或者特定目的,进行管理或者处分的行为"。第 43 条中进一步规定:"受益人是在信托中享有信托受益权的人。受益人可以是自然人、法人或者依法成立的其他组织。委托人可以是受益人,也可以是同一信托的唯一受益人。"②

之所以认为此次权利分离为信托,在于信托法律关系与代理法律关系的不同。信托关系中,受托人是以自己名义而非委托人名义从事活动。申言之,就是法人以自己名义而非委托人——股东名义在从事企业经营活动。因此,投资人将股权(权利转换而获得)权利委托给公司法人行使,可以看作是一种为了自己利益的自益性质的信托,即股东将股份权利让渡给公司法人,并设定自己为利益的享有者。

第二个权利分离是法人权利与经营权(或控制权)的分离,即公司法人权力机关(股东会)将经营权(财产权利之使用权)授予"董事会"或"管理层"的过程。③ 因此,第二个权利分离是所有权与经营权(或控制权)的分离,也就是大多数人所说的"两权分离"。在这一分离的法律关系中,是民事代理关系。根据《民法典》第 161 条规定,"民事主体可以通过代理人实施民事法律行为"。④ 对于公司法人这一民事主体,多是通过董事会来实施其民事行为。当然,其中的代理不仅仅是公司法人对董事会之委托与代理,而且还有董事会对"法定代表人"的委托与代理,以及董事会对经理的委托与代理。而后续代理,均属于董事会针对法人委托所进行代理的次级代理,目的在于更好地实现股东的信托责任。

公司作为独立的法人,合法权益受法律保护、不受侵犯。投资人在公司成立后不得抽回其投资,却获得有限责任的法律保护;公司依靠自己所有的财产独立经营,并对自己的债务承担有限责任,不因自己的责任而导致股东

---

① 李国强:《"权能分离论"的解构与他物权体系的再构成——一种解释论的视角》,《法商研究》2010 年第 1 期,第 37—45 页。

② 人大常委会:《中华人民共和国信托法》,《司法业务文选》2001 年第 3 期,第 28—41 页。

③ 不同公司中存在着较大差异,关键要看董事会还是管理层获得了经营权。简单直观理解,可以看法定代表人的职位是董事长还是总经理。现实中多为董事长,故而多为董事会获得了经营权。

④ 全国人大常委会法制工作委员会审定:《中华人民共和国民法典》,北京:法律出版社,2021 年,第 313 页。

破产。但公司作为法律拟制的"人",无法自己亲自经营,而需要将其委托给一定的组织或个人。为此,公司设立了"股东会""董事会"与"监事会"机构,分别享有公司财产的所有权、经营权与监督权的相关职责。

图2-1两个空心箭头为权利分离与授予关系。股东集体授权给公司法人(圆角边框线),为信托法律关系,因为受托人——公司法人以自己名义活动;而股东会选举并授权给董事会、管理层等均为代理关系,因为受托人均以公司法人名义活动。另外,监事会受托负责监督董事会与管理层,管理层授权给各个业务部门,均为内部授权关系,在于更好地完成公司经营管理目标。当然,也包括对其他公司的投资,也会因此而成为控股股东。

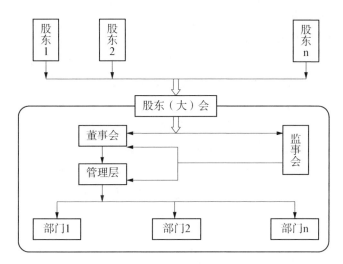

图2-1 公司法人结构及其法律关系图

而在上述机构设置与授权的过程中,实现了股东所有权、法人权利与经营权的"三权分离"。其中,股东通过放弃自己财产权利以获得股权权利后,将股权权利授予公司法人行使,是基于信托法律关系的多个股东对单一法人的自益信托,是企业法人成立并经营过程中的第一次权利分离。而企业法人的拟制性使得其必须授权具体机关行使法人财产的使用权,故而形成了法人经营中第二次权利分离。实际上,三权分离的核心在于法人权利,是联结两次权利分离的枢纽。而股东(大)会是连接公司法人内外的机关,其对外联系着终极所有者——诸多的股东,对内联系着董事会、监事会、总经理以及各个职能部门。如果要进行法人权能分析,能够被分离的权能也是法人权利之权能。

当我们全盘接受西方主流理论而忽视企业"法人权利"时,便导致了第一次权利分离的缺失。实践中,公司法律特征之一便是"具备法人资格",从而有效地区分了公司与其成员之间的财产范围与责任界限。① 所以，仅在不具法人资格的独资企业、合伙企业，才可能存在"两权分离"的可能；而若其所有者负责经营，则"两权分离"亦不会产生。因此，"两权分离"与"三权分离"的差异在于企业"法人权"。

三、法人权能的分离

"从法律上看，法人的所有成员作为一个整体拥有企业财产的所有权，同时这个整体通过自己的意思机关（股东大会）对企业的经营拥有最高决策权。"②因此，法人权利的分离与授予是通过股东（大）会来进行的。但是，法人权能的具体构成究竟包含什么？

（一）法人权能的构成

对法人权利，我国《民法典》第 57 条指出，"法人是具有民事权利能力和民事行为能力，依法独立享有民事权利和承担民事义务的组织"；③进一步，第 60 条规定"法人以其全部财产独立承担民事责任"。对公司法人，《公司法》第 3 条规定，"公司是企业法人，有独立的法人财产，享有法人财产权"。第 4 条规定，"公司股东依法享有资产收益、参与重大决策和选择管理者等权利"。前一条规定公司依法独立行使财产权利，股东不得因为享有股权而干涉公司法人财产权；后一条规定，股东依法行使法律以及公司章程规定的自益权与共益权，公司也不得因为拥有独立的法人财产权而妨碍股东权利的行使。④

上述关于法人权利的法律条文规定中，主要明确的是财产权利，并未涉及非财产权利。那么，法人权利是否包含非财产权利？理论上分析，法人权利应当包括财产权利与人格权利。如，《公司法》第 5 条规定："公司从事经营活动，必须遵守法律、行政法规，遵守社会公德、商业道德，诚实守信，接受政府和社会公众的监督，承担社会责任。公司的合法权益受法律保护，不受侵犯。"这里对公司权利利益（权益）的说明，并未限定于财产权益。如果从"遵守社会公德、商业道德"的内涵探析，则涉及名誉权等权利。为此，《民法典》第 110 条规定："法人、非法人组织享有名称权、名誉权和荣誉权。"⑤只不

① 甘培忠：《企业与公司法学》，北京：北京大学出版社，2017 年，第 143 页。

② 焦津洪：《所有权权能的分离与法人所有权》，《法学家》1986 年第 7 期，第 50—51 页。

③ 全国人大常委会法制工作委员会审定：《中华人民共和国民法典》，北京：法律出版社，2021 年，第 301 页。

④ 李建伟：《公司法学》，北京：中国人民大学出版社，2008 年，第 298 页。

⑤ 全国人大常委会法制工作委员会审定：《中华人民共和国民法典》，北京：法律出版社 2021 年，第 294 页。

过，在《公司法》中没有明确公司非财产权利的具体构成。

不过，在其他法律中则有所涉及。如，《中华人民共和国反不正当竞争法》（2019 年 4 月 23 日第十三届全国人民代表大会常务委员会第十次会议修正，以下简称"《反不正当竞争法》"），第 6 条规定"擅自使用与他人有一定影响的商品名称、包装、装潢等相同或者近似的标识；擅自使用他人有一定影响的企业名称（包括简称、字号等）、社会组织名称（包括简称等）、姓名；擅自使用他人有一定影响的域名主体部分、网站名称、网页等"①均属于法律禁止的"不正当竞争行为"。这里所保护的企业名称等便是法人的非财产权利。

之所以强调法人财产权利，在于其来自股东的投入。如，《全民所有制工业企业法》第 2 条所表达的"企业的财产属于全民所有"。而《公司法》第 3 条表述为"公司是企业法人，有独立的法人财产，享有法人财产权。公司以其全部财产对公司的债务承担责任"。前者明确了全民所有制企业财产属于全民（股东）所有，后者规定"公司拥有独立的法人财产"。之所以不强调法人的人格权利，在于该权利并非股东投入，不可能由股东享有。法人的人格权利随着成立而享有、随着注销而消亡。故而，对于以营利为首要目标的公司，不特别强调非财产权利。

那么，法人财产权性质如何？此方面，"对于法人财产权的性质，我国学术界曾经有经营权说、结合权说，双重结构说和所有权说。经营权说认为股东对公司财产享有所有权，公司享有经营权或法人财产权；结合权说认为，公司享有对公司财产的法人所有权，股东享有股权，但股权性质只是公司法人所有权的一个有机组成部分；双重结构说认为股东对公司财产享有所有权，公司对公司财产享有法人所有权"。②

因此，完整的法人权利包括财产权与非财产权。在财产权利中，主要包括物权、债权与知识产权权利，而物权为三者权利中的基础性权利。因为在大陆法系中，"物权为近代民法的一项主要概念，其与债权一道共同构成大陆法系民法财产权的两大基石。没有物权、债权等概念，也就没有大陆法系的近现代民法制度及其体系"。在物权与债权二者主要的权利关系之中，"物权具有优先效力"，即"物权的优先效力，不仅指先成立的物权优先于后

---

①　王艳林：《市场交易的基本原则——〈中国反不正当竞争法〉第 2 条第 1 款释论》，《政法论坛（中国政法大学学报）》2001 年第 6 期，第 41—49 页。

②　孙宇、甘瑞丰：《股东权利义务问题研究》，北京：中国政法大学出版社，2019 年，第 35—36 页。

成立的物权的效力,而且也指物权优先于债权的效力"。① 概念上,物权又被分为所有权(proprieties)与定限物权(limited property right),后者包括用益物权、担保物权。在所有权与定限物权中,"所有权为一切定限物权的基础";因为"所有权是所有人对标的物的使用价值和交换价值予以全面支配的权利;定限物权为所有权所派生,无所有权也就无定限物权。因此,所有权君临于全部定限物权之上"。② 因此可见,对于财产权利的分析,在缺乏明确对象时,以所有权分析具有全面性、可拓展性的优势。

(二) 法人权能分离的思路

就经济利益而言,"所有权不仅仅是一个归属问题,而且也包含着所有权的实现问题,即经济利益的实现问题。所有权在经济上的实现,可以是在所有权和其他权能统一于一个主体之下实现,也可以在所有权和其他权能分离,属于不同主体的关系中实现。当所有权在前一种情况下不能实现其经济利益的时候,就必须采取后一种方式实现所有权"。因此,"所有权和四个权能的这一(统一与独立)关系,并不排斥在一定条件下所有权与其中的一个或几个权能相分离。这种分离,将使其中的某一权能成为一个独立自主的法律机制,与所有权互不干扰而又不丧失其所有权的特征"。③ 改革开放初期,为了更加有利于国有企业的发展,在理论界基于"所有权权能分离"论证了所有权与经营权有所分离的改革思路及其法理依据。其实,本章在这里的权能分析,也将以所有权为代表进行。

广义来理解,涉及法人权利权能分离的有两种研究思路,一是股权权能分离的研究。如,学者黎珞分析认为"在股权的主要权能中,利润分配请求权与表决权具有分离的现实意义,可以通过转让人与受让人缔结协议与修改公司章程等方式进行"。其中,"在自益性权能中,新股优先认购权的移转需要严格控制,利润分配请求权可以自由转让,剩余财产分配请求权只能在股东之间移转;在共益性权能中,知情权与建议质询权不能分离,表决权可以分离,提议召开临时股东会权与股东诉权不能分离"。④ 可见,这一研究思路是由股东本人所进行的权利授予,间接影响到法人权利的形式;其在第二股东争取控股权时,可以此思路设计实现路径。不过,本章探讨的是控股股东编制合并报表之法理,此时其已经拥有多数表决权股权;因此,这一研究

---

① 梁慧星、陈华彬:《物权法》,北京:法律出版社,2016年,第3、48页。
② 梁慧星、陈华彬:《物权法》,北京:法律出版社,2016年,第105页。
③ 李世师:《试论所有权及其权能分离》,《西北民族学院学报(哲学社会科学版)》1988年第1期,第20—26页。
④ 黎珞:《股权权能分离制度的法律分析》,《学习与实践》2016年第10期,第73—78页。

思路不适用于本章研究的需要。

因此，另一个"权能分离"研究思路是法人权利的"权能分离"。在改革开放初期，国务院于 1988 年发布了《全民所有制工业企业承包经营责任制暂行条例》(1988 年 2 月 27 日国务院发布，2011 年 1 月 8 日第二次修订)，该"经营承包责任制"就是较典型的企业权能分离。其第 2 条指出，"承包经营责任制，是在坚持企业的社会主义全民所有制的基础上，按照所有权与经营权分离的原则，以承包经营合同形式，确定国家与企业的责权利关系，使企业做到自主经营、自负盈亏的经营管理制度"。① 这里的承包经营，是对所有权之经营权能的分离，正是本章应当采用的研究思路。

第三节　法人权能分离逐项剖析

基于本书研究对象在于合并报表，故主要关注其中的财产权利。而在各种财产权利中，所有权权能不仅基本、优先且完整、清晰，按照所有权的占有、使用、收益、处分四项基本权能的逐项分析，将能够形成具有普适性与推广性的研究结论。

一、占有权能分离分析

在所有权中，"占有权能(right of possession)是指所有权人享有依法对其物为事实上的管领和控制权能。占有物，是使用物的前提。因此，占有权能为所有权的基本权能"。而且，"占有权能于一定条件下又可与所有权分离"。不过，"享有物的占有权能却不一定享有物的使用权能"。② 基于对物之占有权权能的介绍，法人占有权便因此而进行。

在法人权能分离情况中，单一的占有权能而不享有其他权能，则不可能拥有"控制"三要素所要求的权力。如，仓库管理员依照职责保管且占有着相关财产，因为不拥有其他权能而不享有该财产所带来的经济利益。当增加其他权能之后，则情况有所不同。其中，可以增加使用权能，本节将在"使用权能分离"中分析；增加收益权能，将在"收益权能分离"时分析。不过，占有权能外加处分权能则属于可以进一步分析的特殊情况。本节在这里进行

---

① 国务院：《全民所有制工业企业承包经营责任制暂行条例》，《财务与会计》1988 年第 4 期，第 46—48 页。

② 梁慧星、陈华彬：《物权法》，北京：法律出版社，2016 年，第 118—119 页。

分析，此时的情况主要包括企业清算与破产两种特殊情况。

在企业清算之时，清算组不仅获得了企业的占有权能，而且行使着处分权能。根据《公司法》第 183 条的规定"在解散事由出现之日起十五日内成立清算组"，根据第 183 条的规定，"有限责任公司的清算组由股东组成，股份有限公司的清算组由董事或者股东大会确定的人员组成"。清算组有如下职责：清理公司财产，分别编制资产负债表和财产清单；通知、公告债权人；处理与清算有关的公司未了结的业务；清缴所欠税款以及清算过程中产生的税款；清理债权、债务；处理公司清偿债务后的剩余财产；代表公司参与民事诉讼活动。

与清算近似的是企业破产，而被宣告破产企业的管理人拥有与清算组相类似的权利，不仅拥有占有权能而且行使着处分权能。根据《中华人民共和国企业破产法》（2006 年 8 月 27 日第十届全国人民代表大会常务委员会第二十三次会议通过，以下简称"《破产法》"）第 22 条规定，破产企业的管理人由人民法院指定而非股东决定。进一步，第 25 条规定破产管理人具体职责包括：接管债务人的财产、印章和账簿、文书等资料；调查债务人财产状况，制作财产状况报告；决定债务人的内部管理事务；决定债务人的日常开支和其他必要开支；在第一次债权人会议召开之前，决定继续或者停止债务人的营业；管理和处分债务人的财产；代表债务人参加诉讼、仲裁或者其他法律程序；提议召开债权人会议。①

上述规定中，《公司法》中的清算组、《破产法》中的管理人不但可以依法占有企业的财产而且可以依法处置该财产，不过其处分权能限于变现既有资产，以用于清偿债务。可见，清算组或管理人对该企业财产的占有与处分，一方面不是基于营利之目的而处分，另一方面并不能控制该经济利益。所以，即便清算组由控股股东人员组成（管理人通常由社会中介机构人员，而非股东本人或其选派人员担任），也不可能符合 CAS No. 33 所说的"控制"要求。因此，即便控股股东能够占有并依法处分被投资公司的财产，也不符合"控制"定义，不能够依法获得编制合并报表的法定权利。

当然，如果论及占有对经济利益的重要性，则可能涉及如下三种情况。其一，担保物权中的留置权。根据《民法典》第 447 条规定，所谓留置权是指"债务人不履行到期债务，债权人可以留置已经合法占有的债务人的动产，

---

① 人大常委会：《中华人民共和国企业破产法》，《司法业务文选》2006 年第 31 期，第 11—33 页。

并有权就该动产优先受偿"。① 留置权是法定的担保物权,当条件满足时即依照法律规定当然成立而非当事人的约定。因此,留置权的行使,必须具备法律规定的条件。通常,"其成立的积极要件是:(1)须债权人合法占有债务人的动产;(2)债权人占有的债务人的动产与债权属于同一法律关系;(3)须债权已届清偿期且债务人未履行债务"。② 当债权人对债务人的某项财产占有或享有占有权时,便拥有了对自己债权依法行使留置权的权利。

另外,还有两种情况涉及对财产的实际(而非依据当事人约定)占有。一是无因管理,二是不当得利。其中,无因管理(voluntary service)是指没有法定或约定义务,为避免造成损失而主动管理他人事务或为他人提供服务的行为。③ 不当得利(unjustified enrichment)指没有合法根据或事后丧失了合法根据,因此致他人遭受损失而获得的利益。④《民法典》第28~29章分别规范了无因管理与不当得利,实际占有人均不能因占有而获取经济利益。这三种次要的占有情况,主要出现于有形资产中,不适用于法人权利。因此,法人占有权能分离不会出现这三种状况。控股股东不能因此而获得合并报表编制的法理依据。

不过,控股股东依然合法地持有着被投资公司股份,故而享有该股份所包含的经济利益。控股股东为了反映其所有的整体经济利益,在不编制合并报表的前提下,能否通过个别报表反映出整体经济利益? 答案是否定的,基于现行 CAS No. 2 要求控股股东对股权投资成本法核算是不行的。因此,采用权益法核算可达到单行合并效果。当然,若想要更加细致具体地反映整体经济利益,采用"比例合并法"(proportionate consolidation method)⑤也具有一定合理性——基于股权比例而计算其所享有的金额,但有所牵强——股权投资仅是一个净值金额而非具体到报表项目。为此,可以在会计报表附注中按照项目逐项解释,解释其产生过程与结果,不失为一种权宜之计。

① 全国人大常委会法制工作委员会审定:《中华人民共和国民法典》,北京:法律出版社,2021年,第 351 页。
② 杨立新:《中国民法典精要》,北京:北京大学出版社,2020 年,第 180 页。
③ 李永军:《论我国民法典中无因管理的规范空间》,《中外法学》2020 年第 6 期,第 24—43页。
④ 刘素:《涉外不当得利、无因管理法律适用实证研究》,《北京理工大学学报(社会科学版)》2021 年第 3 期,第 141—151 页。
⑤ 周华洋:《试论比例合并法在合并会计报表中的应用》,《会计研究》1997 年第 11 期,第 30—31 页。

二、使用权能分离分析

所有权的"使用权能"(usage powers and functions),"指依所有物固有性能或用途,在不毁损所有物本体或变更其性质的前提下对物加以利用,以满足生产和生活需要的权能。依经济学原理,物之使用权能乃在于物之使用价值。因此,行使所有权能,在实质上就是实现物的使用价值的手段。当然,该项权能的行使以对于物有占有为前提"。① 对企业法人权利,要更大地发挥其经济价值,也在于对使用权能更为合理有效的使用。

(一) 使用权能的分离

为了更高效地实现物权经济利益,"在现代物权理论中所有权优位的色彩被大大淡化,他物权的应用范围则逐步扩大。他物权是财产的一种积极实现方式,是所有权权能分离与组合的结果,它基本适应了市场经济发展的需要。他物权的设定旨在利用他人财产组织生产,从而最大限度地发挥财产的经济、社会效益,是当今国际社会优化配置和充分利用有限社会资源的普遍做法"。② 在现实生活中,"建设用地使用权"是最为常见的使用权能分离的情况,"是指自然人、法人、非法人组织依法对国家所有的土地享有的占有、使用和收益,建造并经营建筑物、构筑物及其附属设施的用益物权。建设用地使用权人依法享有对国家所有的土地占有、使用和收益的权利,有权自主利用该土地建造并经营建筑物、构筑物及其附属设施"。③ 如此规定使得用益物权人获得了所有权权利中的经济利益,虽然不拥有所有权的处分权能,但依然拥有该用益物权的处分权能。因此,从经济利益视角来看,在用益物权获得的时间(如 20 年或 70 年)范围内,使用权与所有权几乎没有差异。

对于公司法人权而言,当公司永久存在时,对其使用权能的分离与授予,其结果与所有权的拥有与行使几乎无异。在公司经营中,使用权能的分离更多地表述为"所有权与经营权的两权分离"。因为对一般物权而言,是对其具体使用故而称为使用权;而对法人运营管理而言,因为涉及经营管理,故而常被称为"经营权"。

对于企业经营权,最初的法律规范来自《全民所有制工业企业法》第 2 条指出的,"企业的财产属于全民所有,国家依照所有权和经营权分离的原

---

① 梁慧星、陈华彬:《物权法》,北京:法律出版社,2016 年,第 119 页。
② 李国强:《"权能分离论"的解构与他物权体系的再构成——一种解释论的视角》,《法商研究》2010 年第 1 期,第 37—45 页。
③ 杨立新:《中国民法典精要》,北京:北京大学出版社,2020 年,第 169 页。

则授予企业经营管理。企业对国家授予其经营管理的财产享有占有、使用和依法处分的权利"。上述规定，一方面说明了全民所有制国有企业实行"国家所有权与企业经营权"的"两权分离"，另一方面界定了企业经营权为对管理财产的"占有、使用和依法处分"的权利。由于处分权限制为"依法处分"，因此此时的企业经营权为两个半权利。在之后的《企业国有资产法》中对经营权内容有所拓展，第16条规定："国家出资企业对其动产、不动产和其他财产依照法律、行政法规以及企业章程享有占有、使用、收益和处分的权利。"此时，经营权为完整的四个权利。

其实，不管是部分的两个半权利还是完整的四个权利，其效果大同小异。因为，不论是否限定"依法处分"，我们都要遵纪守法；不论是否授予收益权利，经营利润均归企业法人所有。因为控股股东被授予的法人使用权实际上是法人财产权利的使用权，其所产生的收益、处分所获得净残值都属于该企业法人所有。控股股东所享有的，是其基于股权权利而享有的相关权利。同时，不管是两个半权利还是四个权利，控股股东都可以依法合并该企业法人。因为基于"占有与使用"两大权利，控股股东实际上拥有了被投资公司的资产、承担了被投资公司债务偿还的义务，被投资公司资产负债符合控股股东的资产负债定义。此时，控股股东基于所授予的企业法人所有权可以依法合并该企业法人。

（二）使用权能的内容构成

对于现代公司，经营权包括哪些内容？基于股东会的授权，这一权利通常便是董事会的权利。根据《公司法》第46条规定，董事会的主要职责包括：决定公司的经营计划和投资方案；制订公司的年度财务预算方案、决算方案；制订公司的利润分配方案和弥补亏损方案；制订公司增加或者减少注册资本以及发行公司债券的方案；决定公司内部管理机构的设置；决定聘任或者解聘公司经理及其报酬事项，并根据经理的提名决定聘任或者解聘公司副经理、财务负责人及其报酬事项；制定公司的基本管理制度等。虽然公司不可能将诸如"制订公司合并、分立、解散或者变更公司形式的方案"的资本性权力授予，但董事会所拥有的上述职责的确涵盖了"控制"三要素之要求，使得控股股东"拥有对被投资方的权力，通过参与被投资方的相关活动而享有可变回报，并且有能力运用对被投资方的权力影响其回报金额"。当然，这一回报金额是基于其股权而享有的。

当控股股东基于股东会授权而依法获得被投资公司经营权（使用权）之后，便可以依法将其纳入合并范围，编制合并报表。这一观点正是合并报表目前的主流观点，只不过对其揭示源自经济学的委托代理理论，认为公司是一系列委托代理合同的结合，认为控股股东基于投资权利而拥有了对被投资公司的经营权，从而获得了对被投资司的控制。此时，合并报表编制的主要方法就是"完全合并法"。

三、收益权能分离分析

"收益权能（income powers and functions），指收取由原物所产的新增经济价值的权能。所谓新增经济价值，包括由原物派生出来的天然'孳息'（fruits），及因利用原物进行生产经营活动而产生的利润等。"①在市场中，收益权能在所有权中地位日益重要，甚至成为首要。因为公司法人是以营利为第一目标，其首要关注的是财产增值而非直接使用。

（一）收益权能的合并分析

收益权能基于权利本体而自然享有，因此不需占有、使用权能的同时授予；对独立的法人权利而言，通常不可能将收益权授予他人。因为企业法人作为营利性商事组织其设立目的便在于获取经济利益，如果将收益权能授予其他主体相当于将法人以赠与、出售等手段进行处置，有悖于其设立初衷。因此，法人权利的收益权能分离从逻辑上与法理上是行不通的。当然，部分分离是可能的，即所有人与受托人（经营者）分离（让与）部分收益权而保留部分收益权；如，承包经营便是一个典型表现形式。

根据《全民所有制工业企业承包经营责任制暂行条例》第5条规定，"实行承包经营责任制，按照包死基数、确保上交、超收多留、欠收自补的原则，确定国家与企业的分配关系"。其中，"包死基数、确保上交"是法人权利中收益权的保留部分，而"超收多留、欠收自补"则是授予承包者的部分。第9条规定"承包上交国家利润的形式有：上交利润递增包干；上交利润基数包干，超收分成；微利企业上交利润定额包干；亏损企业减亏（或补贴）包干"等。为了价值最大化的分离，第34条规定"实行承包经营责任制的企业，试行资金分账制度，划分国家资金和企业资金，分别列账"；并进一步明确，"承包前企业占用的全部固定资产和流动资金，列为国家资金。承包期间的留利，以及用留利投入形成的固定资产和补充的流动资金，列为企业资金。承包期间利用贷款形成的固定资产，用留利还贷的，划入企业资金；税前还贷的，按承包前国家与企业的利润分配比例，折算成国家资金和企业资金。承包期间所提取的固定资产折旧基金，按固定资产中国家资金和企业资金的

---

① 梁慧星、陈华彬：《物权法》，北京：法律出版社，2016年，第119页。

比例,分别列为国家资金和企业资金"。[1]

从上述规定看,企业所有者第一目的依然在于营利。因此,企业所有者通常不会将企业的收益权让渡给其他法人或自然人控制经营。对控股股东而言,其股权投资的目的也在于收益,故而只要能够获得更高价值的投资收益,并非需要控制该企业。

(二)整体财务状况的反映方法

何为"投资"(investment)?据财政部编写的 CAS No. 2 的"应用指南"的解释,"投资是企业为了获得收益或实现资本增值向被投资单位投放资金的行为"。进一步,"企业对外进行的投资,可以有不同的分类。从性质上划分,可以分为债权性投资与权益性投资等。权益性投资按对被投资单位的影响程度划分,可以分为对子公司投资、对合营企业投资和对联营企业投资等"。[2] 在不编制合并报表时,股权投资如何反映出其真实价值?

我们可以参考以下刑事裁判中,对于股权经济利益的追缴规定。根据最高人民法院《关于刑事裁判涉财产部分执行的若干规定》(法释〔2014〕13号)第10条规定,"对赃款赃物及其收益,人民法院应当一并追缴。被执行人将赃款赃物投资或者置业,对因此形成的财产及其收益,人民法院应予追缴。被执行人将赃款赃物与其他合法财产共同投资或者置业,对因此形成的财产中与赃款赃物对应的份额及其收益,人民法院应予追缴"。[3] 如果追缴对象属于股权投资的,其被追缴的范围应"包括隐含于公司财产之中的股份财产(所谓孳息)和基于应被追缴股份获得的股利分配变现的财产两部分"。其中,"在能反映股份价值的票面价格、账面价格和交易价格这三种价格形式中,只有交易价格最能反映股份的真实价值"。[4] 因此,市场价格计量是最优,而权益法核算则是次优。因为,"权益法是对合并报表操作规则的简化"。[5] 此方法下,要对被投资公司所有者权益的所有变化按照持股比例调整,同时要基于控股股东立场与整体视角进行净利润调整,调整之后控股

---

[1] 国务院:《全民所有制工业企业承包经营责任制暂行条例》,《财务与会计》1988 年第 4 期,第 46—48 页。

[2] 财政部会计司:《企业会计准则第 2 号——长期股权投资》,北京:经济科学出版社,2014 年,第 15 页。

[3] 最高人民法院:《最高人民法院关于刑事裁判涉财产部分执行的若干规定》,《人民法院报》2014 年 11 月 6 日,第 3 版。

[4] 贾若如:《股权转让中未分配利润的归属问题——以齐鲁证券、湖南富兴、岳阳兴长法律纠纷案为例》,《经济与法》2013 年第 12 期,第 205—208 页。

[5] 周华、戴德明、徐泓:《股权投资的会计处理规则研究——从"权益法"的理论缺陷谈起》,《财贸经济》2011 年第 10 期,第 47—54 页。

股东个别报表的所有者权益金额即为合并报表中归属于母公司的所有者权益金额,控股股东个别报表中净利润金额即为合并利润表中归属于母公司的净利润金额。

四、处分权能分离分析

所有权中,"处分权能"(disposition powers and functions)是指依法对物进行处置,从而决定物的命运的权能。依据法学通说,"处分权能为所有权的内容的核心,是所有权最基本的权能"。[①] 对此,学者李世师认为:"四个权能在体现所有权时并不是完全并列的,而是有主有次的。其中,处分权居于主导地位,决定着所有权之所以为所有权。即使是其他权能与所有权相分离,只要处分权还掌握在所有者手中,则所有者的所有权就不会丧失。"[②]

此方面,典型表现便是我国对土地使用权的设定。《民法典》第 344 条规定"建设用地使用权人依法对国家所有的土地享有占有、使用和收益的权利"。[③] 正是对处分权的保留,确保在房地产领域内土地公有制(国家所有、集体所有)的落实。

(一) 处分权能的表现

因此,若探讨法人财产权之处分权能,其实质就是法人的消灭或终止,是指法人丧失民事主体资格,不再具有民事权利能力的一种状态。[④] 由于处分权能法律后果的严重性,使得"处分权能原则上只能由所有权人自己享有或者行使。"[⑤]在法学历史上,"依照近代私法的物权理论,在所有权人依法设定他物权时,无论他物权人的权能多么广泛,由于他物权人最终不享有对所有物的处分权,因此他物权人总是受到所有权人意志的制约"。[⑥] 故而,从逻辑上难以出现将法人权利之处分权能授予其他人的情况。[⑦]

以公司为例,公司法人财产权处分为公司之解散,《公司法》第 180～182 条规定可能原因有:章程规定的解散事由出现;股东(大)会决议解散;

[①] 梁慧星、陈华彬:《物权法》,北京:法律出版社,2016 年,第 120 页。

[②] 李世师:《试论所有权与其权能的分离》,《西北民族学院学报(哲学社会科学版)》1988 年第 1 期,第 20—26 页。

[③] 全国人大常委会法制工作委员会审定:《中华人民共和国民法典》,北京:法律出版社,2021 年,第 337—338 页。

[④] 江平:《法人制度论》,北京:中国政法大学出版社,1994 年,第 154 页。

[⑤] 郭明瑞:《物权法通义》,北京:商务印书馆,2019 年,第 83 页。

[⑥] 李国强:《"权能分离论"的解构与他物权体系的再构成——一种解释论的视角》,《法商研究》2010 年第 1 期,第 37—45 页。

[⑦] 沈贵明、吕洁:《对赃款赃物投资收益追缴的公司法思考》,《法学》2017 年第 3 期,第 24—34 页。

因公司合并或分立需要解散;依法被吊销营业执照、责令关闭或者被撤销;公司持续经营会使股东利益受到重大损失,持有表决权10%以上股东可以请求人民法院解散。上述规定,可以分为内部原因与外部原因:在公司内部,拥有超过三分之二以上投票权的出资人或股东可以提出并决定,或者根据公司章程事前约定而提出并决定;在公司外部,主管机关可以依法撤销公司,多是因为公司法人违反有关法律强制性规定而被有权机关予以撤销。① 如占有权能分离分析所论,若控股股东获得处分权(前提是占有)后,其唯一职责便是变卖资产、偿还债务、分配剩余利益、注销法人资格这一系列的清算行为,故而不涉及合并报表编制的法理依据。

对企业法人而言,对其拥有其处分权能的正是之前在“占有权能分离分析”中所提及的清算组与管理人,其基于处分权能而获得的法定职责是处分企业法人资产、清偿债务。其所获得处分权能的履行结果,是法人资格的注销,而不是合并报表的编制。

(二) 特殊情况下合并

因此,处分权能通常由企业法人自身行使,但“在一定条件下,非所有权人依据法律规定或者所有权人意思也可以行使处分权能”。② 非所有权人的处分主要来自主管机关依法撤销。因此,该现象多存在于行政管理中,政府行业主管部门为了行业发展会制定有关发展计划与资格准入条件,当存在不符合发展计划或者丧失准入资格时,主管部门会依法依规来解散相关单位。对于企业法人而言,这种依据政策的解散通常有一个过渡期。

但是,对于非营利的事业单位,可能会立即解散注销。在我国,“事业单位”(public institution)是指由政府利用国有资产设立,从事教育、科技、文化、卫生等活动带有公益性质的社会服务组织。事业单位因为一定需要而举办,也会因为一定原因而注销。根据《事业单位登记管理暂行条例实施细则》(中央编办发〔2014〕4号)第51条,事业单位注销原因有:举办单位决定解散;因为合并、分立而解散;依照法律、法规和本单位章程,自行决定解散;行政机关依照法律、行政法规责令撤销;事业单位法人登记依法被撤销,或事业单位法人证书依法被吊销。对事业单位,其举办单位(出资人)多为可对其撤销的主管机关,出资加管理的两项权利使得上级单位拥有了对该单位的“控制权”;因此,可以将其下属的事业单位会计报表进行合并,从而编制出其管理范围内的合并会计报表。

---

① 王利明、杨立新、王轶、程啸:《民法学》,北京:法律出版社,2015年,第68页。
② 郭明瑞:《物权法通义》,北京:商务印书馆,2019年,第83页。

与事业单位较为类似的是社会团体。不论其处于那一行业,都有一个"业务主管单位";而且该单位通常也拥有对其处分权。因此,我国政府机关基于"预算领拨关系为主,行政隶属关系为补充"的标准[①]将相关的非营利组织纳入合并范围。此时,合并权力不仅仅是拥有处分权能而且有着拨款的"经济控制"权能。当然,合并主体不仅是政府机关,而且包括对事业单位拥有拨款加处分权能的(集团)公司。[②]

若将可以依法处分的会计主体不局限于非营利组织,而是将其拓展到其他会计主体时,编制合并报表的主体与被合并的会计主体则会有所增加。法人总部与分支机构之间也会编制合并报表,其权能与之前的类似,虽然总部拥有对分支机构的处分权能,但更为重要的是拥有运营经费拨款的"经济控制"权能。因此,总部对于分支机构拥有了 CAS No.33 所规定的"控制权力",故而可以依法将其纳入合并范围。只不过,此时不在是法人权能分析,而是需要有所拓展。所以,如果变更一种视角分析,就会有新的发展。那么,从合并报表的现实存在来解析其内涵本质,应当会有不同发现(参见下一章)。

第四节　本章小结

本章是本书合并报表理论问题研究的开始,为此探讨了合并报表编制的法理;之所以表述为"挖掘",在于尚未见到相关文章,估计问题比较难。为此,本章首先基于法人独立性,发现控股股东缺乏合并所投资公司的法理依据;除非控股股东因过度控制使两公司形成"人格混同"——法人的独立人格被否定后,此时控股股东因承担了被投资公司全部风险(责任混同)而可以依法对其编制合并报表。而当控股股东不拥有依法合并被投资公司法定权利时,权益法核算或者市场价格计量是反映其所控制整体经济利益的方法。

法人独立性在限制控股股东依法合并的同时,也赋予该公司将法人权利分解并授予其控股股东的合法途径——权能分离;随后,本章分析了法人

权利形成的过程——是"三权分离"而非"两权分离",进一步分析法人权利的构成,以及法人权能分离的研究思路。

最后,基于所有权权能的完整性,按照占有权能、使用权能、收益权能、处分权能的顺序,分析了合并报表编制的法理依据。其中,控股股东获得公司法人使用权能则可以依法合并该公司。而处分权能仅有部分合并依据,即处分权能外加拨款责任,但该情况存在于企业法人之外。而占有权能、收益权能,不产生合并报表编制的法理依据。在研究思路上,本章的法人人格被否定,则是下一章"合并报表内涵本质"研究之伏笔。

第三章　合并报表内涵性质探寻

　　合并报表是会计"实质重于形式"原则的体现,但独立法人前提下似乎仅法人的使用权能有编制合并报表之法理。不过,现实中的合并报表并非仅有控股股东编制;那么,对现实中存在的合并报表多种表现,应该如何解读其内涵性质?

第一节　权责混同的内涵

　　从来源上,合并报表产生于企业合并;在概念上,企业合并为多个会计主体形成一个报告主体之行为。[①] 因此,对合并报表内涵性质认定应以"会计主体"为突破,探寻多而合一的后续影响。那么,如何能够剖析出会计主体内涵? 基于法律主体必为会计主体的会计界共识,法学的权责概念是当然的钥匙。

一、会计主体的内涵本质

(一) 权利责任关系辨析

　　法学概念中,"权利"(recht,right)为首要;而且,该法学术语也是一个生活用词。在我国古代汉语中,"权"和"利"分别为独立词,偶然并用时的含义与现代不尽相同。如,《荀子·君道》中的"按之以声色、权利、忿怒、患险,而观其能无离守也";《荀子·劝学》中的"是故权利不能倾也,群众不能移也,天下不能荡也,生乎由是,死乎由是,夫是之为德操"。在《荀子》中反复出现的"权利"包含了两种含义:权势和货财,相当于今日所说的权力和金

---

① 在《企业会计准则第 20 号——企业合并》第 2 条中,表述文字为"企业合并,是指将两个或者两个以上单独的企业合并形成一个报告主体的交易或事项"。见,财政部:《企业会计准则:2020 年版》,上海:立信会计出版社,2020 年,第 119 页。

钱。此外,也有其他用法与含义,如,《商君书·算地》称"夫民之情,朴则生劳而易力,穷则生知而权利。易力则轻死而乐用,权利则畏法而易苦"。此"权利"并非名词而是一个动宾结构词组,意思为"权衡利益"。[①]

现代汉语之权利首先出现于法学领域,且来自美国传教士丁韪良(William Alexander Parsons Martin)的翻译。其于 1864 年将美国学者亨利·惠顿(Henry Wheaton)的 *Elements of International Law* 一书汉译为《万国公法》。其中,他创造了中国现代法学上的一系列新术语,如"公法""主权""民权"等,并界定了法学理论中的"权利"概念,如"国使之权利,分为二种:或本于天性,而不可犯;或本于常例,而随可改者"。[②] 借此贡献,1864年的《万国公法》成为现代法学权利概念之肇始。为了便于理解,丁韪良在1877 年的《公法便览》之"凡例"中,对权利予以解释。[③]

作为法理学核心概念之一,权利概念的明确有着一个历史过程,其中至少产生过资格说、主张说、自由说、利益说、法力说、可能说、规范说、选择说八种观点。[④] 虽然法理学中的权利概念众多,但在规范会计的民法领域内,主要有如下几种观点。

其一,罗马法学者萨维尼(Friedrich Carl von Savigny)、温特夏德(Josef Hubert Bernhard Windscheid)所提倡的"意思说"(willenstheorie)。该学说认为,权利之本质为意思之自有或意思之支配。意思为权利之基础,无意思即无权利,所以权利之本质应归结为意思。[⑤] 该学说显然受到了早期"权利即是自由"观念的深刻影响。其二,由英国法学家边沁(Jeremy Benhtam)提出、德国法学家耶林(Rudolf von Jhering)所发扬的"利益说"(interessentheorie)。其基于对"意思说"反思,认为"权利非因意思而存在,相反意思是因权利而存在"。[⑥] 并因此认为,并非所有的利益都是权利,只有为法律所保护的利益为权利。其三,起源于英国哲学家洛克(John Locke)和法国学者卢梭(Jean-Jacques Rousseau),并由德国梅克尔(Adolf J. Merkel)发扬的"法力说"(rechtsmachtheorie)。此说认为,权利是由"特定利益"和"法律上的力"两个要素构成。[⑦] 法律之所以赋予人以法力,其目的

① 喻中:《论梁启超对权利义务理论的贡献》,《法商研究》2016 年第 1 期,第 183—192 页。
② 亨利·惠顿:《万国公法》,丁韪良译,北京:中国政法大学出版社,2002 年,第 10 页。
③ 丁韪良译:《公法便览》,北京:同文馆,清光绪三年(1877 年),"凡例"第 2 页。
④ 张文显:《法理学》,北京:高等教育出版社、北京大学出版社,2018 年,第 130—131 页。
⑤ 申卫星:《溯源求本道"权利"》,《法制与社会发展》2006 年第 5 期,第 79—87 页。
⑥ Rudolf von Jhering, *Geist des römischts auf den verschieden Stufen seiner Entwicklung*, 5Aufl. Leipaig. Dritter Teil, 1906,331.
⑦ 郑玉波:《民法总则》,台北:三民书局,1979 年,第 45 页。

在于使人享受特定利益。理论上，法力说克服了意思说与利益说的主要不足，较完满地解释了民事权利的本质，因而为大多数民法学者所赞同和接受，为现今民法学界的"有力之说"。① 实际上，我国 1992 年颁布的首部《企业会计准则》(财政部令第 5 号)中就充分借鉴了法学理论，认为资产"包括各种财产、债权与其他权利"，如此对资产构成的划分恰好对应于法学权利中的物权权利、债权权利和知识产权权利的财产权利具体构成。

而"义务"(verpflichtung；duty，obligation)一词，古代汉语中多与"义"相联系，并且通常具有正面价值的含义。如，《礼记·礼运》称："父慈、子孝、兄良、弟悌、夫义、妇听、长惠、幼顺、君仁、臣忠，十者谓之人义。"实际上，《礼记》列举的十种人"义"，已经隐含现代法理学上的"义务"。但是，传统中国的"义"并不能等同于法理学上的"义务"。因为在传统中国，与"义"相对应、相纠缠的并不是现代法理学意义上的"权利"，而是"利"。按照孔子对二者的划分，是"君子喻于义，小人喻于利"。②

在民法理论中，对义务的认识虽有不同看法但相对集中。（1）责任说。法律义务是"法律规定权利主体应作出一定行为或不作出一定行为的责任，是保证法律权利得以实现的条件，是国家对一定的直接社会责任的确认"。③ （2）约束说。该学说认为法律义务是国家规定并体现在法关系中的，人们应当知道和必须适应权利主体作出或抑制一定行为的负担和约束。④ （3）利益说。该学说认为"法律设定义务规范本身不是目的，通过义务规范去禁恶或导善，维护和实现某些利益"。⑤ 三种观点中，责任通常被认为是义务的另一种表述；而若基于权利概念的认同，义务之利益说是与其对应的法学通说。其实，这一结论已经充分体现在会计学对负债内涵本质的认识之中。为了建设我国的"财务会计概念框架"(financial accounting conceptual framework，CF)，我国会计准则研究机构在对世界主要会计理论研究机构的"负债"(liabilities)概念对比之后，认为"各种负债定义的表述虽然不同，但本质上基本相同，即，负债对应着一种现时义务，也就是说，会计上所称负债是企业承担的现时义务"。⑥ 该结论不仅直接证实了法学义务的利益说适用于会计研究，认为民事法律义务是为法律所保护的一定利益，

---

① 梁慧星：《民法总论》，北京：法律出版社，2017 年，第 70 页。
② 喻中：《论梁启超对权利义务理论的贡献》，《法商研究》2016 年第 1 期，第 183—192 页。
③ 邹瑜、顾名总：《法学大词典》，北京：中国政法大学出版社，1991 年，第 70 页。
④ 张文显：《法的一般理论》，沈阳：辽宁大学出版社，1988 年，第 167 页。
⑤ 张恒山：《义务先定论》，济南：山东人民出版社，1999 年，第 26 页。
⑥ 中华人民共和国财政部：《企业会计准则 2001》，北京：经济科学出版社，2001 年，第 471 页。

而且与权利本质属性的认识获得了一致。

在法学语境中，与"义务"如影随形的是"责任"（verantortung；responsibility）；对二者关系，多数民法学者将民事义务与责任看作两个概念，但仍有不少学者将二者混用。著名民法学者王泽鉴先生认为债务与责任原则上相伴而生、难以分开，将"责任"与"义务"相互替代，并认为损害赔偿责任相对于其因以发生之债务固为一种责任，但其本身亦为一种债务，其不履行与其所自之债务一样可受履行强制及损害赔偿责任之保护。①

在民法学中，责任概念主要有职责、义务和制裁等主要含义。因此，从学术研究视角看，民事义务与民事责任确是不同概念，但民事责任与义务概念关系不仅密切联系而且有着前提结果之逻辑，所谓"民事责任之发生须以义务人不履行民事义务为前提"，②而且，法学通说认为，"法律责任是指由特定法律关系所引起的对损害予以补偿、强制履行或接受惩罚的特殊义务，亦即由于违反第一性义务而引起的第二性义务"。③ 所谓第一性义务，是指法律直接规定的义务。因此，有着法律义务为法律责任之因、法律责任为法律义务之果的逻辑关系，这使其在民法学内有相同含义。因此，本书使用时不严格区分，除非与权力同时出现。而为与会计"权责发生制"协调，更多使用"责任"一词。

对权利与义务二者关系，基本共识是二者密切相关，且性质相反、数量相等。比如，近代学者梁启超如此表述："义务与权利对待者也，人人生而有应得之权利，即人人生而有应尽之义务，二者其适量相均。其在野蛮之世，彼有权利无义务有义务无权利之人，盖有焉矣。然此其不正者也，不正者固不可以久，苟世界渐趋于文明，则断无无权利之义务，亦断无无义务之权利。"④此方面，伟大导师马克思（Karl Heinrich Marx）也有着相同看法，⑤指出"没有无义务的权利，也没有无权利的义务"。⑥

权利与义务对立统一关系，法学家徐显明教授认为其具有以下四点基本关系：（1）权利义务相互对应、相互依存、相互转化；（2）一个社会的权利总量与义务总量保持相等；（3）权利义务的价值一致性与功能上的互补性；

---

① 高留志：《论民事义务与民事责任的区分》，《河南社会科学》2009 年第 4 期，第 89—92 页。
② 梁慧星：《民法总论》，北京：法律出版社，2017 年，第 82—84 页。
③ 张文显：《法理学》，北京：高等教育出版社、北京大学出版社，2018 年，第 166 页。
④ 梁启超：《梁启超全集》第 2 册，北京：北京出版社，1999 年，第 706 页。
⑤ 是否属于马克思本意，学者看法不尽相同。参见，郭辉：《如何把握"马克思的"关于权利义务关系的名言》，《政治与法律》2010 年第 1 期，第 98—103 页。
⑥ 卡尔·马克思：《协会临时章程》，《马克思恩格斯全集》（第 21 卷），中共中央马克思恩格斯列宁斯大林著作编译局编译，北京：人民出版社，2003 年，第 17 页。

（4）权利与义务守恒定律。① 在以法学通说为基础的教材中，法学家张文显教授将权利与义务关系，概括为"结构上的相关关系、数量上的相等关系、功能上的互补关系、价值上的主次关系"。在性质关系上，权利义务是对立统一的；在数量关系上，权利义务是等值的。其中，在一个社会层面，权利总量与义务总量总是相等的；而在具体法律关系中，权利义务相互包含。"权利的范围就是义务的界限，同样，义务的范围就是权利的界限。"②

（二）会计主体内涵探寻

对会计主体界定相当于"我是谁"这一根本问题，系会计理论及其中的首要问题。在 IASB 具有统驭作用的 CF 中，"会计主体"紧随"会计目标"而排列，系其与 FASB 制定联合 CF 时因其重要性而增加，但内容却是一个"有待添加"的空白。③ 该空白说明探寻会计主体内涵之困难，那么如何解题？如同对会计基础的发现，应从会计主体诞生时探寻。鉴于会计界共识——"虽然会计主体不一定是法律主体，但法律主体一定是会计主体"，故而，通过对公司设立其法律主体诞生的剖析，也可以探寻出会计主体之内涵本质。

公司设立为一系列的行为过程，涉及投资人（股东）签订投资协议、制定公司章程、移交所出资财产、核准名称商号、开立银行账户、领取营业执照等环节；比较而言，股份公司的设立过程就更为复杂。如果该过程顺利，则公司法人得以成立；④ 如果不够顺利，则不会取得法人资格。对此，法学界称其为"设立中公司"，系一种"特殊的组织"。此时，该"组织"法律性质是什么？法学界有着不同但相对集中的如下观点：无权利能力社团说、合伙说、折中说、非法人团体说。其中，"非法人团体说为我国学者提倡。该学说认为，从法律形式上看，虽然设立中公司未进行设立登记，不具有独立法律人格，但从实际上看，它已具有行为能力、意思能力、责任能力，能够实际实施一定的行为，承担一定的责任，因而它又处于不完全权利能力状态，具有有限的法律人格，即设立中公司在本质上应是一种非法人团体"。对设立中公司的解释，一方面涉及权利所赋予能力，另一方面也涉及责任的承担。对责任承担，"具有代表性的学说有：无因管理说、第三人利益说、代理说、继承说、归

---

① 徐显明：《法理学》，北京：中国政法大学出版社，2007 年，第 89 页。
② 张文显：《法理学》，北京：高等教育出版社，北京大学出版社，2018 年，第 134—135 页。
③ 国际会计准则理事会：《国际财务报告准则. 2015. A 部分》，中国会计准则委员会组织翻译，北京：中国财政经济出版社，2015 年，第 29 页。
④ 因此，成立是公司设立之理想结果，设立是公司成立之必须过程。设立顺利结果是成立，不顺利则是相关责任的承担。法学分析主要集中于不顺利及其所带来的权利行使与责任承担的辨析中。

属说、必然延续说、同一体说。在大陆法系国家和我国台湾地区,通说为'同一体说'。该学说认为,设立中公司已经具备相对于成立后公司之成员及机关的全部或一部分特点,是成立后公司的前身,其与成立后公司超越人格之有无,实质上属于同一体。因此,设立中公司之法律关系即系成立后公司之法律关系"。①

从上述有关设立中公司内涵性质的论述中,我们可以发现之所以公司成立前后被认为是一个"同一体",在于其权利与责任的延续,在于"权利责任"的逻辑关系是一个相互关联、难以分割的"统一体"。② 这应当就是会计主体的内涵实质,但仍需进一步论证。相对工商管理中的其他专业,会计学有着一定的技术性,其中必然也蕴藏着会计主体的内涵。

财务会计的科学性、合理性与合法性,集中于会计处理的技术方法。目前,主要技术方法是借贷"复式记账法"(double entry bookkeeping)。其中,复式记账法因记账符号不同而又可以采用借贷记账法、收付记账法和增减记账法,目前主要被采用的是最早确立的"借贷记账法"(Debit-credit Bookkeeping)。之后,虽然有其他观点的出现,但均处于理论构建阶段。其中,较为著名的是美籍日裔会计学家井尻雄士(Yuji Ijiri),其于1982年将自己有关会计计量的理论观点进行了总结,并作为AAA第18号研究报告进行了出版,其中提出了著名的"三式簿记论"。③ 之后,我国会计学家娄尔行教授于次年对其进行了翻译出版。④ 不过,之后相关研究主要局限于理论构建的探索中,未见成熟的实务应用。甚至有学者对其缺陷进行了分析。⑤ 因此,会计处理的技术方法中,仅借贷记账法被多位学者肯定与赞赏。如,美国会计学家利特尔顿(Ananias Charles Littleton)早在1933年就论证了其科学性,⑥这使得借贷记账规则以其严密逻辑而被社会公众所认可。而著名德国思想家、诗人歌德(Johann Wolfgang von Goethe)更是在《威廉·麦斯特》(Wilhelm Meister,1824)中称赞"复式记账法是人类史上最伟大的发明之一,它的出现意义深远"。⑦

---

① 范健、王建文:《公司法》,北京:法律出版社,2018年,第116—118页。

② 这里"统一体"(unity)是指两种是一种"对立统一关系",而"同一体"(identity)是指设立中公司与成立后公司实质上是"同一"主体。两个词组发音相同,但含义很不同。

③ Yuji Ijiri, "Triple-Entry Bookkeeping and Income Momentum", *American Accounting Association Studies in Accounting Research* No. 18,1982:18.

④ 井尻雄士:《三式簿记和收益动量》,娄尔行译,上海:上海人民出版社,1983年。

⑤ 丑泽桂:《简析三式簿记理论的主要缺陷》,《财经问题研究》1996年第2期,第43—46页。

⑥ 郭道扬:《会计史研究:历史·现时·未来(第3卷)》,北京:中国财政经济出版社,2008年,第243页。

⑦ 托马斯·金:《会计简史》,周华、吴晶晶译,北京:中国人民大学出版社,2018年,第1页。

其实,借贷记账法之所以科学,在于其建立在法学权利义务的"对立统一"关系基础之上。对此,法学家徐显明教授有着形象的描述:"如果既不享有权利也不履行义务可以表示为零的话,那么权利和义务的关系就可以表示为以零为起点的向相反方向延伸的数轴,权利是正数、义务是负数,正数每延长一个刻度,负数也一定展长一个刻度,而正数与负数的绝对值总是相等的。"①上述关系亦可表示为"权利＝义务(责任)"的表达式,若再考虑到二者之间的动态转化,便是"有借必有贷,借贷必相等"的"借贷记账规则"。

根据内容与形式相统一的辩证关系,既然"权利与责任是会计核算的对象,权利与责任是会计确认之标准,那么,这些现象所揭示出来的本质应当就是一个权利与责任的对立统一体,这就是会计主体"。② 而且,不论是法律主体(公司)设立之过程还是记账方法的理论基础,我们都可用"权责统一体"对此合理解释。而当会计主体界定之后,会计核算、会计报表编制便很容易理解——无非是基于权利责任而确认经济利益归属、基于货币计量经济利益之后,根据会计信息用户要求而进行的标准化、格式化的表达。

二、主体混同的法律效果

基于企业合并是"多个主体形成一个主体"的认识,合并报表便是多个会计主体形成一个会计主体后所编制的会计报表。其技术关键在于合并抵销分录,而理论核心在于"会计主体"之"联合"。此处会计中的"联合"(union)系一个结果,其缘由则源自法学理论的"混同"(commingling)概念。故而,合并报表是会计主体混同后的会计报表。

(一)债权债务的抵销依据

合并抵销的法律规定,主要表现在债权债务的抵销中,源自《民法典》第576条"债权和债务同归于一人的,债权债务终止"对"债权债务"终止形式的列举之中,而这里的"同归于一人"便是法律上的"主体混同"。广义上,混同有权利与权利、义务与义务、权利与义务的混同;狭义的混同仅指"权利与义务的混同,即权利与义务同归于一人"。混同是否导致合同终止,学理上有不同观点。我国认同"混同发生债权债务消灭的效力",故明确规定"债权与债务混同为合同的权利义务终止的原因"。在认定上,"混同的成立条件为合同权利义务同归于一人"。而导致混同的原因有合同权利义务的"概括

---

① 徐显明:《公民权利义务通论》,北京:群众出版社,1991 年,第 65 页。
② 黄申:《会计主体本质之法学解读》,《山东财政学院学报》2007 年第 1 期,第 21—53 页。

性承受"与"特定承受"。其中,两个企业混同的情形,则属于概括性承受情形。合并之后,参与合并企业的债权债务均因为主体混同而终止。[①]

当债权债务混同的事实发生时,其权利人与义务人便成为同一人;此时,便会因为相对人的消失,使得权利与义务因为主体的混合同一而得以终止。当我们将这一原理拓展到其他权利义务中,便进一步拓展了合并抵销之法理。如,《公司法》第 166 条规定:"公司持有的本公司股份不得分配利润。"其原理也在于此,因为法律主体对自己既没有权利也没有义务,因为权利义务均是相对于其他主体而言的。因此,CAS No. 33 第 30 条规定:"子公司持有母公司的长期股权投资,应当视为企业集团的库存股,作为所有者权益的减项,在合并资产负债表中所有者权益项目下以'减:库存股'项目列示。"[②]

不过,合并报表编制中所涉及的抵销内容并非仅有债权债务的抵销,不仅仅是库存股的列示处理。一般而言,合并抵销内容有两大类,一是母公司的长期股权投资与子公司的所有者权益,二是合并范围内公司之间的交易、期末未实现损益,而债权债务合并抵销仅是其中一个小项目。因为合并报表编制是以"经济实质重于法律形式"原则而进行,因此,要探寻其他合并抵销之法理依据,则需要从法理基本概念中找寻。

在民法领域中,"所谓法理,是指根据民法之基本原则所应有的原理"。[③] 而这一原理,则体现在不同的法律规范中,广泛影响着法律规范的制定。因此,法理是统驭诸多法律规范的一般原理。而混同不仅仅存在于合同债权债务中,也处于法律主体中。

(二) 主体混同的相对权责消失

合并报表,会计理论上源自会计主体的联合,在法律本质上产生于权利义务混同,在法律形式上表现为主体混同。如,法人之所以会独立性丧失正是在于过度控制所产生的人格混同,导致控制与被控制者权利义务的混同,导致新会计主体对相关资产权利的享有、负债义务的承担,因此而编制的会计报表因主体联合而被称为合并报表。

在我国司法实践中,混同主要表现为法律主体的"人格混同",并因此会导致相关公司独立法人人格被否认的情形。如,2013 年 1 月 31 日《最高人民法院关于发布第四批指导性案例的通知》(法〔2013〕24 号)中,"徐工集团

---

① 郭明瑞:《合同法通义》,北京:商务印书馆,2020 年,第 204—205 页。
② 财政部会计司:《企业会计准则第 33 号——合并财务报表》,北京:经济科学出版社,2014 年,第 11 页。
③ 梁慧星:《民法总论》,北京:法律出版社,2017 年,第 29 页。

工程机械股份有限公司诉成都川交工贸有限责任公司等买卖合同纠纷案"〔江苏省高级人民法院，（2011）苏商终字第0107号〕成为"最高人民法院指导案例15号"，其关键因素就在于"主体混同"所导致的"债务人被告与其两个兄弟公司连带承担债务之清偿责任"。① 从该司法判例可发现，公司法人人格被否定仅是"人格混同"或"主体混同"的一个后果，后续还会产生权利义务的混同以及会计确认的变化——合并抵销分录的产生，因为曾经会计主体之间法律关系出现了混同。

如何理解债权债务混同背后的法学原理，法学家杨立新指出："很多人在开始学习、研究《民法典》时，面对纷繁复杂的民法世界和各种各样的民法规则以及形形色色的民事案件，感到无从下手，不知道怎样才能学好《民法典》。说到底，民法的奥妙就在于民事法律关系，只要从民事法律关系入手，学习《民法典》就会一通百通，研究民法就会得心应手，对那些百思不得其解的民法疑难问题就会找出妥善的解决办法。"②

在民法体系中，"法律关系"（legal nexus）是指法律规范在调整人们行为过程中所形成的具有法律上的权利义务关系。任何法律关系都由几项要素构成，要素发生变化，则具体的法律关系就随之而变化。民事法律关系构成要素限于三项：（1）法律关系主体；（2）法律关系内容；（3）法律关系客体。③ 其中，法律关系主体是指参加法律关系、依法享有权利和承担义务的当事人，是一定权利的享有者和一定义务的承担者。在每一具体的法律关系中，法律关系主体数量各不相同，但均系相互对应的双方：一方因享有权利而成为权利人，另一方因承担义务而成为义务人。

在我国《民法典》中，有着"民事权利义务相一致的原则"，具体"是指民事权利和民事义务相辅相成，民事权利与民事义务永远相对应，民事主体在行使民事权利时，必须履行民事义务的民法基本准则"。将此基本原则具体化，"就特定的民事权利而言，必然与特定的民事义务相对应。当一个民事主体享有民事权利的时候，必有其他民事主体对该民事权利负有民事义务。在民法领域中，不会存在只有民事权利而没有民事义务相对应的情况，这是因为民事权利的实现，必须要有民事义务的履行，如果没有民事义务的履行，民事权利就是没有意义的"。④ 因此，权利义务的存在基于相对人而存

---

① 王军：《人格混同与法人独立地位之否认——评最高人民法院指导案例15号》，《北方法学》2015年第4期，第43—48页。
② 杨立新：《中国民法典精要》，北京：北京大学出版社，2020年，第36—37页。
③ 王利明、杨立新、王轶、程啸：《民法学》，北京：法律出版社，2017年，第38页。
④ 杨立新：《中国民法典精要》，北京：北京大学出版社，2020年，第81页。

在,故而也会因失去了相对人而消失。其中原因不止一种,而主体混同是其中典型且影响广泛的主要原因。

(三) 合并抵销分录的法理解析

因为任何一个会计主体都是一个权责统一体,所以当多个会计主体因"合并"(混同)而形成一个新的"权责统一体",必将导致权责主体相对人范围的变化,导致其中法律关系也发生变化——导致曾经互为"相对人"的会计主体因为合并而消失。对此,会计报表应当基于反映这一变化而重新进行权利与责任关系的确认,需要将已经失去相对人的民事权利与民事义务进行混同抵销,这正是合并抵销分录的法理依据。

法律关系存在于不同法律主体之间,就个别会计报表而言,其所反映的权利与责任均是会计主体对其他主体的权利与责任,而非自己对自己的权利与责任。正如一个正常的自然人不可能给自己写借条一样——否则每个人都会成为拥有亿万债权的"资产富翁"。因此,当会计主体形成新的"权责统一体"后,原先存在于合并范围内不同会计主体之间的权利与责任,因为新统一体形成而使得这些权利与责任同时归为一人,由于相对人的消失而使得这些权利与责任同时消失。为此,会计上要将因为相对人消失而导致的权利与责任消失——不仅股权投资而且其他交易与事项——的影响进行"合并抵销"。

在混同的具体判定上,"混同与人的意志无关,因此,混同为事件,不属于行为。混同的效力是使混同权利义务终止。因此,自混同成立时起,当事人间的合同权利义务也就消灭"。[①] 之前,在公司法人人格被否定分析时,是因为控股股东的过度控制而导致。而概念形成上,法律上"混同"只是一个结果,而不论其原因。而"企业合并"的会计概念中也仅仅用"形成一个报告主体"的表述,也没有限定其原因。

因此,本节系对合并报表内涵的剖析,系对合并抵销原理的解析;作为原理,将适用于各种具体情况,或为合法或为违法。法人人格被否定属于过度控制的违法行为,并因此而承担连带责任。而更多的主体混同为合法行为,并表现为:或因控股权而获得,即所谓"经营权责混同"所致;或因内部、外部的行政权利而产生,即所谓"行政权责混同"所致;或因某种需要而模拟,即所谓"模拟权责混同"而编制。虽然有着不同表现与存在形式,但合并报表内涵均源自"主体混同"的法律后果与会计表现。

---

① 郭明瑞:《合同法通义》,北京:商务印书馆,2020 年,第 204—205 页。

第二节　经营权责的混同

合并报表多存在于公司集团中,集团公司基于控股权而编制合并报表,该权力即所谓的经营权,故此类合并报表实质为"经营权责混同"的会计反映。

一、经营权责混同的表现

企业经营中的新"主体",通常被称为"集团"(group)。根据《企业集团登记管理暂行规定》(工商企字〔1998〕第 59 号)第 3 条,"企业集团是指以资本为主要联结纽带的母子公司为主体,以集团章程为共同行为规范的母公司、子公司、参股公司及其他成员企业或机构共同组成的具有一定规模的企业法人联合体"。第 6 条进一步规定,企业集团章程中应明确"企业集团的宗旨;企业集团成员之间的生产经营联合、协作方式;企业集团管理机构的组织和职权;企业集团管理机构负责人的产生程序、任期和职权"等。[①] 可见,其主要联系是"资本纽带",而且需要明确"生产经营协作方式",为此需要明确"集团管理机构的组织与职权"。这些规定的落实,便使得企业集团中的母公司能够通过"资本纽带"(控股权)协同(控制)集团的生产经营,实质上就是"经营权责之混同"。

何为"经营权"(managerial authority),学者漆多俊指出:"经营权是由法律加以确认的,为使特定财产孳生收益,依据所有权人意志,对该财产所有权的一定权能具体运作的权利。"[②]而企业的"经营权",多是指对经营管理的权利与责任,通常来自控股股东的股权。在企业合并报表中,则采用了CAS No. 33 的"控制"或"控制权力"的表述。不过,因控制而拥有经营权的主体,不仅存在于企业集团的集团公司中,[③]另外也存在于非营利组织中。对公司拥有控制权较易理解,因其以营利为首要目标。据《民法典》第 76 条规定,有限公司、股份公司等均属营利法人,其目的在于"取得利润并分配给股东等出资人"。对非营利组织拥有经营权不太好理解,据《民间非营利组织会计制度》(财会〔2004〕7 号)第 2 条规定,民间非营利组织应同时具备

---

① 顾蓉:《企业集团登记相关法律问题研究》,《中山大学学报论丛》2006 年第 10 期,第 218—221 页。
② 漆多俊:《论企业法人财产权》,《法学评论》1994 年第 6 期,第 19—26 页。
③ 企业集团是多家公司以资本为纽带的联合体,其核心成员被称为集团公司或控股公司。

"不以营利为宗旨和目的、资源提供者不取得经济回报、资源提供者不享有该组织所有权"的三大特征。①

不过,组织不以营利为目标,不等于不能股权投资、不能获得投资收益。因为对经济利益的追求古已有之,著名历史学家司马迁在《史记·货殖列传》(第一百二十九章)中就有过"天下熙熙,皆为利来;天下攘攘,皆为利往"的经典表述。② 非营利组织为了更好地实现其组织目标,需要一定经济资源来维持其非营利的组织行为;为此,通过依法股权投资而获得经济利益,也是合情合理且合法的事情。而《民间非营利组织会计制度》的适用范围,包括社会团体、基金会、民办非企业单位和寺院、宫观、清真寺、教堂等。虽然非营利组织与企业设立目标不同,但法律不禁止这些组织为实现其"目的与宗旨"的股权投资,并不禁止因拥有股权投资而控制被投资单位,进而编制合并会计报表。为此,该制度第 73 条规定:"民间非营利组织对外投资,而且占对被投资单位资本总额 50%以上(不含 50%),或者虽然占该单位资本总额不足 50%但具有实质上的控制权的,或者对被投资单位具有控制权的,应当编制合并会计报表。"③这里的合并范围采用与企业会计报表一致的"控制"标准。因此,其所编制的合并报表内涵实质,与企业合并报表相同。

如此规定,关键在于投资与控制两个概念。其中,"投资"是指"通过资本增值、投资收益或两者兼有而让投资者获得回报"的行为。④ "控制"是指"通过参与被投资方的相关活动而享有可变回报,并且有能力运用对被投资方的权力影响其回报金额"的行为或权力,并因此被解析为三条要素。⑤ 结合投资与控制两个概念,投资方可以是营利性组织也可是非营利性组织,但被投资方一定是营利性组织,其典型表现便是公司。根据《公司法》中对股东权利的相关规定,拥有控制性权利的控股股东可以依法通过人员选派获得"控制"权力,并以该权力控制整体的经济资财,编制反映其控制整体经济利益的合并报表。一方面,因为控股股东个别报表对控制性股权投资采用成本法核算,这导致了控股股东个别会计报表不反映其所控制的经济利益的总体状况。另一方面,控股股东拥有的股东权利,使得其

① 该制度第 2 条所指出的特征为:(一)该组织不以营利为目的和宗旨;(二)资源提供者向该组织投入资源并不得以取得经济回报为目的;(三)资源提供者不享有该组织的所有权。

② 司马迁:《史记》,北京:中华书局,2013 年,第 3924 页。

③ 财政部:《民间非营利组织会计制度》,《中国民办教育》2005 年第 9 期,第 13—30 页。

④ 财政部会计司:《企业会计准则第 2 号——合并财务报表》,北京:经济科学出版社,2014年,第 15 页。

⑤ 财政部会计司:《企业会计准则第 33 号——合并财务报表》,北京:经济科学出版社,2014年,第 26 页。

能够依据《公司法》的相关规定,获得 CAS No. 33 第 7 条所表述的控制权力。

当控股股东因控制性权力而获得被投资公司的经营权后,为了反映其所有控制或拥有的资产与所承担的负债,为了反映其当期净资产增加的具体原因,便需要编制反映整体财务状况的合并报表。而此时的合并报表编制依据,在于其控制被投资公司经营权之后所导致的两个会计主体"经营权责的混同"。当然,此经营权主要是指被投资公司的经营权,但却是由控股股东依法享有的经营权,而在控股股东与被投资公司出现主体混同后,便产生了合并抵销的法理依据,从而编制出合并报表来。

二、经营权责混同的依据

合并所投资公司的会计报表,其初始权利来自股权。而"股权"(shareholder rights)的法律性质,在商法学领域内主要有所有权说、债权说、社员权说、集合体说、独立说等不同观点。[①] 其中,前两种观点多存在于学术梳理中,而后几种观点没有本质差异——不论是独立说或社员权说的单一权利,还是集合说的非单一权利,其具体内容构成均大同小异。德国法学家瑞格斯伯格(Regelsberger)将股权社员权说分解为"共益权"与"自益权",前者为实现全体利益的一种权利,后者为满足个人利益的权利,二者结合则使其构成一独立权利。就不同学术观点而言,社员权为大陆法系之通说。[②] 其中,共益权多表现为股东会中对董事会议案的各种投票表决权,而自益权多表现为股权的收益权利。

对于通过表决权所完成经营权获得的法律行为,法学家梁上上教授分析指出:"在现代公司中,公司所有者与公司经营者在权力上的分离是经济规律的必然选择,也是现代公司的本质所在。但是,在权力分离过程中,表决权扮演着极为重要的角色,它是公司所有与公司经营的连接点。一方面,它不但维系着公司所有者与经营者的关系,还控制着经营者的权力。另一方面,它也反映着股东之间的内部关系,既是控制股东对中小股东进行控制的工具,也是不同股东之间争夺公司控制权的工具。"[③]在权利行使规则中,

---

① 秦伟、杨占勇:《论所有权及其权能分离的双向性》,《东岳论丛》2001 年第 4 期,第 111—115 页。

② 程宗璋:《股权性质刍论》,《安徽电力职工大学学报》2001 年第 2 期,第 39—45 页。

③ 梁上上:《股东表决权:公司所有与公司控制的连接点》,《中国法学》2005 年第 3 期,第 108—119 页。而现实中,人们往往忽视这一点,在介绍公司结构时,其组织结构图中往往不反映股东个体,而仅仅是代表股东与公司法人连接体的股东会。

基于公平原则与效率的需要,股东表决以"一股一票规则"产生了"资本多数决规则"。① 这样使得控股股东可以通过源自出资或持股多数选派董事,从而控制被投资公司的经营权。

为此,我国《公司法》第 4 条规定,"公司股东依法享有资产收益、参与重大决策和选择管理者等权利",是法律条文对股东权利的规定。如何履行这些权利进而实现享有资产收益的目的?《公司法》第 37 条规定,股东会负责"选举和更换非由职工代表担任的董事、监事",第 42 条规定"股东会会议由股东按照出资比例行使表决权;但是,公司章程另有规定的除外"。根据《公司法》的这两条规定,控股股东基于其所持有的相对多数股权(出资比例),便可以选派相对多数的人员进入董事会。

《公司法》第 48 条进一步规定,"董事会决议的表决,实行一人一票";第 46 条规定董事会拥有"决定公司的经营计划和投资方案;制订公司的年度财务预算方案、决算方案;制订公司的利润分配方案和弥补亏损方案;决定公司内部管理机构的设置;决定聘任或者解聘公司经理及其报酬事项,并根据经理的提名决定聘任或者解聘公司副经理、财务负责人及其报酬事项;制定公司的基本管理制度"等。根据《公司法》的这两条规定,控股股东基于其多数董事便可以表决通过其所倾向的经营计划、投资方案与利润分配方案。申言之,便是拥有了将其纳入合并范围的"控制权力",也可以说拥有了公司的经营权。

基于表决权的重要性,为了保护小股东利益,我国证监会提出了"累积投票制度"(system of cumulative voting)。② 在《上市公司治理准则》(中国证券监督管理委员会公告〔2018〕29 号)第 17 条中,要求股东大会在董事、监事选举中应当积极推行累积投票制。单一股东及其一致行动人拥有权益的股份比例在 30% 及以上的上市公司,应当采用累积投票制。③

在实行累积投票制的同时,我国证监会还借鉴美国经验通过《关于在上市公司建立独立董事制度的指导意见》(证监发〔2001〕102 号)建立了"独立

① 刘俊海:《公司法学》,北京:北京大学出版社,2013 年,第 247 页。范健、王建文:《公司法》,北京:法律出版社,2018 年,第 335 页。应当说,前一个规则基于民事主体平等原则,而后一个规则基于商法中的效率原则。进一步论述参见第四章第二节中对公平理论在民法与商法中差异的介绍。

② 《公司法》第 105 条规定:"累积投票制,是指股东大会选举董事或者监事时,每一股份拥有与应选董事或者监事人数相同的表决权,股东拥有的表决权可以集中使用。"此制度下,每个股份持有者可以将该表决权集中投给一个或几个董事候选人,以避免大股东垄断全部董事的选任。

③ 王文兵、张春强、干胜道:《新时代上市公司治理:中国情境与国际接轨——兼评〈上市公司治理准则〉(修订版)》,《经济体制改革》2019 年第 2 期,第 114—120 页。

董事制度"(independent director system)。之所以借鉴美国而非德国,是因为"美国是独立董事制度建立最早也是最为完善的国家。从 20 世纪 30 年代开始,美国证监会就建议公众股份公司设立'非雇员董事'。美国 1940 年《投资公司法》中规定,董事会中至少 40％的董事必须为独立董事"。① 根据前述"指导意见"第 4 条规定,"上市公司董事会、监事会、单独或者合并持有上市公司已发行股份 1％以上的股东可以提出独立董事候选人"。因对提名权持股比例要求不高,故而非控股股东可据此获得独立董事提名,形成对"一股独大"独断专行的制约。

为此,《公司法》第 105 条与第 120 条针对股份公司的累积投票制与上市公司的独立董事分别进行规范与许可。同时,第 142 条规定:"上市公司董事与董事会会议决议事项所涉及的企业有关联关系的,不得对该项决议行使表决权,也不得代理其他董事行使表决权。该董事会会议由过半数的无关联关系董事出席即可举行,董事会会议所作决议须经无关联关系董事过半数通过。出席董事会的无关联关系董事人数不足三人的,应将该事项提交上市公司股东大会审议。"

应当看到,这些保护中小股东利益的法律条文,并非要剥夺控股股东对其投资公司的经营权,而是希望其践行"保护公司、股东和债权人的合法权益"的立法目的。因此,这些法律规定不会影响控股股东基于其所投资公司经营权的获得,而控股股东基于该经营权通常会将企业集团打造成一个"经营整体",产生"经营权责"的混同,并因此产生反映整体财务状况的合并报表的法理与结果。

第三节　行政权责的混同

之前"处分权能分离分析"(第二章第三节)中提及,拥有处分权能的机关会编制合并报表;但其权力并非单纯处分权而是行政管理权,该合并报表为"行政权责混同"之结果。

一、行政权责混同的表现

通常,"行政"(administrative)有两个含义:其一是指"行政国家权力",

---

① 孔翔:《中外独立董事制度比较研究》,《管理世界》2002 年第 8 期,第 177—180 页。

其二是指"机关、企业、团体等内部的管理工作"。① 其中,前一个属于狭义的行政,而后者属于广义的行政。这两种含义下,都有合并报表编制的内在需求、权责依据与现实表现。

其一,行政管理体系中的"合并会计报表"或"汇总会计报表"。二者称谓稍有不同,较早出现的是"汇总会计报表"(summary financial statements),是指单位按照行政管理中的隶属关系,由上级管理单位根据本级其所属单位会计报表,由本级的主管单位编制的反映该关系体系整体的会计报表。② 由于行政管理通常根据行业来划分,此类行业整体性会计报表的编制多采用汇总方式,故而最初被称为汇总会计报表。其编制者多为行政区域类的某个行业主管部门,汇总下属独立法人会计报表而形成。③

如今,更科学的称谓是合并报表,是随"政府会计准则"发布而使用的。《政府会计准则第9号——财务报表编制和列报》(财会〔2018〕37号)第3章规范了"合并财务报表",第15条界定了分类:"合并财务报表按照合并级次分为部门(单位)合并财务报表、本级政府合并财务报表和行政区政府合并财务报表。"其中,部门(单位)合并与本级政府财务报表的合并范围应当"以财政预算拨款关系为基础予以确定",而行政区政府合并报表的合并范围则"以行政隶属关系为基础予以确定"。④ 为了科学界定合并范围,财政部随后发布了《政府会计准则制度解释第2号》(财会〔2019〕24号),规定部门(单位)所属的未纳入部门预决算管理的事业单位、部门(单位)所属的纳入企业财务管理体系执行企业类会计准则制度的事业单位,以及财政部规定应当纳入部门(单位)合并财务报表范围的其他会计主体,都属于应纳入部门(单位)合并范围的会计主体。⑤

根据《企业集团登记管理暂行规定》第4条规定,"事业单位法人、社会团体法人也可以成为企业集团成员"。因此,企业(集团)下属的事业单位,也会因举办方行政权力而被纳入其合并范围。对此,财政部人员指出:"企业下属事业单位,鉴于其财务数据已并入企业财务报表,反映在企业整体财

---

① 中国社会科学院语言研究所词典编辑室:《现代汉语词典》,北京:商务印书馆,2016年,第1466页。

② 冯爱华:《合并会计报表与汇总会计报表的区别》,《财会通讯》1996年第9期,第28页。

③ 孟佳民:《企业合并会计报表研究》,财政部会计准则委员会编,《企业合并与合并会计报表》大连:大连出版社,2005年,第224页。

④ 财政部:《政府会计准则第9号——财务报表编制和列报》,《交通财会》2019年第1期,第86—91页。

⑤ 财政部:《政府会计准则解释第2号》,《财务与会计》2020年第2期,第82—85页。

务状况和运行情况中，故不要求其编制政府部门财务报告，以避免出现重复。"①之所以企业也可以合并事业单位，正是因为"权责混同"所致。

从合并范围确定的依据——"财政预算拨款关系"与"行政隶属关系"来看，②此类合并报表编制者依据源自行政职责。所以，此类合并报表是"行政权责混同"的结果。

其二，总部将分支机构包含在内的"合并报表"或"联合会计报表"（combined financial statements），是指单位总部将其分支机构作为一个整体所编制反映法人单位整体财务状况的会计报表。其编制依据在于总部对分支机构的管理职责，而将法人单位分设为总部与分支机构也是总部的行政行为。为了管理需要，总部会根据行业、地区、职责等不同特点而将下属机构或部门分为不同的分支机构，并要求这些分支机构作为会计主体进行独立核算。如前文论及，会计主体是一个"权责统一体"；为了提高管理效率与效果，每一个分支机构也都是一个"责权利统一体"，进而定期编制各自的会计报表。

在会计年度期末的 12 月 31 日，则要根据《会计法》要求编制以法人主体为基础的会计报表。为此，总部就必须将每个分支机构纳入合并范围，以编制出能反映单位整体财务状况、经营成果、现金流量的会计报表。对此会计报表，起初因为多个会计主体的联合而被称为联合会计报表，而其更为科学的称谓则是合并会计报表。其与企业合并报表、政府部门合并报表的差异，在于合并对象非法人主体。不过，会计处理遵循的是"经济实质"而非"法律形式"，因此，根据经济实质将其称为合并报表。而 AICPA 在解释合并报表时，便采用了"如同一个单一公司拥有一个或多个分支机构那样"的表述。③

其三，承包经营等受托管理所编制的合并报表。在这里，"承包经营"（contract operation）又称"受托经营"（entrusted operation），是指企业所有者将企业经营权依法授予公民个人或其他法人，由其对该企业法人依法经营并获得经营收益的行为。应当说，承包经营就是法人权利之"使用权能分离"的典型应用。在承包经营的法律关系中，承包经营仅享有企业法人财产

---

① 财政部国库司有关负责人就修订印发《政府财务报告编制办法（试行）》等三项制度答记者问，《财务与会计》2020 年第 3 期，第 6—8 页。

② 潘晓波、杨海峰：《我国政府合并财务报表研究：主体及合并标准》，《会计研究》，2018 年第 4 期，第 3—10 页。

③ 埃尔登·S.亨德里克森：《会计理论》，王澹如、陈今池编译，上海：立信会计出版社，2013 年，第 321 页。

的占有、使用和收益权能,故其法律性质为:第一,承包经营权是以承包合同为根据而产生的,需要依法进行;第二,发包方或委托方,是被委托企业的股东或行使股东权的其他组织,受托经营者为公民个人或其他法人;第三,承包经营内容由承包经营合同约定,可以包括该企业法人财产的占有、使用、收益权,而无处置权;第四,承包经营权有期限的限制,根据法律规定该期限不得超过廿年,期满可以续签。

在我国,1986 年因国有企业改革而推出了"承包责任制",国务院于1988 年发布《全民所有制工业企业承包经营责任制暂行条例》(以下简称"《经营承包条例》"),[①]同年 4 月 13 日的《全民所有制工业企业》第 2 条规定:企业根据政府主管部门的决定,可以采取承包、租赁等经营责任制形式。该《经营承包条例》于 2011 年第二次修订,目前依然有效[②]。虽然承包经营缘起国有企业"转变企业经营机制、增强企业活力",但其授权方式可以适用于各类所有制的企业经营,只要所有者(主管部门、股东会)代表拥有该权利并依法将权利授予承包者,那么承包者就依法获得了对该企业的管理权。对此,会计名家储一昀教授等指出,原母公司"在对子公司进行委托经营或承包经营后,母公司对其实际经营不再拥有控制权",则"不应该将这类子公司纳入合并范围"。相反,若母公司作为受托方或承包方,根据承包合同而对曾被其他股东所控制的公司"产生实质控制,那么一旦达到实质控制,母公司就应将该企业纳入合并范围"。[③]

从经济实质角度看,只要拥有了控制权都应将被控制主体纳入合并范围。对此,《企业会计准则第 23 号——金融资产转移》(财会〔2017〕8 号,CAS No. 23)第 3 条规定:"企业对金融资产转入方具有控制权的,除在该企业个别财务报表基础上应用本准则外,在编制合并财务报表时,还应当按照CAS No. 33 的规定合并所有纳入合并范围的子公司(含结构化主体),并在合并财务报表层面应用本准则。"

而承包经营此类无股权(是指为无控股权)合并的经济实质,还可以表现为"结构化主体"(structured entities)即"特殊目的实体"(special purpose entities),是指"在确定其控制方时没有将表决权或类似权利作为决定因素

① 国务院:《全民所有制工业企业承包经营责任制暂行条例》,《财务与会计》1988 年第 3 期,第 46—48 页。
② 国务院关于废止和修改部分行政法规的决定(2011 年 1 月 8 日国务院令第 588 号公布),《司法业务文选》2011 年第 5 期,第 3—15 页。
③ 储一昀、林起联:《合并会计报表的合并范围探析》,《会计研究》2004 年第 1 期,第 54—59页。

而设计的主体"。① 在权利义务确认方面,"它们以合同为纽带,来决定损益的分配,因此,此项控制也被称为'协议控制'或'合同控制'"。根据合同或协议约定,虽然某些公司不拥有控股权,但却因为承担了该结构化主体经营风险而成为其成果的主要受益人,因此应将其纳入合并范围。② 而在国际上,有着两种不同的界定标准,"国际会计准则对 SPE 合并的规定是建立在原则为导向的准则制定模式之上的,与美国的规则导向制定模式相比,这种模式对于合并范围的规定更加具有科学性,也更加符合实质重于形式的原则"。③

就行政管理表现而言,涉及政府行政管理、总部行政管理和承包管理等存在形式,但其权利与责任来源于职责所赋——政府对社会的管理、总部对分支机构的管理、承包方对受托企业的管理。而为了反映其管理范围内整体的财务状况,故而编制合并会计报表,虽然此类合并抵销通常不涉及股权投资与净资产之间的抵销。

二、行政权责混同的依据

在词义上,"权力"(power),即"政治上的强制力量;职责范围内的支配力量"。其中,前一个含义多存在于行政管理中,后一个含义多存在于内部管理或合同约定中。同时,与权力对应的词语为"责任",是指"分内应做的事;没有做好分内应做的事,而应当承担的过失"。④ 其中,责任的第二个含义属于法学界所说的第二性义务。二者关系为:权力是基于职责而拥有的领导和支配力量——权利,责任是基于职责而不得不做的事情——义务。因此,行政管理中的权力与责任,是法学权利与义务结合内部管理职责的具体化。

(一)政府行政管理权责

从发展上看,行政管理概念由德国学者施泰因(L. von Stein)在 1865 年撰写的《行政管理学》一书中提出,其试图把社会需求、利益和问题等通过政治制度的控制获得过程化操作来得以化解,故提出行政管理概念。随后,美国学者威尔逊(Thomas Woodrow Wilson)1887 年在《政治科学季刊》上发

---

① 财政部会计司:《企业会计准则第 41 号——其他主体中权益的披露》,北京:中国财政经济出版社,2014 年,第 3 页。

② 陈信元、钱逢胜、曾庆生:《高级财务会计》,上海:上海财经大学出版社,2018 年,第 239—240 页。

③ 高振福:《特殊目的实体合并规则研究》,《财经问题研究》2016 年第 12 期,第 239—240 页。

④ 中国社会科学院语言研究所词典编辑室:《现代汉语词典》,北京:商务印书馆,2016 年,第 1082、1637 页。

表了《行政学研究》一文,认为需要建立一门服务于政府管理的行政科学,研究如何使得政府专心于处理公务、完善和纯洁政府组织机构。[①] 之后,行政学家古德诺(Frank Johnson Goodnow)于 1900 年在《政治与行政》(*The Study of Administration*)中率先系统阐述了政治与行政分离理论,认为政治是表示国家意志的领域,行政是实现国家意志的方法和技术,行政不应受政治权宜措施及政党因素的影响。[②] 再后来,学者怀特(Leonard Dupee White)1926 年在《行政学研究导论》(*Introduction to the Study of Public Administration*)中坚持政治与行政二分法,认为公共行政是通过对人力和物力资源管理来达到国家目标,研究行政管理的目的在于对人力、物力资源进行最有效的利用。根据以上学者的论述,行政学研究内容可以分为组织原理、人事行政、财务行政和行政法规四个部分,建立了行政学研究的基本体系。[③] 为了达到组织目标,需要赋予行政管理者相关权力,计划、调整、控制人财物等资源;进一步,还需要对各项经济资产使用状况与效果进行反映与评估,这就需要会计报表甚至合并报表。

在我国,政府行政权力来自人民授权。在中央层面,1949 年 9 月 27 日中国人民政治协商会议第一届全体会议通过了《中华人民共和国中央人民政府组织法》,据此设立了外交部、公安部、财政部等中央政府部门,以便更好地完成行政管理服务任务。在地方政府层面,有《中华人民共和国地方各级人民代表大会和地方各级人民政府组织法》;[④]在现行 2015 年"地方政府组织法"中,第 64 条规定可以根据工作需要和精干原则设立部门,以落实"执行国民经济和社会发展计划、预算,管理本行政区域内的经济、教育、科学、文化、卫生、体育事业、环境和资源保护、城乡建设事业和财政、民政、公安、民族事务、司法行政、监察、计划生育等行政工作"的需要。

为了履行行政管理的职责,各级政府建立了"主要包括行政组织体系、行政监管体系、社会管理体系、公共服务体系以及行政绩效体系五个部分"的行政管理体系。其中,"从行政组织体系的结构看,行政结构就是政府结构。在这一结构中既包括横向的政府机构设置、职能配置,也包括纵向的中央与地方的关系以及与之密切相关的行政的层级。从行政组织体系的功能看,政府机构整体上可以划分为决策机构、执行机构以及监督机构,这三类

---

① 倪星、付景涛:《公共管理学》,大连:东北财经大学出版社,2018 年,第 11 页。
② 弗兰克·J.古德诺:《政治与行政》,王元、杨百朋译,北京:华夏出版社,1987 年,第 131 页。
③ 怀特:《行政学概论》,刘世传译,上海:商务印书馆,1940 年,第 80—90 页。
④ 人大常委会:《中华人民共和国地方各级人民代表大会和地方各级人民政府组织法》,《司法业务文选》2004 年第 9 期,第 14—34 页。

机构，按照各自的职能和运行机制，在行政管理活动中发挥自身的作用"。而"从社会管理体系的结构看，社会管理主要包括维护正常社会秩序，打击社会犯罪，强化社会的公共安全；维护正常的利益诉求和利益表达机制，化解社会矛盾和社会冲突；培育和发展社会组织，促进公民社会的发展；应对各种社会危机事务，保障社会的正常运转；加强对互联网的管理和服务，维护虚拟社会的良好秩序等"。而公共服务体系则"是围绕解决民生问题政府提供各种公共服务的构架，以及公共服务提供的手段和方式等"。"从公共服务体系的结构看，我国目前的公共服务主要包括：公共教育服务、公共科技服务、公共医疗卫生服务、社会保障、公共文化服务、公共就业服务、公共住房、公共基础设施、公共安全、环境保护、公共信息服务等十一大类。"最后，"绩效管理是现代行政管理的重要内容之一，也是衡量一个政府在普通民众中有多大影响力的重要标志。行政绩效关系到公共行政活动的有效性、政府自身运转的效率以及公共权力接受监督的程度等。而行政绩效体系，就是构成衡量政府这一运转过程各种内容的总称"。该绩效管理体系，"包括以及政府的组织绩效、行政人员的绩效；评价和衡量政府效率高低的科学指标体系；对政府机构、公职人员的行政责任追究以及对公权力的有效监督制约机制等"。[①]

随着政府"放管服"改革的深入，为了提高行政管理的绩效，需要更加科学、透明的政府会计信息。因为，"政府会计作为反映政府财务活动的信息系统，应当根据我国政府的职能及政府财务活动的内容，全面、完整地反映政府财务活动情况及结果"。[②] 于是，在政府行政体系内，为了"强化预算约束，加强对预算的管理和监督，建立健全全面规范、公开透明的预算制度"，国务院于 2014 年发布了《国务院关于批转财政部权责发生制政府综合财务报告制度改革方案的通知》(国发〔2014〕63 号)，明确了政府综合财务报告"为开展政府信用评级、加强资产负债管理、改进政府绩效监督考核、防范财政风险等提供支持，促进政府财务管理水平提高和财政经济可持续发展"的目的。在以权责发生制为基础的政府综合财务报告中，需要涵盖财政部门"代表政府持有的相关国际组织和企业的出资人权益；代表政府发行的国债、地方政府债券，举借的国际金融组织和外国政府贷款、其他政府债务以及或有债务。清查核实后的资产负债统一按规定进行核算和反映"。而且，

---

① 汪玉凯：《中国现代行政管理体系的属性与结构研究》，《国家行政学院学报》2012 年第 2 期，第 61—64 页。

② 李建发：《论改进我国政府会计与财务报告》，《会计研究》，2001 年第 6 期，第 9—16 页。

"各级政府财政部门应合并各部门和其他纳入合并范围主体的财务报表,编制以资产负债表、收入费用表等财务报表为主要内容的本级政府综合财务报告"。①

因此,为了加强资产负债管理、防范财政风险,当政府本身将其下属单位会计报表汇总后,就产生了行政体系内的"权责混同"结果,基于新会计主体不仅可以编制政府综合财务报告,而且其会因为"行政权责混同"而产生合并抵销,形成政府合并报表。②

(二)非政府的行政管理

总部对分支机构、承包者对被承包企业的管理,其权力来源并非国家法律的直接规定,而是基于《公司法》《经营承包条例》《民法典》的原则规定,由当事人基于"私法自治"原则而约定,是对经营管理中所设立管理权力责任的约定。

为了经营管理需要,企业法人会设置分支机构,并赋予其不同权力与责任。虽然该"法人分支机构不具有独立人格,但是具有独立行为的主体资格"。因为,分支机构有相对独立的名称与组织体,以履行相应的责任。但是,"分支机构没有独立的财产,因而责任不独立。分支机构的财产归其所属法人所有,分支机构的责任由其所属法人承担。法人分支机构的突出特征是行为独立,但责任不独立。对此,《公司法》第 14 条规定:'分公司不具有法人资格,其民事责任由公司承担。'在这个意义上非常类似于自然人的特殊形式:独资企业、合伙企业"。当分支机构财产不足以承担其责任时,"由其所属的法人承担"。③ 因此,基于其责任不独立的特点,其责任实际上与其法人总部"合为一体",即权利责任混同。此时,总部作为法人代表基于"权利责任混同"而需要依法合并分支机构的会计报表。当然,此权责并非法人独立对外的权责,而是法人内部行政管理所产生的总部赋予分支机构的权力与分支机构向总部所承诺的责任。当需要编制法人主体会计报表时,就需要将总部作为一个内部"权责统一体"的会计报表与分支机构作为内部"权责统一体"的会计报表"合并",在抵销缺乏相对人的内部权利义务后形成法人主体的合并会计报表。

与分支机构的内部授权不同,承包经营权责源自承包合同。如何确定

① 《国务院关于批转财政部权责发生制政府综合财务报告制度改革方案的通知》,《绿色财会》2015 年第 2 期,第 20—22 页。

② 应唯、张娟、杨海峰:《政府会计准则体系建设中的相关问题及研究视角》,《会计研究》2016 年第 6 期,第 3—7 页。

③ 高富平:《民法学》,北京:法律出版社,2009 年,第 142 页。

其中的关键条款,根据现行《经营承包条例》第 5 条规定,"实行承包经营责任制,按照包死基数、确保上交、超收多留、欠收自补的原则,确定国家与企业的分配关系"。此规定前半句"包死基数、确保上交"表明企业投资者获得固定的收益,后半句"超收多留、欠收自补"表明了承包人的可变回报。进一步,第 23 条规定承包方享有"承包经营合同规定的经营管理自主权",第 39 条规定承包经营"实行厂长(经理)负责制"。[①] 如此规定,使得承包方依法拥有对被承包企业的"控制"权力。因此,承包者便可以基于其所获得的控制权,将被承包企业纳入合并范围,编制以反映其所控制整体财务状况的合并报表。

三、行政权责混同的处理

行政管理权与经营权的主要差别在于不存在因股权投资而获得的控股权,故而合并抵销也不涉及控股权的合并抵销。因为其合并范围以行政权责范围而定,而非基于经营权责而定,故其合并抵销分录也会比企业合并报表稍微简单,但也有特殊之处。

对总部合并分支机构的合并教科书中有所介绍,与企业合并报表编制方法无根本性差异,主要差异在于总部与分支机构经费拨款的会计科目名称系内部管理所设置,但其实质可以归为内部债权债务的合并抵销;当然,对于内部资产调拨可能会涉及调拨差价的合并抵销问题。[②] 在法人内部管理中,总部对其分支机构基于经营目标各自拥有不同权责,并编制各自的会计报表。但是,对外提供的是合并后法人整体财务状况的会计报表。

当承包者获得了对被承包企业的管理权之后,也需要反映其所管理的整体财务状况。其合并报表与总部与分支机构的合并基本相同,但是也有一个特殊情况:存在少数股权。即被承包企业法定所有者,在合并报表中应当作为少数股东来反映,而当期损益则应当根据承包合同约定来确认并计量。如果承包者对被承包企业持有一定的股权,则应当根据承包合同约定来判定是否属于控制性权益的构成。若该股权属于控制权的组成则属于合并之行政权力的构成,若该股权不属于控制权的构成则应列报为少数

---

① 国务院:《全民所有制工业企业承包经营责任制暂行条例》,《财务与会计》1988 年第 4 期,第 46—48 页。该条例虽有两次修改,但所引用条文未变。参见,国务院关于废止和修改部分行政法规的决定(2011 年 1 月 8 日国务院令第 588 号公布),《司法业务文选》2011 年第 5 期,第 3—15 页。

② 邵毅平:《高级财务会计》,杭州:浙江人民出版社,2012 年,第 241—259 页。

股权。①

　　政府合并报表编制相对复杂多因核算基础为预算会计的现金制，而合并报表是基于应计制而编制。为了高效编制政府财务报告，财政部于2015年制定发布了政府财务报告编制办法和操作指南等三项制度，初步构建起政府财务报告制度框架体系；该制度体系经过三年运转并于2018年陆续修订，新制度为《政府财务报告编制办法（试行）》（财库〔2019〕56号）、《政府部门财务报告编制操作指南（试行）》（财库〔2019〕57号）、《政府综合财务报告编制操作指南（试行）》（财库〔2019〕58号）。对政府部门合并报表，由《政府财务报告编制办法（试行）》明确了合并原则，由《政府部门财务报告编制操作指南（试行）》明确了合并范围。② 根据《政府会计准则制度解释第2号》（财会〔2019〕24号）规定增加了所属但未纳入预决算管理的事业单位、所属的纳入企业财务管理体系执行企业类会计准则制度的事业单位等；同时，明确了企业及所属的事业单位、与行政机关脱钩的行业协会商会、按规定单独建账核算的基金主体、挂靠但无财政预算拨款关系的社会组织及非法人性质的学术团体、研究会等不纳入合并范围。③ 究其实质，在于管理权责的不同。当仅有行政管理关系而缺乏预算拨款关系时，便因不会导致"行政权责混同"而不编制合并报表。因此，对于股权投资的企业用权益法核算来反映其经济利益，不涉及合并报表编制。

　　如何编制政府的合并报表，部门及其所属单位层面仅为汇总、抵销、生成三个主要步骤。而政府综合合并报表则分为汇总、抵销、调整、计算、生成五个主要步骤，十分详细的处理规范参见《政府综合财务报告编制操作指南（试行）》。④ 之所以会有如此详细的指南，在于我国政府会计，"日常核算以收付实现制为主，年终按照权责发生制采取统计加估算的方法对有关数据进行调整、转换"后，才进入真正的合并报表编制程序。⑤

---

①　此为理论分析，因承包经营不再为主流，故缺少相关研究。然而，基于法学权利义务关系进行会计确认，既是会计理论研究的理论基础也是会计实务的指导原则。

②　财政部：《财政部关于修订印发〈政府部门财务报告编制操作指南（试行）〉的通知》，《中华人民共和国财政部文告》2019年第12期，第18、52—120页。

③　财政部：《政府会计准则解释第2号》，《财务与会计》2020年第2期，第82—85页。

④　《财政部关于修订印发〈政府综合财务报告编制操作指南（试行）〉的通知》，《中华人民共和国财政部文告》2019年第12期，第17、134—255页。

⑤　李建发、赵军营：《权责发生制政府综合财务报告制度下政府合并财务报表编制问题研究》，《财政研究》2016年第12期，第2—13页。

第四节 模拟权责的混同

管理职能构成,教材将其概括为"计划、组织、领导、控制"四大职能。[①] 其中,计划是管理的第一步、是对未来的合理估计,以便用于决策。管理中为了决策之需,主要对某项情况合理预估或模拟。为此而编制的合并报表,可称之为"模拟合并报表"。

一、模拟权责混同的需求

在语义上,"模拟"(simulation)具有"模仿、效仿"的含义,也指"照某种现成的样子学着做"。[②] 因此,模拟是对客观现实的虚拟,以及对未来的合理推测。何为"模拟会计报表"(simulated accounting statement)? 学者周勤业、储民宏认为:"模拟会计报表是指以改制后公司母体会计核算资料为基础,考虑企业改制方案,改制后公司的组织结构、经营方式、会计政策等情况,并遵循一定原则恰当重编出改制公司在最近三年形成的会计报表。"[③]此观点系基于国有企业改制上市交易而提出,但现实中需要模拟的会计报表不尽如此,应当有着未来模拟与历史模拟两种情形。

对未来情况的模拟,在于管理决策的需要。管理学家西蒙(Herbert Alexander Simon)指出"决策贯穿管理的全过程,管理就是决策",[④]并提出了情报、设计、选择、审查的四阶段决策模型。西蒙认为管理决策应建立在事实前提、价值前提之上,事实前提涉及"技术、知识、情报信息",价值前提涉及决策前景与后果判断等,结果应为决策目标达成。其中,事实前提涉及设备增减、资金运用、利润预估等,而为了展示企业控股合并后的整体财务状况,需要编制业务完成后模拟的合并报表,实现会计报表对管理决策的支持。

此时,合并报表具有预估性质,故而所编制合并报表的手段为模拟。对于控股合并,为了确保目的的达成,通常会根据不同的条件约束而设计多种

[①] 周三多、陈传明、贾良定:《管理学》,上海:复旦大学出版社,2014 年,第 15 页。

[②] 中国社会科学院语言研究所词典编辑室:《现代汉语词典》,北京:商务印书馆,2016 年,第 918 页。

[③] 周勤业、储民宏:《浅谈企业改制上市模拟会计报表的编制》,《会计研究》1998 年第 9 期,第 39—42 页。

[④] 黄柏:《管理就是决策——赫伯特·A. 西蒙〈管理行为〉评介》,《管理世界》1990 年第 1 期,第 213—215 页。

交易方案——如同《三国演义》中的上中下三策。为了对比不同方案所导致整体财务状况的差异,需要对不同方案进行模拟,以便获得最佳决策效果。理论上,应当对每种方案都要编制模拟的会计报表,而最终可能执行其中之一,也有可能放弃所有的方案。由于该控股合并尚未进行,故而该合并报表属于对不同方案完成后新"混同主体"整体财务状况的模拟。在我国,"1999年6月清华同方采用股权交换的方式吸收合并鲁颖电子,这是新中国首起以股权交换方式进行的合并"。在其换股方案完成并上市公告中,涉及两份"模拟合并会计报表"。其中,第一份与"吸收合并预案公告书"一同披露,第二份与"合并公告书"一同披露。其实,前一个服务于换股比例计算而非真正的合并报表,后一个才是吸收合并后的合并报表。①

在控股合并执行完成之后,所编制的合并日会计报表不再属于事前模拟而是基于结果的合并报表。但若对其财务状况追溯反映,便会涉及历史情况的模拟。不过,此时模拟不再属于不确定性模拟,而系确定性模拟,是对已确定的投资方案或股改方案,以约定的股权结构、业务构成为基础的将相关资产负债、收入费用从原会计报表中剥离以模拟的新会计报表。在20世纪90年代,"国有企业由于自身的特殊原因,多数须改制后才可以上市。对于改制上市的公司来说,改制时间距离上市时间一般达不到三年"。②

为了有助于国有企业股改,我国证监会于2001年4月13日发布了《首次公开发行股票公司申报财务报表剥离调整指导意见(征求意见稿)》(以下简称"指导意见"),并将模拟报表基础材料的产生过程界定为"剥离调整","是指股份有限公司将其设立前未按照设立时的公司架构和现时采用的会计政策独立记录和反映的财务会计资料,从设立前原企业的财务会计记录中分离出来,形成其独立的申报财务报表的调整行为"。

如何操作? 该"指导意见"第8条指出,"剥离调整③应以改制方案确定的公司架构为前提,按报告期各会计期间实际存在的公司架构的各构成实体进行编制。如果在报告期内发生新设合并的,报告期的财务报表应按合并后公司架构编制;如果在报告期内发生吸收合并或控股合并的,报告期财务报表应分段编制,在合并基准日前各会计期间应按原公司架构编制财务

---

①　陈信元、董华:《企业合并的会计方法选择:一项案例研究》,《会计研究》2000年第2期,第16—25页。

②　赵丽英:《论模拟会计报表》,《财经理论与实践》2002年第2期,第92—93页。

③　是"剥离调整"还是"模拟编制"? 两个表述并不矛盾。剥离调整主要依据"公司架构"对会计数据从原会计主体中的拆分,而模拟是对财务状况结果的模仿拟制。剥离调整针对原始数据的来源、形成过程与方法的说明,而模拟编制针对基于确定的股权结构而编制的会计报表的操作方法的界定。

报表,在合并基准日后各会计期间应按合并后公司架构编制财务报表;如果在报告期内发生分立的,报告期财务报表应按分立后公司架构编制;如果在报告期内发生资产置换的,报告期财务报表应分段编制,在资产置换基准日前各会计期间应按原公司架构编制财务报表,在资产置换基准日后各会计期间应按置换后公司架构编制财务报表。合并、分立基准日和资产置换基准日根据有关财务会计法规确定"。[①]

现实中,对历史真实情况的模拟合并报表,还存在于"同一控制企业合并"的合并日比较会计报表编制中对合并日前合并报表的编制之中。根据CAS No. 33第32条的要求,"母公司在报告期内因同一控制下企业合并增加的子公司以及业务,编制合并资产负债表时,应当调整合并资产负债表的期初数,同时应当对比较报表的相关项目进行调整,视同合并后的报告主体自最终控制方开始控制时点起一直存在"。[②] 在比较的会计报表中,涉及合并日前的会计数据,而合并日前该控股关系并不存在,故而需要模拟其合并报表数据。

模拟效果在于真实有效的信息、合理合法的假设。其合并报表模拟中,前者表现为相关的会计资料,而后者则是对会计资料取舍的标准。不论决策性对未来模拟,还是上市公司的历史模拟,均是以"权利责任"关系确定真实有效的信息。其中,预测性模拟是根据控股权交易合同而确定,基于合同所约定的"权利责任"范围来决定相关会计资料的取舍;股改性模拟是根据所批复的"拟上市公司"的股权构成,然后,基于"权利责任"关系而决定相关会计资料的拆分、剥离,或将多个企业剥离后资料重新整合。

不论是哪一种情况,其依据只能是基于"权利责任"范围而确定。进而,再基于"权利责任混同"——新会计主体的范围,一方面确认其反映的内容范围,另一方面将混同后失去对象的权利义务进行抵销处理,从而模拟出不曾有过的合并报表来。

二、模拟权责混同的依据

如果从广义上来理解,所有的合并报表都是一种模拟的会计报表。以现实中 A 公司控股 B 公司而组成的公司集团为例,对于 A 公司与 B 公司个别会计报表而言,因为法人实体的存在并非模拟;但是,对于集团而言,并没

---

① 证监会:《首次公开发行股票公司申报财务报表剥离调整指导意见》,《中国证券报》2001 年 4 月 13 日,第 12 版。

② 财政部会计司:《企业会计准则第 33 号——合并财务报表》,北京:经济科学出版社,2014 年,第 12 页。

有一个会计核算系统对其独立反映,因此 AB 集团的合并报表,实质上也是一种模拟的会计报表,是基于 A 公司与 B 公司法人主体混同后——AB 这一新会计主体的权利责任而编制的会计报表——整体财务状况的"模拟"。此模拟,仅仅是对结果的模拟,而不再涉及其他内容的模拟。

而狭义模拟会计报表,或是对会计主体的模拟或是对主体关系的模拟,总有一个环节并非现实存在;若加上合并报表这一结果,其中至少涉及两处模拟。其中,控股合并投资决策的模拟合并报表,是对控股股权获得及其所构成的子公司关系的模拟,是对母子公司关系及其多种股权比例的预期模拟。虽然构成拟上市公司股权结构已由政府相关部门批准,但其首先要对个别报表数据通过"剥离调整"的方式模拟,然后在此基础上进行合并报表编制的模拟。此类存在着两处模拟,属于狭义的会计报表模拟。

对于股份制改造的合并报表模拟编制,其背景在于我国资本市场发展初期的特殊情况。因为,虽然国有企业股份制改革开始于 20 世纪 80 年代,但直到 1992 年党的十二大才确立建立社会主义市场经济体制的改革目标,随后开始了建立现代企业制度的国有企业股份制的具体操作。1993 年国务院公布的《股票发行与交易管理暂行条例》第 13 条要求提供"公司近三年或者成立以来的财务报告",①但首部《公司法》于 1994 年 7 月 1 日才实施,这使"按照《公司法》要求在国企基础上改制并已运营三年的股份有限公司是极少数"。于是,"为了加速我国资本市场的发展,同时也是为了支持国有企业的改革,大中型国有企业剥离出的资产业绩允许被倒推模拟计算"。② 为此,我国证监会于 1996 年底发布《关于股票发行工作若干规定的通知》(证监〔1996〕12 号),第 5 条规定"1996 年新股发行定价不再以盈利预测为依据,改为按过去三年已实现每股税后利润算术平均值为依据。对由国有企业依法改组新设立的公司,可按主要发起人改制当年经评估确认后的净资产所折股数,模拟计算改制前各年度的每股税后利润作为定价依据"。③ 正是上述行政法规及其配套文件,为国有企业股份制改制中的"模拟会计报表编制"提供了政策与法律依据。

为了指导相关会计处理,我国证监会于 2001 年 4 月 13 日发布了"指导

① 国务院:《股票发行与交易管理暂行条例》,《中华人民共和国国务院公报》1993 年第 10 期,第 448—466 页。
② 幸强、匡泽琳、张德深:《对我国模拟会计报表的思考》,《审计与经济研究》2002 年第 4 期,第 36—40 页。
③ 中国证券监督管理委员会:《关于股票发行工作若干规定的通知》,《中华人民共和国国务院公报》1997 年第 3 期,第 108—111 页。

意见"，以规范模拟会计报表的编制。如何进行模拟的合并报表编制，首先要模拟出个别会计报表，其次再编制合并会计报表。在模拟过程中，对会计资料的剥离要基于确定的股权结构的"权利责任"来进行。从既有的"权责统一体"中剥离出构成拟上市部分的"权责关系"所对应的报表项目，然后再将这些报表项目重新组合成为一个新的"权责统一体"（拟上市公司），最后再根据控股关系编制出该新的"权责统一体"的合并会计报表。

如今，曾经的剥离调整后所编制的会计报表又被称为"备考会计报表"。[①] 其编制依据在于，《公开发行证券的公司信息披露内容与格式准则第26号——上市公司重大资产重组（2018年修订）》第35条要求"依据交易完成后的资产、业务架构编制的上市公司最近一年及一期的简要备考财务报表"。除了上述文字之外，再找不到相关解释。而普华永道的会计师认为，"备考财务报表是出于重组目的，由报告主体假设重组交易于财务报表的最早期间已经完成来模拟编制"。[②] 若在重组日编制该报表，则因为涉及交易完成前一年的财务信息，故而该备考报表就是20世纪90年代编制的模拟会计报表。之所以称为备考，主要从"备参考"（for reference）的用途界定，而模拟主要从非客观条件来解释。

可见，模拟会计报表的编制是基于客观存在的"权责统一体"而进行，基于可能的控股权交易合约、基于"拟上市公司"或"同一控制企业合并"的股权结构，所进行的会计报表模拟以及合并报表的编制模拟。所以说，模拟合并报表本质上是对"权利责任"的不同组合的模拟，然后再基于"新权责关系"所导致的"新主体"的"权责混同"的处理（合并抵销），并因此而形成新的会计报表。

投资决策虽然有着不同方案与不同结果，但均是基于"私法自治原则"来协商出不同的方案。不论是否执行、执行是否顺利、争议是否解决，其依据均系民商法所规定的"权利责任"关系。其实，IASB对"企业合并"概念的解释就是模拟的逻辑：企业合并是"将单独的主体或业务集合成为一个报告主体"的行为。[③] 此概念中，IASB并未要求集团作为前提条件；相反，为何要合并为一个报告主体，总是某种需求所致。

---

① 刘永君、卢秋平：《对备考财务报表编制和审计实务的借鉴思考》，《中国注册会计师》2018年第1期，第91—94页。

② 沈洁、符文娟：《备考财务报表常见问题（一）——基本原则及编制基础》，《上海国资》2012第1期，第88—89页。

③ 国际会计准则理事会：《国际财务报告准则第3号——企业合并》，财政部会计司组织翻译，《会计研究》2004年第9期，第89—96页。

此时,任意会计主体都可以形成合并会计报表,只要获得相关会计资料、只要确定了相关的控股关系,便可以编制出相应的合并报表来。因为任何一个会计主体都是权利与责任统一体,所以任何多个会计主体联合后依然是一个权利责任统一体,而不论其间是否具有控制与被控制关系,都可以基于权利义务的混同状态,并因此抵销失去相对人的权利义务来模拟其合并之后的会计报表。

三、模拟权责混同的处理

模拟合并会计报表,其编制技术方法依然是工作底稿法,其难点或者特殊之处在于个别会计报表的确认,可能涉及一系列的调整。在两种会计模拟的具体情形中,股份制改革的模拟因为历史存在,不仅有学者们的研究而且也有政府部门的规范性文件。其中,学者研究在前,主要涉及事前调整,而规范性文件主要针对具体处理而界定。

学者研究以周勤业为主的三篇系列论文为代表,探讨了模拟会计报表编制所涉及的会计误差调整、资产结构调整、会计政策调整这三类调整。其中,会计误差调整是对会计差错的追溯调整;资产结构调整是指根据审批通过的拟上市公司股权架构方案,基于权利责任(业务范围)关系,将会计资料从原会计主体资料中拆分为拟上市部分与保留部分,并据此编制出拟上市公司改制前三年可能会计报表与改制后可能会计报表的行为。因此,"这种调整立足于资产剥离和母体历史会计资料,故又可称为资产剥离调整、真实性调整"。而会计政策调整是指按照改制后适用的会计准则——《企业会计准则》(1992年财政部发布)和《股份有限公司会计制度:会计科目和会计报表》(财会字〔1998〕7号)及其补充规定——所进行的三年又一期的调整。[①] 通过三步调整,完成了基于改制后"权利责任"范围对会计资料的剥离(拆分)、调整(纠错)与模拟编制,以符合三年又一期的数据要求。

如何具体操作? 会计资料的拆分调整及模拟报表编制,权威地反映在"指导意见"之中,主要程序如下:[②]首先,"应以改制方案确定的公司架构为前提"。这是因为公司架构是会计主体的反映,是业务范围及其会计资料拆

---

① 储民宏、吴群:《浅论企业改制上市模拟吕计报表前编制》,《贵州财经学院学报》1998年第6期,第25—28页;周勤业、储民宏:《浅谈企业改制上市模拟会计报表的编制》,《会计研究》1998年第9期,第39—42页;周勤业、储民宏:《论企业改制上市模拟会计报表的编制》,《财经研究》1998年第10期,第59—63页。

② 证监会:《首次公开发行股票公司申报财务报表剥离调整指导意见》,《中国证券报》2001年4月13日,第12版。

分的基础。而如何确定"公司架构",其实质性依据是上市公司股权所对应的"权利责任",并以此拆分、重组相关会计资料。基本原则为"应依据改制方案确定的公司业务范围,将原企业的收入及与之配比的成本、费用按业务范围进行划分,确定列入股份有限公司设立前各会计期间申报利润表的收入及成本、费用"。其次,每个会计主体都"应对各个经营实体的原企业财务会计记录分别进行剥离调整,并编制各自剥离调整的财务报表"。如果涉及合并报表的,则以拟上市公司"权责范围"为基础,在抵销内部交易后编制合并报表。最后,以基准日分段编制报表。"在合并基准日前各会计期间应按原公司架构编制财务报表,在合并基准日后各会计期间应按合并后公司架构编制财务报表。"如果相关会计资料上报的时间远离基准日,可此时的会计报表会因为拟上市公司已经实际运作而不需要模拟;但是,在其实际运作之前,尤其是基准日之前,其会计报表编制方法一定的模拟法,而非基于直接处理方法。

上述针对股份制"剥离调整"的"指导意见",看起来很复杂,但其基础会计资料的准备并编制会计报表的整个过程,不外乎两个环节。第一个环节,对不同的部门、车间、公司基于剥离后的"权责关系",进行基础资料的剥离调整,以便模拟出各自的个别会计报表;第二个环节,在基于母子公司或股权结构关系,对合并抵销过程基于多个会计主体"混同"之后新的"权责统一关系"而进行模拟,从而完成合并会计报表的模拟编制。

在未来预期模拟中,尚未看到相关会计处理规范。这是因为,其会计处理基于其投资方案来决定,而非审批过的股改方案。如何编制合理的决策方案,这有赖于两个基本前提。对此,管理学家西蒙认为:"决策前提可分为事实前提和价值前提,或者说是事实命题和价值命题。事实命题是关于观察到的事物的客观陈述,可以通过检验来确定其真假;而价值命题是一种偏好与规范的表达,无法用验证真假。"[①]对于合并报表编制,其实施前提便是各自如实反映的会计报表,而价值前提则是各种可能性方案。

对于决策中的合并报表编制模拟,可能更为复杂。主要针对不同的控股权交易方案而编制不同情况的合并会计报表。因此,工作量大,所形成的模拟会计报表较多。但万变不离其宗,控股权的确定依然要基于交易参与者所确定的"权利责任"而界定,进而对其进行会计处理。因此,其会计确认基础依然是相关的"权利责任",合并抵销是对"会计主体混同"后失去相对

---

① 黄柏:《管理就是决策——赫伯特·A.西蒙〈管理行为〉评介》,《管理世界》1990年第1期,第213—215页。

人的"权利责任"的合并抵销处理。

对于本章探寻合并报表内涵本质过程中提出的四个观点,这里通过表3-1进行简要的对比总结。其中,权利责任观是对一般情况的解释说明,故而无特殊适用领域。

表3-1 合并报表不同视角内涵性质对比表

	权利责任观	经营权责观	行政权责观	模拟权责观
合并原因	任意权责混同	经营权责混同	行政权责混同	合约权责混同
适用领域	独立主体间	控制关系间	管理范围内	决策需要时
编制者	连带责任者	控股股东	管理者	投资者
主要合并范围	任意会计主体	子公司	被管理者	拟被控制者
特殊适用领域	不涉及	集团内事业单位	分支机构	股份制改制
		民非控股企业	承包经营	同一控制合并
控股权的抵销	或有或无	涉及	不涉及	或有或无

表3-1结论依然基于"权责确认基础"分析获得,而其他研究视角也可以有相同的结论。如,以会计名家王善平为负责人的课题组,以"控制"概念为基础,解释了合并报表的不同表现形式。其认为"控制,就是凭借某种特定的条件使特定的对象依照自己的意识运行的存在方式。如行政控制、法律控制、军事控制和经济控制等。其中,经济控制必须以资本作后盾"。[①] 虽然该论文未对法律控制、行政控制进行明确解释,但笔者认为仅从字面来理解,其与本章的权利责任观、经营控制观、行政管理观不太会有本质差异。因为笔者认为不同视角的研究,最终都会殊途同归。只不过本章以"权责确认基础"为理论基础研究,故而将"权责混同"作为合并报表编制的一般原理,而其余的经营权责混同、行政权责混同、模拟权责混同则作为具体表现而论述了。

第五节 本章小结

本章是合并报表基础理论的第二章,针对现实存在的合并报表各种表

---

① 《合并会计报表问题研究》课题组:《论控制与合并财务报告问题》,《会计研究》2001年第3期,第27—32页。

现形式探寻其内涵性质。为此,第一节中首先探寻了会计主体内涵,发现会计主体实质上是一个"权利责任统一体",合并报表则是多个会计主体的联合——"主体混同"的会计结果。随后,探寻了合并抵销分录的法理依据。当会计主体混同后,曾经存在的个别会计主体的权利义务因主体混同而失去了相对人,故而产生了合并抵销的法理基础。第二节对控股股东因所拥有经营权而编制的合并报表进行分析,其合并依据在于该经营权与控股权混同的结果。而这一现象,不仅存在于集团公司内部,而且存在于非营利组织对公司的经营控制中。第三节对无股权合并的情况进行了分析,其实质在于行政权责混同的结果。此类行政权责不仅存在于行政单位对下属事业单位,而且存在于总部对分支机构、承包公司对被承包企业的行政管理中。第四节对模拟编制合并报表的情况进行了分析。现实中,模拟合并报表的编制,不仅存在于拟上市公司根据股权架构或重大资产重组所编制的(备考)合并报表中,而且存在于不同控股合并的方案设计中,甚至也可以解释同一控制合并日前的合并报表编制内涵实质。

第四章　合并报表公平理论移植

合并报表是财务会计大难题，根源在于理论缺陷。而欲弥补之，则应从界定经济利益归属的法学理论中去找寻，通过对其基本原理移植来形成合并报表的新理论。

第一节　合并报表的现有理论

对合并报表的理论解释，有着所有权理论、母公司理论、实体理论与当代理论的不同。要想用新理论完善之，必须针对其共同缺陷方能根本解决。

一、合并报表的主流理论

（一）所有权理论

"所有权理论"（ownership theory）系基于"所有权"概念而提出，其从法律形式立场认为会计主体与其所有权拥有者是一个完整且不可分割的整体。因此，该理论认为会计主体仅仅是其所有者财富的存在形式或载体，会计主体的资产是终极所有者财富的一种表现形式。因此，会计主体仅仅是所有者在会计系统的化身，会计资产是其所有者财富权利的具体表现、会计负债是所有者现时义务的货币计量，会计资产与负债之差反映了所有者权利的货币化计量。同时，会计收益为其所有者财富的增加，会计支出系所有者财富的减少。所有者从主体获得的现金股利并未改变终极所有者财富存量，所改变的仅仅是财富的储存空间。该理论下，以"资产－负债＝所有者权益"的会计等式，突出了会计服务于所有者的核算目标，故所有权理论又被称为"所有者权益中心论"。此外，按照所有权理论，企业不论是在持续经营中或停业清算时，其净资产的所有权和其他权益均应归属于所有者。①

---

① 黄世忠、孟平：《合并会计报表若干理论问题探讨》，《会计研究》2001年第5期，第18—22页。

　　因此，所有权理论认为合并报表中的母子公司关系是拥有和被拥有的关系，编制合并会计报表的目的是为了向所有权拥有者（控股股东、母公司）报告其所拥有的资源。因此，所有权理论既不强调企业集团的各成员企业所构成的经济实体，也不强调企业集团中存在的法定控制关系，而是强调编制合并报表的企业对另一企业经济活动和财务决策具有重大影响的所有权。所有权理论基于直接拥有的股权投资而确定列报范围，子公司中母公司股东权益属于其所关注的对象，而少数股东则不在合并报表中反映。因此，当母公司合并非全资控股子公司会计报表时，应基于控股股东的持股比例而采用"比例合并法"——母公司对子公司净资产享有数额应以母公司所拥有的比例为基础计算，少数股东所享有的子公司净资产份额并不需要在合并报表上列报。同时，合并商誉为母公司支付对价与所取得子公司净资产对应份额之差额，且不涉及少数股东商誉。合并净利应反映母公司股东所应有的净利润，不反映少数股东损益。内部交易及期末未实现利得或损失，顺流交易因损益列报在母公司会计报表中故应全部抵销，若为逆流交易则仅抵销母公司享有的内部交易与期末未实现损益。对于内部债券交易则需要推定利得或损失，若属于赎回母公司债券就应该全部予以确认，若赎回子公司债券就只应确认母公司应当享有的份额。①

　　传统会计理论认为，所有权理论适用于缺乏绝对控股股东公司的合并报表编制，如各占 50% 股权的任一股东均无控股权。其实，基于公司法中的法定权责理论，子公司法人财产独立于母公司及其管理层，控股股东即使拥有 100% 控股权也仅能采用比例合并法。在理论发展中，"比例合并法"最早由 AICPA 于 1979 年在"合营企业会计"（accounting of joint venture）报告中提出，认为其适用于共同控制实体合并报表编制。② 不过，美国 FASB 利用对"投资准则"的修订废弃之；随后，IASB 以及我国也如此处理。

（二）母公司理论

　　可以说，"母公司理论"（parent company theory）是所有权理论的延伸，依然以母公司所有者立场看待并编制合并报表，合并报表仅是母公司会计报表的扩展。与所有权理论过分强调法律形式不同，母公司考虑到了非控制性股东等对会计信息需求这一经济实质，因此其因为合并报表使用者不仅包括母公司的股东与债权人，还包括子公司的少数股东。不过，其认为合

---

① 黄世忠、孟平：《合并会计报表若干理论问题探讨》，《会计研究》2001 年第 5 期，第 18—22 页。

② 张苏彤：《论对共同控制实体权益的会计处理与报告——兼论比例合并法在我国的应用》，《会计研究》1998 年第 7 期，第 34—35 页。

并报表主要是为现有的和潜在的母公司或控股公司普通股股东编制,强调母公司或控股公司的股东利益。因此,合并资产负债表中股东权益和合并利润表中净收益仅指母公司或控股公司所有的部分,而少数股权股东权益则被看成负债,当少数股权所享有的净收益则被视作费用。

母公司理论是以法定控制而非法定所有为基础,当母公司或控股公司完全控制了某一公司的财务和经营决策时,才将其纳入合并范围。因为要反映少数股东项目,故合并报表编制采用"完全合并法"(complete consolidation method)。母公司理论下,合并报表编制的会计规则主要有:[①](1)子公司净资产与少数股东权益。母公司所享有部分按公允价值计量,少数股权所享有部分按子公司账面价值列示。少数股权股东权益,母公司理论认为是一项负债,其计量是基于子公司资产负债表中所有总额乘以少数股权的比例而得出。(2)子公司净利润与少数股东损益。母公司在子公司净利润所享有的金额,以公允价值调整后的金额计量。子公司中少数股权股东所享有净收益按照子公司账面净利润计算,并作为一项费用列报于净利润之前。(3)内部交易及期末未实现损益的处理,与比例合并法处理相同。实务中,逆销同样100%消除未实现损益,只不过要在少数股权与控股股权之间分配。这样处理,使得合并净损益与母公司的净损益一致。(4)推定损益的处理。在母公司债券被推定赎回情况下应全额确认,而在子公司债券被推定赎回情况下则仅确认母公司所享有份额。实务中,非全资子公司债券被推定赎回时,则要按照股权比例在控股股东与少数股权之间分配,与期末未实现损益处理类似。[②](5)母公司理论认为子公司仅仅是母公司经营的继续。因此,外币报表折算应当采用子公司作为母公司境外延伸的时态法。

母公司理论的贡献在于对经济实质的重视,合并报表使用者不仅仅是控股股东,而且涉及债权人等其他利害关系人,同时,对子公司少数股东的利益也得以反映。

(三) 实体理论

在合并报表理论中,"实体理论"(entity theory)又被称为"主体理论",是由美国会计学家哈特菲尔德(Henry Rand Hatfield)及其学生莫里斯·穆尼茨(Maurice Moonitz)率先提出和论证的。哈特菲尔德在其1927年的《会

---

① 董必荣:《合并会计报表的母公司理论》,《上海会计》1999年第5期,第48—49页。

② 中国注册会计师协会教育教材审审委员会:《高级财务会计》,北京:中国财政经济出版社,1996年,第65页。

计学:原理与问题》中倡导,无论控股股东是否完全控股,商誉都应当100%予以确认。穆尼茨在其1942年的《采用主体理论编制合并报表》中发展了这一观点。[①] 其指出,存在少数股东情况下,若仅按照控股比例确认商誉将会使商誉取决于控股股东的持股比例,而不是取决于被购买方出众的营利能力。1944年,AAA出版了穆尼茨的《合并报表的实体理论》(The Entity Theory of Consolidated Statements),阐释并论证了"实体理论",[②]从而得到广泛认同。

实体理论观认为,控股股东与子公司是控制与被控制而非拥有与被拥有的关系。根据经济控制实质,母公司(控股股东)对子公司的控制使其可以依法支配子公司的全部资产而非其所拥有的部分,同时应当承担其全部负债的偿还义务,进而实际获取了子公司经营决策权。为了给其利害关系人反映相关的整体经济利益,应当编制控股股东所控制的整体经济利益。此时,合并会计报表是为了反映合并主体所控制的资源,为此控股股东针对非全资子公司,应当将该子公司的全部资产、负债、所有者权益予以合并,应当将子公司全部收入、费用及净收益合并。此理论下,会计报表方法为"完全合并法"。[③]

其主要处理规则为:(1)子公司净资产均按公允价值计价,并按照股权比例计算少数股东权益,作为合并所有者权益的构成;(2)子公司净利润按照公允价值调整后,以持股比例分解为归属于母公司的和少数股东损益,均属于合并净利润的组成;(3)子公司商誉为全部商誉,按照控股股东支付对价与子公司可辨认净资产公允价值为基础,按照股权比例推算而得;(4)内部交易及期末未实现损益,均全额抵销,但非全资子公司逆流交易与子公司间平流交易,需要基于股权比例分摊;(5)集团内债券交易的推定损益,比较其他内部交易处理,逆流与平流交易需要按照股权比例分摊;(6)实体理论认为各会计主体相互独立经营,因此应当采用子公司独立与母公司的现行汇率法进行外币报表折算。

在实体理论下,按完全合并法合并母公司所控制的资源,其看法与经济控制观点相契合,秉持了企业合并后母公司通过控股股权而形成的财务杠杆效应的事实。同时,完全合并法不需要对子公司的资产与负债、收入与费

---

① Maurice Moonitz, "The entity approach to consolidated statements", *The Acounting Review*, 1942, vol. 17, No. 3(Jul.),236—242.

② 周华:《高级财务会计》,北京:中国人民大学出版社,2015年,第118—123页。

③ 黄世忠、孟平:《合并会计报表若干理论问题探讨》,《会计研究》2001年第5期,第18—22页。

用按照控股股东比例分割，克服了比例合并法的缺陷。进一步，完全合并法因对子公司的全部资产、负债、商誉、价值变化进行合并，采用单一公允价值对子公司全部的资产与负债、收入与费用计量，弥补了所有权理论与母公司理论下对子公司的报表项目双重计价的逻辑硬伤。

（四）当代理论

应当说，"当代理论"（contemporary theory）并非独立的合并理论，仅是母公司理论与实体理论的实用主义混合，其中以实体理论为主体部分吸收了母公司理论优点；不过，也有学者认为其为母公司理论的修正，[1]或为"修正的母公司理论"。[2]

当代理论以实体理论为主，对子公司少数股东以母公司控股合并日的公允价值计量，该公允价值体现在购买日及其日后的资产负债表与利润表中；仅在购买日商誉计量中采用了母公司理论的做法，列报母公司所购得的商誉而不反映少数股东所享有的商誉。应当承认，这一做法更加稳健。因为，商誉的不可辨认特征使其成为财务会计第一难题，至今众说纷纭而难有共识。在商誉计量中，仅母公司所购得的部分有着客观交易数据，因此计量出来的合并商誉有着数据支持而暂时对其进行确认并计量。而少数股东商誉因为缺乏实际交易数据而暂不确认。不过，对于其他资产负债因为其可辨认的特征，故可以控股股东所支付对价中所包含的公允价值来计量。

当代理论认为合并报表是以整个企业集团为会计主体而编制，但基于重要性原则它们主要服务于母公司的股东和债权人。因此，少数股东权益是企业集团合并股东权益的一部分，由于少数股东不能从中得到有用的信息，少数股东权益应单独列示（实体理论）；少数股东权益应按子公司的已实现股东权益计价（母公司理论）。其处理方法，也是随着母公司理论变化而有所变化，主要一点在于对少数股权的计量部分。对于少数股权的处理，曾经的母公司理论基于子公司账面价值计算少数股东权益与少数股东损益，但目前对于少数股东权益与损益的计算，均采用公允价值计量。[3]

二、我国学者的特有观点

作为财务会计难题之一，我国学者对合并报表理论研究也是积极参与，

---

① 孟建民：《合并会计报表理论与实务》，北京：经济科学出版社，2005 年，第 19 页。
② 林钟高：《合并财务报表若干理论问题的比较研究》，《会计研究》1995 年第 9 期，第 37—41 页。
③ 财政部会计司编写组：《企业会计准则讲解 2008》，北京：人民出版社，2008 年，第 548—560 页。而在随后编写的《企业会计准则讲解 2010》（北京：人民出版社，2010 年）中采用了实体理论。

且集中于 2006 年之前;但研究内容多集中于合并报表准则建设,或对现有会计规范(主要为《合并会计报表暂行规定》)提出建议或针对境外变化提出建议。① 而提出的理论观点并不多,通过论文标题搜索(可能挂一漏万)发现有如下的理论观点创建。

其一,学者罗飞教授在分析了合并报表三种主要观点的缺陷之后,基于合并报表的编制者——集团主体,提出了合并报表的"集团主体观"。该观点认为:"从性质上看,集团主体是独立于股东以外而存在的独立实体";"从会计主体本身特点看,集团主体是一个由多个法律主体构成的会计报告主体"。虽然"集团会计主体只是概念上的",但是"集团主体是由多个法律主体构成的一个报告主体"。因此,其主要会计方法为:(1)购买法与权益结合法仅为企业合并会计方法,不适用于控股合并。控股合并中,长期股权投资应当采用权益法核算。因为"合并报表是长期股权投资权权益法的延伸与扩展";(2)母公司和其各个子公司的资产和负债均按账面价值合并,母公司投资子公司股权,投资成本与所取得净资产账面价值的差额尚未摊销的部分,在合并报表中作投资成本差异反映;(3)少数股权是合并所有者权益的一部分;(4)集团主体内部交易,要对其影响进行合并抵销以消除影响,公司间的内部未实现损益也要抵销。②

其二,以会计名家王善平教授为负责人的课题组的"控制者服务论"。为此,其首先提出了合并报表"为谁服务? 服务于决策有用还是受托责任?"的评价目标,在分析了现有理论的优劣后,提出了"控制者服务论"。其认为,"无论何种报表都不能使所有使用者的所有需要都得到满足,只能满足其主要利益主体的主要需要;普通股股东是企业的主要利益主体,控制者是集团的最重要利益主体,只要满足了控制者的投资决策对会计信息的主要要求,其他利益主体对会计信息的基本要求会得到大体上的满足"。因此,合并财务报表应主要为控制者服务,即所谓"控制者服务论"。③

虽然课题组在论文中没有明确该观点之下的具体会计处理方法,但从其对具体合并程序与原则的介绍来看,其所提出的观点是合理的。其认为:

---

① 郝振平:《发展我国合并财务报表实务若干问题的探讨》,《会计研究》1992 年第 4 期,第 36—38 页。姚明安:《对改进我国合并会计报表实务的建议》,《会计研究》,1998 年第 7 期,第 30—33 页。黄世忠、孟平:《合并会计报表若干理论问题探讨》,《会计研究》2001 年第 5 期,第 18—22 页。

② 罗飞:《试论合并报表的集团整体观点——重构合并报表理论的探讨》,《中南财经大学学报》1997 年第 1 期,第 76—79 页。

③ 《合并会计报表问题研究》课题组:《论控制与合并财务报告问题》,《会计研究》2001 年第 3 期,第 27—32 页。

控制导致了集团会计主体的存在,但集团缺乏独立的账簿体系,故而依赖个别财务报表来编制合并会计报表。基于"为控制者服务"的会计目标,需要将内部交易进行调整,为此需要"把各合并主体使用的重要会计政策、会计期间和计量基础统一起来",随后通过"抵销"以"消除公司间关系的一切痕迹"。其中,计量基础统一起来的表述,具有合理性与前瞻性。

其三,学者孟建民提出的"公共理论",认为公共理论是对合并商誉处理取母公司理论与实体理论之长、避其之短后所形成的新理论。因此,"公共理论认为,应将绝对控股分为两种情况:投资比例在75%以上的为绝对深度控股,投资比例在75%以下的为绝对浅度控股。……在绝对深度控股情况下,视为母公司几乎完全控制子公司。此时,少数股权只占很少一部分,此时应避免双重计价,合并时应按实体理论调整子公司报表,使得子公司所有资产和负债均按市价反映。合并过程中产生的商誉由全部股东共享。在浅度绝对控股的情况下,由于少数股权所占比例相对较大,此时应主要避免对少数股东的不公平情况,应按母公司理论做法,只确认母公司享有的商誉"。[①]

应当说,基于中国国情而进行的研究,将会对我国的合并报表编制具有解释力,从而创新出中国特色的合并报表理论。虽然笔者未能找寻到上述学者的后续研究,但依然能够给笔者提供了一个"巨人的肩膀",获得进一步研究的动力。

三、不同理论的共同缺陷

(一) 对四种观点的评价

就实务中出现的合并报表编制四种观点、三种理论,学者有着细致的分析与评价,这里主要针对其理论缺陷进行归纳分析。其中,所有权理论基本上不被使用,其效果还不如权益法核算更具有解释力。因此,在用的合并报表理论为母公司与实体理论。

母公司理论之所以还能够被探讨,在于其相对所有权理论的进步,但其主要缺陷也是明显的。其一,少数股东不是股东的看法违反了股东权利的法律属性。在合并报表中,子公司少数股东损益不享有合并报表净利润,子公司少数股东权益不作为股东权益列报。其二,母公司理论中,其会计等式为

---

① 孟建民:《合并会计报表理论与实务》,北京:经济学科出版社,2005年,第30—31页。孟建民:《企业合并会计报表研究》,财政部会计准则委员会编,《企业合并与合并会计报表》,大连:大连出版社,2005年,第232—233页。

"合并资产＝合并负债＋少数股东权益＋合并股东权益","阉割"了"资产＝负债＋股东权益"的通用会计等式。其三,对子公司报表项目双重计量属性。其中,控股股东所享有比例的子公司项目采用购买日公允价值计量,而少数股东所有的子公司项目采用子公司报表账面价值计量。其四,严重影响会计报表分析比率。如,流动比率、速动比率等计算,负债中包含子公司少数股东权益,合并金额的双重计量属性——公允价值与账面价值并存,会导致如此计算后的比率缺乏可比性。

相对而言,实体理论的缺陷较少,主要有两点:其一,实体理论认为合并会计报表不是单为控股股东编制,而是为包括子公司少数股东在内的所有合并主体利害关系人。但是,实际上少数股东仅与子公司经济利益相关,不可能对其控股股东提出要求权。因此,合并报表对于子公司的少数股东毫无意义、毫不相关。其二,实体理论对于合并商誉的计量,是基于控股股东所购买股权而推定。这一推定假定少数股东也会按照相同价格支付以获取相应比例的股权。但对因为支付溢价而确认的商誉而言,通常仅有能够获得控股权的控股股东愿意支付,因为这一溢价能够获得对子公司所有经济利益的控制权;而对缺乏控制权的少数股东而言,通常不会支付在会计上反映为商誉的溢价。因此,以控股股东价格推算少数股权价格,有失公允。①

鉴于"当代理论"的取长补短之做法——除了合并商誉确认采用母公司理论外均以实体理论做法为主,因此被美国"公认会计原则"(Generally Accepted Accounting Principle,GAAP)所采纳。不过其具体的缺陷,主要在于实体理论中的商誉计量,仅控股股东商誉采用母公司理论;但同时对子公司采用公允价值计量,而采用实体理论。因此,其最大的缺陷在于实用主义为主,而缺乏理论体系所具有的逻辑一致性。

(二) 共同的缺陷

合并报表之所以有着不同的编制理论,在于不断揭示出更加全面真实的财务信息;理论观点看似差异很多,但主要差异在于对子公司少数股东不同的认识与处理。其中,所有权理论基于所有权概念,而不反映少数股东利益,因此其对整体财务状况揭示不全面。母公司理论基于控制概念反映少数股东利益,因此据此编制的合并报表内容较为全面,但对少数股东既不作为普通股东来反映又以子公司账面价值对其计量,其金额不够客观真实。实体理论基于集团实体观念,一方面以将少数股东作为股东来反映,另一方

---

① 黄世忠、孟平:《合并会计报表若干理论问题探讨》,《会计研究》2001 年第 5 期,第 18—22页。

面对子公司所有股东利益均按照公允价值来反映,如此编制的合并会计报表在全面与真实两方面最优。

三种理论中的实体理论最为合理,将子公司的控股股东与少数股东同等看待,而其他理论则将二者区别对待。不过,实体理论与其他理论也有着相同的缺陷——将母公司与子公司区别对待。具体表现为母公司总是以其账面价值来列报,而子公司或为账面价值(所有权理论与母公司理论)或为公允价值(实体理论与当代理论),二者计量属性不一致。

不过,此方法有着"只许州官放火不许百姓点灯"的缺陷,即对于子公司的报表数据采用基于母公司立场的购买日的公允价值,而母公司自己依然采用账面价值。即仅许可自己采用账面价值,而不允许子公司采用账面价值。如此处理,有着明显的两个缺陷:一是,对于子公司的公允价值仅仅是购买日的公允价值而不是持续的公允价值计量;二是,对母公司自己的会计报表数据却不采用公允价值计量。

这一母公司不被改变的做法,内含着母公司(控股股东)优先的思维。而主要会计理论多产生于美国学者,其背后隐藏着美国理论优先的思维。这一点可以从 FASB 与 IASB 建立联合 CF 过程的合作与分道扬镳来略见一斑。在 2008 年之后,FASB 曾热衷于与 IASB 建立联合 CF,但最终FASB 却放弃了这一会计规则的趋同工作,担任长达十年 IASB 理事的会计学家张为国教授指出:"美国产官学界之所以不再热衷于国际会计准则趋同,也不再考虑采用 IFRS,理由主要有:仍认为在世界上唯有美国应该被优待,哪怕是美国制定或要求其他国家采用的国际规则,美国也可以不采用;仍认为美国应是国际游戏规则的制定者,而非接受者;仍认为美国准则优于国际准则;美国整个社会依赖于规则导向的 US GAAP,而难以接受相对原则导向的 IFRS;US GAAP 的很多内容都是政治妥协的产物,美国许多利益相关者担心转移准则制定权后将丧失这种影响力。"[1]

对比合并报表既有理论,均未能同等看待母公司与子公司,未能同等对待控股股东与少数股东。如何导致这一不对等、不平等的现象?对此,学者曹伟教授等以财务会计概念框架对母公司理论、实体理论逐项剖析,发现"目前的合并财务报表准则和实务还没有能够有效地纳入财务会计概念框架之下,合并财务报表缺乏理论依据和理论基础"。[2] 因此,合并报表理论更

---

[1]　张为国:《影响国际会计准则的关键因素之一:大国博弈》,《财会月刊》2021 年第 2 期,第 3—11 页。

[2]　曹伟、尚振宇:《论合并财务报表与财务会计概念框架的冲突》,《财会通讯》2014 年第 25 期,第 6—8 页。

新乃至其他会计理论问题都需要从概念框架进行根本性突破。

若依然束缚于会计理论体系内部或依然采用西方经济学理论,因为理论基础相同而难以出现实质性新理论,合并报表会计难题估计会依然存在。笔者认为,要想化解不平等问题,首先应当从公平正义为价值的法学理论中找寻,移植民商法中"公平原则"来构建合并报表的"公平理论",方为合理的理论对策。

第二节　合并报表的公平理论

笔者提出的合并报表编制新理论系从"人类命运共同体"理念引出,有专家指出"有些牵强附会",也有专家认为应"对法学理论的应用还要进一步挖掘"。二者综合后便是拨云见日的效果,新理论应为源自法学"公平正义"价值的"公平理论"。

一、公平理论的法理依据

(一)公平相关概念辨析

从理论源流而言,笔者灵感来自"课程思政"中对中国特色会计"理论自信"的尝试,基于习近平主席于 2017 年主旨演讲中"主权平等,是数百年来国与国规范彼此关系最重要的准则,也是联合国及所有机构、组织共同遵循的首要原则。主权平等,真谛在于国家不分大小、强弱、贫富,主权和尊严必须得到尊重,内政不容干涉,都有权自主选择社会制度和发展道路。在联合国、世界贸易组织、世界卫生组织、世界知识产权组织、世界气象组织、国际电信联盟、万国邮政联盟、国际移民组织、国际劳工组织等机构,各国平等参与决策,构成了完善全球治理的重要力量。新形势下,我们要坚持主权平等,推动各国权利平等、机会平等、规则平等"[①]的论述。对此,学者李翔等认为"'人类命运共同体'是全球正义的理论之基"。[②] 基于该论述中权利、机会、规则的平等表述移植到公司、会计主体之间,此会计理论可被称为"公平理论"。

笔者在研究中之所以将"平等理论"更新为"公平理论"(theory of

---

①　习近平:《共同构建人类命运共同体》,《求是》2021 年第 1 期,第 4—13 页。
②　李翔、张在燕:《习近平公平正义重要论述的四维解读》,《理论导刊》2021 年第 3 期,第 17—22 页。

justice),在于公平与平等两者含义的差异。"平等"是指"人们在社会、政治、经济、法律等方面享有相等待遇,或泛指地位相等","公平"是指"处理事情合情合理,不偏袒哪一方面";而"公正"是指"公平正直,没有偏私","正义"是指"公正的、有利于人民的(道理)"。① 对比四者基本含义可见,平等主要针对身份地位,正义与公正侧重于主观价值评价,公正关注执行者的行为。对此,学者俞可平将其表述为"平等是人类的基本权利之一","它指的是人们享有同等的人格、资源、权利、能力和社会地位";而"'公平'则是一个程序和过程的概念,它指的是按照相同的原则分配公共权利和社会资源,并且根据相同的原则处理事情和进行评价"。正义则有两个层面含义,"对于个人而言,'正义'就是每个人出于自身良知而产生的'应该做什么'和'应该得到什么'的道德命令。对于社会而言,'正义'就是每一个人都能够公平地获得其应该获得的事物。可见,'平等'是人类最基本的权利,'公平'是社会制度的首要原则,而'正义'则是人类社会之首善"。② 对于上述词语含义,合并报表理论需要具体为合并报表编制规则,具有程序性和行为过程性特征。因此,笔者将其修正为"公平理论"。

当我们在法学领域内提及公平时,"首先想到的是亚里士多德关于公平的论述。亚里士多德把公平分为'分配公平'(distributive justice)和'矫正公平'(corrective justice)。当我们在若干个人或群体之间对某种东西进行分配的时候,我们就要考虑分配原则和分配方法的公平性。这种公平就是分配公平,分配公平的核心是在两个或两个以上的个人或群体之间合理地分配利益或负担。当一条分配正义的规范被一个社会成员违反时,矫正正义便开始发挥作用"。③ 二者的共同作用,便是对公平理念的实质性落实。

而若要辨析合并报表编制中的公平正义概念,则必须深入民法领域中。不过,也有学者认为,公平原则不应成为民法的基本原则。其中,法学家尹田教授认为:"公平(正义)为法的最终目标,具有最高程度的抽象性及模糊性的特征。可以说,基本法和一切部门法均以'公平'为指导思想。而民法对于公平观念,必须通过民法'自己的'基本原则加以具体表达,并进一步通过具体规范使之得以实现。换言之,民法上的公平,正是通过'平等''意思自治'等基本原则加以表现的。由此,没有必要在民法上通过'公平原则'的

① 中国社会科学院语言研究所词典编辑室:《现代汉语词典》,北京:商务印书馆,2016 年,第1006、452、453、1673 页。
② 俞可平:《重新思考"平等"、"公平"和"正义"》,《学术月刊》2017 年第 4 期,第 5—14 页。
③ 梁鹏:《交易公平原则本体论》,《中国青年政治学院学报》2004 年第 2 期,第 105—111 页。

表达来重复宣示法的一般价值。"①其论述认为，"公平原则"是所有法律应秉持的基本原则，而不是民法所特有的。其实，不论"公平原则"是民法所特有的还是法律的一般原则，都是可以规范并指导合并报表编制的法律基本原则。

在会计领域如何落实"公平原则"，学者黄伟华早在 1998 年便进行过探索，他认为"公平应当被定义为机会的公平或者说是信息的对称"，"信息的不对称或者说是市场的不公平可以用买入价与卖出价之间的差额来表示。不公平现象越严重，这种差额就越大"；"在社会经济的管制中，公平是一个基本原则。在证券市场的管制中，应选择事前公平，即机会的公平为出发点。这将有助于降低信息不对称及其所导致的不利的社会经济影响"。②

基于这一表述，笔者研究将落实在会计信息生成方面，因为只有体现公平原则的会计信息才有助于降低"信息不对称"。对合并报表信息而言，要解决不同主体之间的不平等，要解决不同主体计量属性的不平等，以及正负商誉处理的不对等问题，而能够合理化解上述问题的新理论应当就是"公平理论"。

（二）公平原则的含义

众所周知，"公平原则"（principle of justice）是生活中人们之间分配利益的基本原则，自然也是民事法律关系的基本原则。对此，法学家杨立新教授指出："《民法典》规范民事利益的分配，是以权利为标准，对全部民事利益进行分配，实现利益均衡的公平。因此，公平原则作为《民法典》的最高规则，是进步和正义的道德观在民法上的体现。在处理涉及权利冲突和利益争执的纠纷时，公平原则是最基本的平衡标准。公平原则要求民事主体应本着公平、正义的概念实施民事行为，司法机关应根据公平的观念处理民事纠纷，民事立法也应该充分体现公平观念。"公平原则基本要求是民事利益分配关系的均衡，以实现分配正义。公平原则要求民事主体依照公平观念行使权利、履行义务，是实现交换正义。公平原则也是对民事活动目的性的评价标准，以实现实质正义。③

对此，我国《民法典》第 2 条指出，"民法调整平等主体的自然人、法人和非法人组织之间的人身关系和财产关系"。第 4 条规定"民事主体在民事活

---

① 尹田：《论民法基本原则之立法表达》，《河南省政法管理干部学院学报》2008 年第 1 期，第 44—47 页。

② 黄伟华：《以公平原则为基础建立证券市场会计理论与会计规范》，《会计研究》1998 年第 3 期，第 9—13 页。

③ 杨立新：《中国民法典精要》，北京：北京大学出版社，2020 年，第 29 页。

动中的法律地位一律平等";这一平等原则要求财务会计应当平等对待每一个会计主体(母子公司)及其构成(控股股东与非控股股东)。第6条进一步要求,"民事主体从事民事活动,应当遵循公平原则,合理确定各方的权利和义务"。① 而财务会计反映的是平等主体之间的财产关系,自然会受到《民法典》的约束与保护。上述法律规定,要求会计主体在进行会计处理时,应当基于公平原则确定权利(资产)义务(负债与所有者权益)。

合并报表主体是多个会计主体混同后的新会计主体;基于"公平理论",所有会计主体、所有股东都应不分大小而被公平对待——不仅母公司与子公司地位平等并被公平对待,而且公司内部的控股股东与其他股东也要被公平对待。前一个"公平",是不同会计主体之间的公平,其原则源自《民法典》并体现在《公司法》中;后一个"公平",是同一会计主体之内不同股东之间的公平对待,这一法律规范主要体现在《公司法》条文中。

其实,我国《公司法》从最初起草便践行着地位平等原则,落实着公平对待原则。从历史源流看,我国首部《公司法》系由伍廷芳主笔于1904年起草的《公司律》。其中,"确立了股东有限责任原则,规定了中外股东、官民股东、新旧股东之间相互平等的原则"。这一公平对待原则在后续不同版本公司法中均得以体现;如,1950年的《私营企业暂行条例》中,"确立了保护投资者权益的根本指导思想","董事的选举按出席股东会表决权的多少决定,以尊重资本多数决原则"。② 应当说,平等地位及其公平对待原则是现代社会基本关系准则,而作为价值管理的财务会计,则通过货币化计量来落实着公平原则。

对于股权中的平等,青年法学家刘俊海教授指出:"股权平等原则包括股份内容平等和股权比例平等两层含义。二者密不可分,相辅相成。如果前者是股权平等原则的基础,强调股权的质的静态的平等,后者则是股权平等原则的核心,强调股权的量的动态的平等。"其中,"股权平等原则的第一层含义是股份内容的平等。股份内容平等强调公司发行的每一类股份的内容相同。股份的内容应解释为股东享有的权利、利益以及股东因拥有该股份而承受的风险。公司依据法律和公司章程的规定发行数种股份时,每类范围内的股份内容应为相同"。"股权平等的第二层含义是股权比例平等。股权比例平等强调持有相同内容和相同数量股份的股东在基于股东地位而

---

① 全国人大常委会法制工作委员会审定:《中华人民共和国民法典》,北京:法律出版社,2021年,第294页。

② 刘俊海:《公司法学》,北京:北京大学出版社,2013年,第32—34页。

产生的法律关系中享有相同待遇。"因此,"只有持股类别、内容与比例相同的股东之间,才有相同的权利义务可言。持股比例不同的股东享受权利和承担义务上可有所不同"。①

理论上的"股权平等原则",在立法上表现为"一股一权""同股同价"与"同股同权""同股同利"等内容。② 如,《公司法》第 34 条规定,"股东按照实缴的出资比例分取红利;公司新增资本时,股东有权优先按照实缴的出资比例认缴出资"。股权转让也按照比例进行,《公司法》第 71 条规定,首先"股东向股东以外的人转让股权,应当经其他股东过半数同意";其次,同意在股东内部转让的股权,"在同等条件下,其他股东有优先购买权。两个以上股东主张行使优先购买权的,协商确定各自的购买比例;协商不成的,按照转让时各自的出资比例行使优先购买权"。法律中的比例分配、比例认缴是公平对待的体现,不会因为持股比例的多寡而获得更多或更少的现金股利,而是按照各自实际缴纳(已承担责任)的比例获取(享有相应的权利)分配红利、比例认缴新增资本。

对股份发行,《公司法》第 126 条要求:"股份的发行,实行公平、公正的原则,同种类的每一股份应当具有同等权利。同次发行的同种类股票,每股的发行条件和价格应当相同;任何单位或者个人所认购的股份,每股应当支付相同价额。"这便是"同股同权"原则的规定,从该规定也可以看出,同股是针对同一次、同一类型而言,不同次或不同类型的股票,其权利可能不相同。就股票而言,有着优先股与普通股的不同类型,而对普通股,虽然并非同一次发行,但其经济利益、享有权利通常是相同的。现实中,由于在认购新股份时可能会面临利润分配、转增股本等影响股份价值的情况,不同的发行(认购)政策会产生不同效果。对此,我国证监会的《证券发行与承销管理办法》(2019 年 3 月 18 日修订)第 17 条规定:"上市公司发行证券,存在利润分配方案、公积金转增股本方案尚未提交股东大会表决或者虽经股东大会表决通过但未实施的,应当在方案实施后发行。相关方案实施前,主承销商不得承销上市公司发行的证券。"如此规定,目的在于原有股东与新增股东对于公司所有者权益利益的平等享有。如果找寻法律依据,则上述规定源自《民法典》第 630 条的规定:"标的物在交付之前产生的孳息,归出卖人所有;交付之后产生的孳息,归买受人所有。但是,当事人另有约定的除外。"

对清算后的剩余财产,《公司法》第 186 条规定:"公司财产在分别支付

---

① 刘俊海:《公司法学》,北京:北京大学出版社,2013 年,第 146—147 页。
② 覃有土:《商法学》,北京:高等教育出版社,2004 年,第 116 页。

清算费用、职工的工资、社会保险费用和法定补偿金，缴纳所欠税款，清偿公司债务后的剩余财产，有限责任公司按照股东的出资比例分配，股份有限公司按照股东持有的股份比例分配。"

（三）透过现象看本质

随着时代发展，出现了"同股不同权"现象。其中，有着阿里巴巴（阿里巴巴集团控股有限公司，同时在美国纽交所、香港联合交易所上市）的"合伙人制度"与京东（京东集团股份有限公司，美国纳斯达克证券交易所上市）的"双重股权结构"。对此，学者梁国萍、聂洁琳分析指出："两类制度殊途同归，都是为了给创始人控制权提供保护屏障。在典型双重股权制度中，创始人持有大量含超级投票权的股票，即使其持有股份不占优势，也能拥有绝大多数表决权。而合伙人制度中，创始股东利用合伙人间接控制董事会的构成，只需提名代表自己利益的心仪人选，便能间接攥紧控制大权。"[1]

为了尽可能让优质公司在境内上市，我国证监会通过"〔2019〕10号公告"修改了《上市公司章程指引》，进行了制度创新。其中，许可了"同股不同权"管理模式的存在，其第15条第二款指出："存在特别表决权股份的上市公司，应当在公司章程中规定特别表决权股份的持有人资格、特别表决权股份拥有的表决权数量与普通股份拥有的表决权数量的比例安排、持有人所持特别表决权股份能够参与表决的股东大会事项范围、特别表决权股份锁定安排及转让限制、特别表决权股份与普通股份的转换情形等事项。公司章程有关上述事项的规定，应当符合交易所的有关规定。"不过，该第15条的第一款、第三款均是对《公司法》第162条内容"同股同权原则规定"的重复。可见，此"不同权"仅是对"共益权"的不同而非"自益权"的不同。因此，从经济利益归属视角来看，依然是"同股同权"。

对分红比例，在原则之外，《公司法》第34条规定："股东按照实缴的出资比例分取红利；……但是，全体股东约定不按照出资比例分取红利或者不按照出资比例优先认缴出资的除外。"之所以会出现不按照出资比例分红的现象，在于"有些对公司具有商业价值的资源（如名片、关系网络）无法或很难量化为具体的出资形式"。[2] 应当说，若所有经济资源（含商誉）均已货币化计量，就不会出现"同股不同权"的现象。因此，笔者认为法律上"同股不同权"形式乃是经济上"同股同权"实质的体现。

---

[1] 梁国萍、聂洁琳：《京东双重股权结构与阿里合伙人制度的比较研究》，《财会通讯》2021年第2期，第95—100页。

[2] 刘俊海：《公司法学》，北京：北京大学出版社，2013年，第76页。

二、公平理论的技术规则

在民事法律基本原则中，"平等原则是指民事主体在法律地位上是平等的，其合法权益应受到法律的平等保护"。而"公平原则是指民事主体应本着公平、正义的概念实施民事行为"。① 因此，虽然笔者将合并报表编制理论表述为"公平理论"，但前提在于地位的平等。而对公平理论的落实，首先表现为主体地位与适用规则的平等。对此，学者刘大洪指出："市场主体规则平等是指在市场经济运行过程中，任何一类市场主体的法律地位平等、竞争机会均等、权利与义务关系对等，国家的经济干预不得违背和破坏市场公平竞争，不给予任何一类市场主体不正当的竞争优势或劣势。"于是，"在广义市场主体规则平等的理论指引下，中国经济法律制度应予以深切变革，落实国企运行平等、税收规则平等、融资规则平等、监管规则平等、外商投资规则平等五大法律规范"。②

在会计界，"人们普遍认为，会计是一门信息和计量的学科"。③ 因此，公平理论的会计落实应表现为性质与计量两个方面。其一，对法律所规定主体平等的性质认定。不论是母公司子公司还是不同层级的子公司，公司一律平等；不论是否拥有控制权，股东也都是平等的。其二，计量方法或计量属性选择上的平等。在《企业会计准则——基本准则》中，提出了五种计量属性，但相对典型的仅历史成本（账面价值）、公允价值（市场价格）这两种。申言之，账面价值应是历史成本的同义语，准则因为限定"资产购买时""负债承担时"而称其为"历史成本"；但该历史仅针对特定时点而言，其更多的表现是以该历史成本为基础的账面价值；而市场价格是公允价值的同义语，是指以市场价格来计量所有的资产、负债项目，而不论其账面价值如何。因此，公平理论的技术规则要点在于：（1）所有的会计主体、股东都是平等的，该平等表现为报表项目的名称；（2）所有的会计主体、股东应当采用相同的计量属性，或为账面价值或为市场价格。

而此时再回头审视之前合并报表编制理论，似乎仅明确了不同会计主体与不同股东的关系，而尚未涉及因为平等与否而采用的计量属性。其中，所有权理论因为采用比例合并法而不反映少数股权，但计量属性则以子公

① 王利明、杨立新、王轶、程啸：《民法学》，北京：法律出版社，2017 年，第 22—28 页。
② 刘大洪：《市场主体规则平等的理论阐释与法律制度构建》，《中国法学》2019 年第 6 期，第 184—201 页。
③ 艾哈迈德·里亚希-贝克奥伊：《会计理论》，钱逢胜等译，上海：上海财经大学出版社，2004 年，第 37 页。

司(被投资公司)的账面价值为主。母公司理论的计量属性控股股东与少数股东均采用子公司账面价值,而采用公允价值计量则是借鉴实体理论后的变化,但该公允价值不用于少数股权的计量。实体理论认同子公司少数股东的股东身份,且对控股股东与少数股权均采用公允价值计量。然而,实体理论的处理方法中,未曾有过采用账面价值反映控股股东与少数股东利益的。

虽然从计量属性视角分析,之前的理论观点似乎未曾明确之。但实体理论还是具有相对优势。实体理论能够认可子公司的控股股东与非控股股东地位平等,但实体理论并未将母公司与子公司同等看待——合并报表中的母公司数据依然采用其账面价值,而对子公司数据则采用了母公司立场的公允价值(非同一控制企业合并)或在最终控制方立场的账面价值(同一控制企业合并)。因此,两个层面的地位平等中,实体理论缺少一个平等。

对公平理论计量属性的选择,应当公平地应用于所有的会计主体。因此,从理论上有市价计量与账面价值两种计量属性,而不同的计量属性的会计处理也有所差异。其具体分析见下节,而这里先从理论上将其与实体理论、母公司理论、当代理论对比,主要观点差异如表4-1所示。

表4-1 不同合并理论要素对比

	母公司理论	当代理论	实体理论	公平理论
母、子公司地位	不平等			平等
母公司计量属性	账面价值			市价/账面价值
子公司计量属性	账面价值	公允价值	公允价值	市价/账面价值
公允价值计量日	不涉及	合并日		每个会计期末
商誉	子公司的母公司部分		子公司全部	母、子公司全部
子公司股东地位	不平等	除商誉外的平等	平等	平等
非全资逆流交易	全部抵销	比例抵销	比例抵销	不涉及/比例抵销
少数股权计量属性	账面价值	公允价值	公允价值	市价/账面价值
少数股东损益	当期费用	当期损益	当期损益	当期损益
少数股东权益	特殊负债	所有者权益单列	所有者权益单列	所有者权益单列

表4-1中,公平理论若采用市价计量则非全资子公司逆销不涉及合并抵销,但若采用账面价值计量则与其他理论一样需要比例抵销。

第三节 公平理论的处理方法

通过对民商法中"公平原则"的移植,笔者提出了合并报表编制的"公平理论"。比较而言,法律公平主要存在于规则条款,而会计公平需要通过价值金额来落实。在合并报表编制中,可以采用单一的市价计量或账面价值计量;同时,不同计量属性也会面临不同问题。

一、两种会计处理方法

(一) 公平理论的会计确认

对会计处理的确认与计量两大主要环节,时任财政部会计司司长刘玉廷指出:"会计确认解决的是定性问题。比如,什么是资产? ……什么是负债? ……什么是收入或费用? ……会计计量解决的是定量问题,即在确认的基础上确定金额。会计确认和计量构成了会计政策的主要内容。"[①]两大环节在实务落实为记账凭证,其中,确认在于解决能否入账以及会计科目选择问题,属于狭义的会计确认;[②]计量在于计算可入账金额问题,主要依据内部管理制度来决定,两者的结合便是会计分录。基于如上对确认与计量的狭义观点,合并报表编制的"公平理论"的会计处理规则,也有着以下规则要点。

第一,公平对待每一个主体。不论是会计主体(法人企业、非法人企业)之间,还是主体内部的投资者主体(控股股东、非控股股东)之间;不论股权比例大小,是否具有控制与被控制(母公司、子公司、孙公司)独立法人关系,还是仅具有行政管理(行政机关与事业单位、总部与分支机构等),不同主体都应当被平等对待。该平等对待主要表现为报表项目类型与名称,或同为会计主体或同为股东,而不能区别对待。如,母公司理论中,对控股股东与非控股股东的区别对待。

① 刘玉廷:《中国企业会计准则体系:架构、趋同与等效》,《会计研究》2007年第3期,第2—8页。
② 确认概念源自FASB之SFAC No.5的"可定义性,可计量性,相关性和可靠性"标准,故有学者认为确认涵盖计量(汤云为、钱逢胜:《会计理论》,上海:上海财经大学出版社,1997年,第128页);也有学者认为应为"审核原始凭证、填制记账凭证"(周华、戴德明:《会计确认概念再研究——对若干会计基本概念的反思》,《会计研究》2015年第7期,第3—10页)。因为从概念分类上讲,同一层级的概念应当相互独立而不是相互包含。广义的确认概念包含了计量,而狭义的确认概念与计量相互独立。因此,笔者认同刘玉廷的性质认定的狭义观点。

　　第二,公平计量所有主体的所有项目。这里不论是母公司还是子公司,不论是控股股东还是非控股股东甚至债权人与债务人,其所涉及的会计报表项目都应当公平计量。换句话说,同一报表项目应当采用相同计量属性进行计量,而不论其主体是谁。

　　第三,同一事项会计方法相同。因此,各类主体间交易事项均需要抵销,不仅要抵销股权投资影响,而且要抵销其他内部交易与事项的影响。同时,对被并方合并日前累计留存收益、当期净利润是否在控股股东合并报表中反映,应当公平对待。进一步,商誉处理与列报也应当一致,不能因为差额的正负符号而分别计入资产负债表与利润表。

　　上述的规则仅为公平理论的性质认定,而公平理论的落实则需要技术方法,该技术方法正是通过计量属性选择而实施——或为账面价值或为市场价格。[①]

(二) 公平理论的账面价法

　　账面价值计量,是指在合并报表编制中,保持纳入合并范围会计主体原个别报表账面价值不变的处理方法。这种合并报表编制方法,基本上等同于我国 CAS No.33 中所指“同一控制下企业合并”后合并报表编制的方法。这里的公平是在合并范围内部主体的相对(狭义)公平,而非拓展到合并范围之外的绝对(广义)公平。

　　在计量技术层面,账面价值法有着如下特点:(1)合并报表均以账面价值反映。因此,纳入合并范围的会计主体都应当维持原有的账面价值。当然,账面价值可能会因为主体不同而不同,但均为账面价值而不需调整。[②] 如,不同主体拥有的建筑物,因为折旧方法、折旧年限等不同而导致不同的账面价值。因为,每一项会计处理都是各自的真实财务状况的反映,不应将母公司的观点强加给子公司,子公司之间也应当相互独立;(2)涉及“期末未实现损益”的合并抵销。合并报表是对集团整体财务状况的反映,内部交易实际上是多个会计主体之间的内部交易,不应当产生外部交易才有的损益,故而需要基于整体立场进行合并抵销。该抵销涉及所有的会计报表项目,涉及纳入合并范围的所有会计主体之间的所有交易与事项;(3)合并

---

① 鉴定专家意见一发出“权责确认一定意味着要进行市价计量吗”的疑问。从本节论述可见,笔者并未提出该观点。笔者观点仅是:市价计量仅是一个大趋势(第四章第三节)而非目前现实;该趋势产生的原因主要在于账面计量适用范围的消失趋势(第五章第二节)。

② 如果会计报表均符合《会计法》真实性要求,调整便是对真实性的背离而变得虚假了。因此,笔者认为合并报表编制可以有会计期间的调整,但不需要会计政策的调整。进一步,调整是母公司优先的反映,而不调整是“公平理论”的体现。

价差应当 100％反映。由于不同主体有着各自的账面价值,使得控股股东长期股权投资与子公司所有者权益两个账面价值不一定相等,对于该差额准确地表述就是"合并价差"——控股合并中支付对价与所获得的控股权两者账面价值通常不相等。因为,采用账面价值而非市场价格,所以该价格差并非商誉但又可能包含商誉。对此,借用《合并报表暂行规定》曾使用过的"合并价差"术语,是一个可行之策。

也许有人会质疑,合并价差是《合并报表暂行规定》所规范市场价格计量的"购买法"下合并报表的一个项目,而非账面价值法下合并报表所应有。账面价值计量时合并报表中不出现合并价差,在于主并方已将该"合并价差"提前反映在其个别报表的资本公积、调整留存收益中;[1]随后的合并报表抵销时,才不会出现"合并价差"。不过,这里讨论的是合并报表编制中的账面价值法,而非企业合并中"同一控制合并"的账面价值法。

按照公平理论逻辑,控股股东在其个别报表中所反映的控股权(长期股权投资)金额,应以其支付对价的账面价值而非所获控股权在被投资公司会计报表的账面价值来计量。按照自己的账面价值计量是主体平等前提下公平计量的体现,但因为支付对价与所获得控股权两个账面价值之间存在差额,因为包含在"长期股权投资"项目中,故而实质上为"投资价差"(尚未合并抵销,故隐藏在长期股权投资科目之下)。在编制合并报表时,长期股权投资与子公司所有者权益所享有份额合并抵销时,可能出现借贷金额之间的差额(合并价差)。对此,市场价格法下该差额被称为商誉(含负商誉)。[2]

虽然一个是合并报表,一个是企业合并,但会计处理中的问题依然存在。[3] 基于个别报表账面价值计量所编制的合并报表,最为明显的问题便是:其项目金额所对应时间点是多种多样的,除货币资金外的多数资产与年度合并资产负债表表头所表示的"12 月 31 日"不一致。这一计量属性时间特征的不统一,为账面价值法的困惑之一。

问题之二在于确认结果方面,表现为"合并价差"的出现。以账面价值理念,控股股东个别报表对长期股权投资的计量采用支付对价的账面价值,

---

① 财政部会计司:《企业会计准则第 2 号——长期股权投资》,北京:经济科学出版社,2014年,第 4 页。

② 负商誉计入利润表与正商誉作为资产的处理不一,根源在于内涵本质不清。本书后续会讨论。

③ 这里的公平是相关主体之间的相对公平,但困惑意味着技术方法中的缺陷。

该金额与所获得的控股权在其自己会计报表中的账面价值往往不相等。① 此时,两者差额隐藏在控股股东股权投资账面价值中,可以被称为"投资价差";在合并报表中,通过合并抵销而显化并表现为一个"合并价差"。应当说,账面价值法下出现了购买法才有的"合并价差",的确是一个困惑。

那么,账面价值法下"合并价差"内涵实质究竟是什么? 简单分析《合并报表暂行规定》便可知"合并价差"构成多样,"合并商誉"就在其中;不过,市价计量时存在商誉容易理解,而账面价值处理后的商誉便是一个困惑。可见,"账面价值法"问题,在技术方法上因为账面价值所致,而在理论逻辑上源于"账面价值"相对公平与"公平"理念广义价值之间的冲突。因此,基于理论分析具有些许合理性,但实务中难以推广。

(三) 市场价格会计处理方法

市价计量是指在编制完成的合并报表中,均按照市场价格计量其中的资产与负债,而不论个别报表是否采用市场价格计量。此合并报表编制方法,有些类似于 CAS No. 33 中"非同一控制下企业合并"合并报表编制的购买法。因为市场价格是市场公平交易的结果,因此这里的公平是广义的、基于社会公众中的绝对公平。

当合并报表从市场价格计量时,其会计处理有如下特点:(1)合并报表中,所有报表项目均以市场价格列报。此时,如果纳入合并范围的个别报表都已采用市场价格计量,则可以直接合并抵销;如果未采用市场价格计量,则可以先进行市场价格调整,然后再进行合并报表编制;(2)不涉内部交易损益的合并抵销。以非市场价格计量会计报表的合并抵销中,需要对内部交易中的"期末未实现损益"进行合并抵销。但采用市场价格计量后,则不再涉及此类合并抵销。因为,如果依然进行合并抵销以恢复内部交易前的账面价值,则结果与"市场价格计量"初衷相悖。进一步,如果纳入合并范围的个别报表已经采用市场价格计量,则合并抵销金额为零。因此,在合并范围内不同主体之间虽然发生了内部交易,但仅需要对内部交易进行抵销,而不涉及内部交易损益。因为,内部交易事项若不抵销虽然不影响所有者权益或净资产结果,但会影响资产总计与负债总计的合计金额,进而导致报表

---

① 其实,"同一控制企业合并"的控股股东也可能会存在差额。因为 2014 版 CAS No. 2 规定:"同一控制下的企业合并,合并方以支付现金、转让非现金资产或承担债务方式作为合并对价的,应当在合并日按照被合并方所有者权益在最终控制方合并财务报表中的账面价值的份额作为长期股权投资的初始投资成本。"该"最终控制方合并财务报表"限定,是考虑到该被并方可以是最终控制方之前以"非同一控制企业合并"而形成的。如此限定后,虽然在控股股东合并报表中存在"合并价差"(商誉),但在最终控制方合并报表中,这之前的合并报表结果一致,而没有差额。

分析数据失真;(3)不区分顺流与逆流交易。因为合并报表中需要采用市价计量,而市场价格的客观性使得不必区分内部交易方向;(4)商誉是全部会计主体的全部商誉。第一个"全部"是指不仅要反映子公司的购买商誉,而且要列示母公司自身的自创商誉;第二个"全部"是指不仅包括控股股东享有的商誉,而且包括少数股东的商誉。

上述基本规则与实体理论较为接近,但明显差异在于对控股股东(母公司)资产、负债的计量,不是实体理论的账面价值而是统一的市场价格。

若纳入合并范围个别会计报表依然账面价值计量,则市价计量所需要的调整体现在合并报表工作底稿中;而若个别报表已经市场价格计量,则该市场价格与账面价值的差额将存在于个别报表中。为此,个别报表中需要增加一个"持产价差"(holding price-gap)项目,以反映该价格变动。之所以称其为"持产价差",在于市场价格变动多存在于资产而非负债项目,①而且产生于"持有"期间而非"交易"时刻。为了充分揭示这一变化,需要按照"期初余额+本期增加-本期减少=期末余额"的恒等式而设置初始调整、持续调整与终止调整三个环节。

首先,在市场首次出现价格变化时进行初始调整,调整资产价格时同时确认"持产价差";其次,在后续的每一个会计期末均按照新的市场价格计算新的差额,进行持续调整;最后,当资产出售、捐赠或毁损时,则进行终止调整,同时将之前累计的调整金额与"持产价差"中的累计金额对冲。具体如表4-2所示。

表4-2　持产价格变动明细表

××年度　　　　　单位:元

项目	账面价值	期初金额		市价上升	市价下跌	期末余额	
		市价	差额			市价	差额
资产							
负债							
合计							

从表4-2可见,当资产不再符合要素定义而被移出资产负债表时,需

---

① 负债项目其市场价格会因为市场利率而变化,但对于债务人而言其偿债义务基于合同而约定,通常以名义利率而计算,因此其现金价格通常不变。

要将所确认的"持产价差"累计余额全部冲销,以便按照初始的"账面价值"结转到利润表之中。如此设计,在于价格变化并非实际交易不符合收入确认的"实现原则",同时,资产负债的价格变动又会导致净资产余额的变动。因此,作为所有者权益项下的"持产价差"较为合适。除非资产具有永久的使用期限,否则都会有价值耗尽而转入利润表的时刻;此时则因为符合收入确认原则而计入利润表,同时为了准确计算净利润故而对其"持产价差"冲销,以便以初始原来账面价值转入利润表配比出真实的利润。其实,如此设计还可以避免"商誉"问题中因为"现金产出单元的可收回金额超过其账面价值的部分"即所谓"净空高度"(Headroom)而导致的"商誉减值损失的确认低估或者延后"。①

二、市场价格计量概念

对比两种方法,给人以"市场价格计量"似乎优于"账面价值计量"的感觉。而在其他规范中,也在支持着这一感觉。如,针对国有企业资产,《企业国有资产法》第 47 条规定国有企业存在"合并、分立、改制,转让重大财产,以非货币财产对外投资,清算或者有法律、行政法规以及企业章程规定"等情形时,都"应当按照规定对有关资产进行评估"。其目的在于平等对待并保护各类投资主体,因为"评估"是"为了估计在计量日当前市场条件下,市场参与者在有序交易中出售一项资产或者转移一项负债的价格",②以便通过基准日公平允当的市场价格,来反映并保护相关方的利益。

(一) 市场价格计量的合理性

对市场交易结果采用市场价格计量,不仅是人们的生活习惯,而且也是法律影响的反映。根据会计学家黄世忠等研究发现,"公允价值会计的雏形可追溯至 1807 年的拿破仑商法。为了保护债权人的利益,该法要求企业编制年度资产和负债清单,且资产必须按清单编制日的价值计价,具有资产重估的显著特点。该法被欧洲国家广泛借鉴,'原生态'的公允价值会计得以在其他欧洲国家的公司立法和商业实践中推广"。③ 这里"原生态"的表述,揭示了市场价格计量的自发性与客观性。这一结论也被 SEC 的研究报告

---

① 陆建桥、王文慧:《国际财务报告准则研究最新动态与重点关注问题》,《会计研究》2018 年第 1 期,第 89—94 页。

② 财政部会计司:《企业会计准则第 39 号——公允价值计量》,北京:中国财政经济出版社,2014 年,第 8 页。

③ 黄世忠、王肖健:《公允价值会计的历史沿革及其推动因素》,《财会月刊》2019 年第 2 期,第 3—11 页。

所认同,"有证据表明,大萧条前的 20 世纪早期,对资产使用'现行价值'或'评估价值'进行计量,且资产重估增值的记录相当普遍。在此期间,资产负债表往往包含了长期资产的评估增值。例如,在对 1925 年到 1934 年间的 208 家大型工业企业的调查发现,75% 的样本企业在此期间记录了资产重估的增值或减值"。①

在法学体系中,法律关系不仅是一个基本概念,且是"进行法律思考和分析的重要工具"。② 在法律概念中,民事法律关系构成要素限于三项:(1)法律关系主体;(2)法律关系内容;(3)法律关系客体。③ 如果要公平反映资产负债表中的法律关系,就涉及主体、客体与内容(权利义务)。其中,权利义务内容具化为会计报表项目,权利反映为资产、义务因权利人不同而分为负债(债权人权利)和所有者权益(股东权利)。因此,采用"资产＝负债＋所有者权益"这一表达且列报形式,表明已经平等对待了权利与义务,同时平等对待了债权人与股权人。但是,是否公平,则需要通过具体金额来反映。而如何如实反映各个报表项目中的经济利益金额,其计量属性唯有会计期末的市场价格。因为市场价格是市场公平交易的结果,是资产负债表日的可以被核查的价值计量数据。

在会计理论中,市场价格源自对"资产负债观"(asset-liability view)的落实。其权威性表述来自 FASB 于 1980 年的"财务会计概念公告"第 3 辑《企业财务报表的各种要素》中。于是,会计要素界定与计量再次进入了"资产负债观"主导的时代。④

对此,SEC 给予充分肯定:"资产负债观为经济实质提供了最有力的概念描述,从而成为准则制定过程中最合适的基础。"SEC 认为,"使用纯公允价值会计模型,资产负债表将成为公司向股东传递公司现行价值信息的主要工具。……在纯公允价值方法中,收益代表'经济收益',反映了当前财务状况表中价值的变化。应用纯公允价值会计模型面临的挑战是如何获取资产负债表项目的现行价格,包括多种估计和判断问题,特别是针对市场不存在或预期不会出售的长期资产"。相反,"在纯历史成本会计模式下,收益表将是向股东传递'已实现'收益信息的主要工具。收益不能代表股东的'经济收益',而是通过从供应商购买投入品、根据公司业务模式将其进行转化

---

① 美国证券交易委员会:《市值会计研究——遵照〈2008 年紧急经济稳定法〉第 133 节的报告和建议》,财政部会计准则委员会组织翻译,北京:中国财政经济出版社,2009 年,第 33 页。
② 张文显:《法理学》,北京:高等教育出版社,北京大学出版社,2018 年,第 151 页。
③ 王利明、杨立新、王轶、程啸:《民法学》,北京:法律出版社,2017 年,第 38 页。
④ 葛家澍、刘峰:《会计理论》,北京:中国财政经济出版社,2003 年,第 18 页。

再将产品销售给顾客而增加的价值。……资产负债表不一定是对价值的陈述，而是收入（已实现）和费用过程相配比的副产品。纯历史成本会计体系下估值所遇到的实施困难主要围绕合适的配比、预测以及对要求收益率的预计等问题"。①

（二）市场价格与公允价值关系

本书的"市场价格"（market price）就是"公允价值"（fair value）。虽然一个表述为实际交易的"价格"结果，一个采用商品凝结一般劳动的"价值"概念，一个客观可核一个理论抽象，但因两者均来自"公平交易"的价格而实质相同。2006 年颁布的首份《企业会计准则——基本准则》中，公允价值是指"资产和负债按照在公平交易中，熟悉情况的交易双方自愿进行资产交换或者债务清偿的金额计量"。可见，"公允价值"来自"公平交易"，其交易结果便是"市场价格"。我国在 2006 年企业会计准则体系初步建立之后，所颁布的首份具体会计准则 CAS No. 39 便是对"市场价格计量"的响应。在其对制定背景的介绍中，财政部会计司明确指出，"公允价值在真实反映交易实质、及时提供价值信息、揭示相关风险等方面显现出重要作用，因而在财务报告中得到广泛应用"。②

虽然"公允价值计量"有赖于"估值技术"，原因在于并非所有的资产负债在资产负债表日都有各自的市场价格。因此，采用市场价格计量时离不开"估值技术"（valuation techniques），这与 CAS No. 39 的规定一致。因为公允价值计量有着"层次"的差别，除了第一层次因为有着"相同资产或负债在活跃市场上未经调整的报价"而不需要调整之外，第二层次"相关资产或负债直接或间接可观察的输入值"、第三层次"相关资产或负债的不可观察输入值"均涉及调整。③ 之所以使用估值技术，目的是准确地计量出合理的市场价格。因此，笔者所称的"市场价格"与"公允价值"本质上一致。

之所以不采用"公允价值"的表述，在于"公允"的价值判断含义。"公允"有"公平恰当"④的主观性判断含义，而何为"公平恰当"，如今的表述是

---

① 美国证券交易委员会：《市值会计研究——遵照〈2008 年紧急经济稳定法〉第 133 节的报告和建议》，财政部会计准则委员会组织翻译，北京：中国财政经济出版社，2009 年，第 25、162 页。
② 财政部会计司：《企业会计准则第 39 号——公允价值计量》，北京：中国财政经济出版社，2014 年，第 109 页。
③ 财政部会计司：《企业会计准则第 39 号——公允价值计量》，北京：中国财政经济出版社，2014 年，第 10—11 页。
④ 中国社会科学院语言研究所词典编辑室：《现代汉语词典》，北京：商务印书馆，2016 年，第 453 页。

"有序交易"。① 但是,何为"有序"、是否"有序"便意味着"公平",多为价值判断。而在生活常识中,"价值"(value)是指"体现在商品里的社会必要劳动","价格"(price)是指"商品价值的货币表现"。② 因此,价值较为抽象而价格较为具体,一个是价值判断一个是事实结果,但基于两者实质与形式的辩证关系,笔者认同两者是一回事。

在协调平等当事人的民法领域,其逻辑方式在于个体交易之间诸如"公平""等价"和"有偿"的原则性要求的体现。③ 该原则落实到合并报表编制中便是公平理论、公平观,而对该观点会计落实需要市场价格计量,对此会计处理方法从计量属性特征概括之后可以称其为"市价计量观"。不过,从合并报表编制来讲,企业合并的会计处理是其前提,有赖于企业合并会计对"市场价格计量"的采用。为此,下一章将探讨企业合并会计。

(三)"市价计量"与"新起点会计"差异

基于市场价格计量属性所编制的合并会计报表,肯定会受到是否为"新起点会计"(fresh start accounting)的质疑。"新起点会计"又被称为"新实体法"(new-entity method),前者强调会计的起点为新起点,后者明确了新起点源于新的会计实体。

应当说,受到质疑是因为两者在特定时点具有结果相同——合并日的合并会计报表。因为两种方法下合并日资产负债均以购买日市场价格计量,故而所编制的会计报表结果自然一致。但是,在合并日后两者便有着显著差异。新起点会计,在合并日后不再要求采用市场价格计量;相反,"公平理论"下的市场价格计量则是持续性的——任何时候都需要以市场价格计量资产与负债。因此,该会计处理方法又被称为"持续的市场价格计量"。

根据会计学家黄世忠教授的介绍,新起点会计方法出自 IASC 于 1978年针对企业合并、商誉会计问题所组建的指导委员会所提出的三种方法之一。该委员会针对企业合并提出了购买法、权益结合法与新实体法三种备选会计方法,并认为新实体法有悖于历史成本原则,但从理论上可以将其作为备选方法。④ 同时,FASB 在 1991 年的"讨论备忘录"中也提到了"新基础

---

① 财政部会计司:《企业会计准则第 39 号——公允价值计量》,北京:中国财政经济出版社,2014 年,第 5 页。
② 中国社会科学院语言研究所词典编辑室:《现代汉语词典》,北京:商务印书馆,2016 年,第 628、629 页。
③ 郑彧:《民法逻辑、商法思维与法律适用》,《法学评论》2018 年第 4 期,第 82—93 页。
④ 黄世忠:《企业合并会计研究报告》,财政部会计准则编委会编,《企业合并与合并会计报表》,大连:大连出版社,2005 年,第 77—86 页。

(实体)会计",并将其会计处理方法称为"新起点会计"。但 FASB 对"新起点会计"的使用仅限于对破产重组事项的处理,并通过"Statement of Opinion (SOP) 90 - 7'Financial Reporting by Entities in Reorganization under Bankruptcy Code'"规定自 1991 年 1 月 1 日起采用。FASB 认为,"如果对净资产的控制从原来的由某企业单方面控制到由这个企业及其他一个或多个企业联合或共同控制,那么在联合控制的实体的财务报表中则应使用一个新的会计方法确认净资产"。实务中,AICPA 还设定了两个条件:其一,重整后公司前资产扣除负债之后的净资产价值,要小于重整之后发生的负债和延续的债权的金额;其二,重整前的股权人在重整后的股权占比小于50%,即原有控股股东必须丧失控制权(以确保为新的实体)。[①] 可见,不论最初提出的 IASC 还是后来的 FASB 虽然相关会计准则在不断修订,合并会计方法仅保留了购买法,取消了权益结合法,但依然没有采用"新实体法",说明其在企业合并中普遍性应用条件尚不成熟。

分析可见,新起点会计主要适用于新设合并而非控股合并及其合并报表编制,因为这类合并"没有一个合并主体能够作为一个独立的报告主体继续存在"。[②] 看起来仅仅是适用范围的差异,但根本在于观念差异,新起点会计因合并而产生的"新实体"而采用,为此需要反映该"新起点"(合并日)的市场价值。而"公平理论"下的"市场价格计量"目的在于"公平计量",为此需要持续而非特定时点采用公平交易下的市场价格。

三、市价计量的大趋势

(一) 市价计量的现实困难

作为一种计量属性,市场价格计量应当从个别报表应用开始;因为只有市场价格计量,才能够客观反映出真实的财务状况。此时,合并报表编制工作量将大大降低。对此,会计学家黄世忠教授早在 1997 年便预测:"公允价值计量模式极有可能在下一个世纪的上半叶成为主流,历史成本计量模式将逐步退出会计的历史舞台。"[③]笔者也坚信这一点,如今的上半叶尚未过半,而信息化应用已经如火如荼,暂时的困难会逐步得以化解。

其实,早在 20 世纪初,美国便已经开始使用公允价值计量;但是,随后

---

① 陈信元、钱逢胜、曾庆生:《高级财务会计》,上海:上海财经大学出版社,2018 年,第 532 页。
② 国际会计准则理事会:《国际财务报告准则.2015.A 部分》,中国会计准则委员会组织翻译,北京:中国财政经济出版社,2015 年,第 223 页。
③ 黄世忠:《公允价值会计:面向 21 世纪的计量模式》,《会计研究》1997 年第 12 期,第 1—4 页。

就被迫放弃。因为"在大萧条之后，人们普遍倾向更'谨慎'的会计。这包括放弃使用'现行价值'或'评估价值'计量长期资产。放弃使用'现行价值'会计并转而使用历史成本会计计量长期资产的做法，得到了罗伯特·E. 希利（SEC 首任首席会计师）的大力支持"。不过，金融工具的创新与发展使得"历史成本模式会计并不是最适合处理金融衍生工具发展所带来的问题。这些工具往往涉及很少或者根本没有初始投资，但由于其具有杠杆作用，其后价值的变化可能是巨大的"。于是，"SAFS No. 133 要求所有的衍生产品在资产负债表上都以公允价值计量，除了符合特殊会计处理条件的衍生工具外，衍生工具公允价值的变动应计入收益"。① 但是，2008 年爆发于美国的金融危机，使得公允价值计量所带来的"顺周期效应"（procyclicality）备受责难，从而严重影响到市场价格计量的应用。②

为此，提倡公允价值计量的 SEC 进行了大量案例调查，结果发现："公允价值会计似乎没有在 2008 年发生的银行倒闭过程中扮演主要作用。事实上，美国众多银行的倒闭是对资产质量担忧而造成的信用损失增加，以及在一些情况下借贷者和投资者信心削弱的结果。"相反，"投资者一直支持公允价值计量，因为它提供了一项有关投资的最透明的财务报告，因此有利于投资决策的制定和企业间资源的优化配置"。而在 SEC 访谈调查中，参与者建议"应加强与公允价值估值相关的信息披露，以包含更多关于所使用的方法、重要假设即这些假设的敏感度的相关信息"。与此同时，特许金融分析师协会（CFA Institute）调查发现，"79％的被调查民众反对暂停使用公允价值计量，并且有 85％的人相信暂停使用公允价值计量会降低投资者对银行系统的信心"。而国际公司治理网络认为，"SAFS No. 157 及其他会计准则推动力透明度的提高及信息披露的改善，这确保了现有及潜在投资者、股东、债权人、管理者和其他使用者能以最准确的信息作出投资、贷款和资源配置的相关决策"。③ 针对这一现象，会计学家黄世忠教授指出："公允价值会计从次贷危机和全球性金融危机中的激烈争论中存活下来，不仅没有被

---

① 美国证券交易委员会：《市值会计研究——遵照〈2008 年紧急经济稳定法〉第 133 节的报告和建议》，财政部会计准则委员会组织翻译，北京：中国财政经济出版社，2009 年，第 34—37 页。

② 黄世忠：《公允价值会计的顺周期效应及其应对策略》，《会计研究》2009 年第 11 期，第 23—29 页。

③ 美国证券交易委员会：《市值会计研究——遵照〈2008 年紧急经济稳定法〉第 133 节的报告和建议》，财政部会计准则委员会组织翻译，北京：中国财政经济出版社，2009 年，第 7—10、136、130—131 页。

取缔,反而有扩大运用的趋势,呈现出越来越旺盛的生命力。"①

当然,也有学者对公允价值计量有着强烈否定性看法。如,学者周华教授以普通股交易为例,指出"股票的最新市价,它所反映的仅仅是边际投资者或者说少数转让股权的投资者所形成的交易价格,并非就全部股权而言的股权价值。因此,股票的最新市价既不是价值,也不是公允的"。② 边际价格没有错,但问题是每一个交易价格都是特定交易的结果,绝大多数商品的交易价格都有动态性的特征。 为此,CAS No. 39 中对公允价值概念的认定,采用了"主要市场或最有利市场""有序交易"等限定性条件说明,以防止"关联方交易""被迫交易"等缺乏代表性的情况。③

(二) 市价计量的大趋势

对于公允价值计量的应用困难,学者谢诗芬教授等指出:"公允价值的产生发展有深刻的历史背景和深厚的理论基础,体现了会计发展的历史规律,不以人的意志为转移……公允价值会计仍然是财务会计未来发展的大方向。"因为历史车轮不可能倒退,"即使不用市值计价,也不可能完全回到历史成本会计模式"。④ 该论述不仅是学者观点,也是会计准则制定部门的看法。论及 CAS No. 39 的制定背景,财政部会计司指出:"随着经济业务的不断发展和创新,以及财务报表使用者对财务信息相关性、及时性需求的日益增强,公允价值在真实反映交易实质、及时提供价值信息、揭示相关风险等显现出重要作用,因而在财务报告中得到广泛应用。"⑤换句话说,就是个别会计报表将会是公允价值计量模式,而基于这样的大趋势,合并会计方法必然统一于市场价格计量。

对公允价值计量的未来,会计学家黄世忠教授早在 1997 年便指出:"公允价值会计信息由于其高度的相关性,越来越受到投资者和债权人的青睐。公允价值会计在 90 年代得到了长足发展,其运用领域已经由金融工具扩展至其他领域,大有取代历史成本计量模式之势。"实务中,"问题的关键在于如何解决公允价值会计信息的可靠性和公允价值会计方法的可操作性。笔

① 黄世忠:《中流自在行:我的会计学术之路》,北京:中国财政经济出版社,2020 年,第 75 页。
② 周华:《金融工具:法律、金融和会计整合视角》,北京:中国人民大学出版社,2019 年,第 89 页。
③ 财政部会计司:《企业会计准则第 39 号——公允价值计量》,北京:中国财政经济出版社,2014 年,第 33—43 页。
④ 谢诗芬、戴子礼、廖雅琴:《FASB 和 IASB 有关〈公允价值计量〉会计准则研究的最新动态述评》,《当代财经》2010 年第 5 期,第 107—116 页。
⑤ 财政部会计司:《企业会计准则第 39 号——公允价值计量》,北京:中国财政经济出版社,2014 年,第 109 页。

者认为,随着电脑技术突飞猛进的发展,随着理财学对金融工具计量模型研究的日臻完善,会计界完全有能力解决公允价值会计的这两个关键问题".[①] 而时代发展到目前,公允价值计量中的可靠性与可操作性已经获得很好的解决。尤其是在数字化经济的现在,"信息技术突飞猛进,公允价值会计的推广运用事半功倍":"一是信息技术的发展和互联网的普及不仅极大地提高了财务报告编制者和使用者获取公允价值信息的便利性,而且大幅降低了公允价值的信息处理成本和信息获取成本,使公允价值会计愈发符合成本效益原则。二是信息技术极大地提高了估值模型的准确性和可靠性,有力地回击了历史成本会计捍卫者提出的公允价值会计信息不可靠、不可信的观点,坚定了 SEC 和 FASB 推广运用公允价值会计的信心。"因此,"历经金融危机和行政干预洗礼的公允价值会计必将日臻完善,在 21 世纪成为主要的计量模式".[②]

第四节　本章小结

本章是基于法学理论对合并报表理论问题研究的第三章,主要论证了合并报表编制的"公平理论"。之所以会提出该理论,在于现行合并报表编制理论中的两个不公平对待——母公司与子公司之间、控股股东与非控股股东之间。其中,母公司总是采用账面价值计量,而子公司则需要按照母公司视角的公允价值反映;商誉仅反映控股股东商誉,而不反映非控股股东商誉。其次,基于对民商法中的"平等原则""公平原则"理论与规则的移植,提出了合并报表编制的"公平理论",并梳理了公平理论应有的技术规则。最后,基于内部公平与外部公平两种表现形式,提出了公平理论的两种可能处理方法——市场价格计量方法、账面价值计量方法。比较两种合并报表处理方法后,市场价格计量虽然有着现实应用的暂时性困难,但是未来会计将是统一的市场价格计量会计。这一处理方法,不仅可以应用于合并报表编制,而且应当成为个别报表的处理方法,从而开始"市场价格计量"会计处理方法具体应用的研究,引出下一章"合并会计方法"的研究。

---

①　黄世忠:《公允价值会计:面向 21 世纪的计量模式》,《会计研究》1997 年第 12 期,第 1—4 页。

②　黄世忠、王肖健:《公允价值会计的历史沿革及其推动因素》,《财会月刊》2019 年第 2 期,第 3—11 页。

第五章　合并会计市价法论证

控股合并是合并报表编制的前提,对合并性质不同认定决定着合并会计方法选择与合并报表的编制。实务中,合并会计方法有购买法与权益结合法,且均有着各自的法理解释;不过,基于股权交易法律实质,合并会计方法终将统一于市价计量法。

第一节　购买法的法理与问题

合并会计方法中,购买法自然而生且依然在用。之所以能持续至今,是因其建立在"公平等价有偿"市场交易规则基础之上,有着法学理论的支撑。

一、购买法会计处理规则

"购买法"(purchase method)又被称为"购售法",认为"控股合并"[①]系一项控股股权的市场购买行为。在市场交易中,"公平等价有偿"是其基本原则;但由于信息不对称、会计确认与计量方面的不完善,从而导致购买方在获得控股股权的交易过程中会出现两类差额。而针对这两类差额,现行的会计准则规定了不同的会计处理方法。

第一类差额,系控股股东(购买方)所支付"对价"(consideration)[②]自身市场价格与账面价值之间的差额。对所获得长期股权投资,CAS No. 20 第11条规定应按"付出的资产、发生或承担的负债以及发行的权益性证券的公允价值"计量,而该"公允价值"与其原来"账面价值"之间差额应分不同情

[①]　会计理论中企业合并虽有吸收合并、新设合并、控股合并的分类,但仅控股合并涉及合并报表,故在表述中多采用之,并不意味着相关理论仅针对控股合并而提出。

[②]　英美法系概念,指当事人一方在获得某种利益时必须给付对方对等的代价。参见,刘承韪:《英美法对价原则研究:解读英美合同法王国中的"理论规则之王"》,北京:法律出版社,2006年,第228页。

况处理:发行股份作为支付对价所产生的差额,计入"资本公积—资本溢价"项目;采用"付出资产、发生或承担的负债"等非发行股份方式作为支付对价的差额,则计入控股股东个别报表的当期损益。

第二类差额,所获控股权(长期股权投资)合并成本与所获控股权所享有的被投资公司(子公司)可辨认净资产公允价值间的差额,也分情况处理。如果合并成本大于"合并中取得的被购买方可辨认净资产公允价值份额的差额"(即正商誉),则内含于控股股东个别报表的长期股权投资中而暂不处理(CAS No. 20 第 13 条),该差额会在长期股权投资与子公司所有者权益抵销中得以显化(CAS No. 33 第 30 条)。相反,如果"合并成本小于合并中取得的被购买方可辨认净资产公允价值份额的差额"(即负商誉),在复核无误后,计入控股股东个别会计报表的当期损益(CAS No. 20 第 13 条)。

在合并报表层面,购买法需要将子公司各项资产、负债按照购买日公允价值反映。为此,需要编制合并调整分录与抵销分录,通过母公司(控股股东)对子公司的长期股权投资与子公司所有者权益合并抵销,一方面消除工作底稿法中的账面价值,调整确认子公司资产负债公允价值与账面价值的差额,[①]同时列报少数股东权益;另一方面显化内含于长期股权投资中的正商誉,以获得合并抵销分录的借贷平衡。

上述会计处理中,控股股东发行股份时市场价格与账面价值的差额计入资本公积的资本溢价、其他支付对价的市场价格与账面价值从差额计入当期损益,正商誉个别报表暂不处理、负商誉计入控股股东个别报表的当期损益,进一步再结转至资产负债表的"留存收益"中。由于"留存收益"包括"盈余公积"与"未分配利润"两个项目,如何在两者之间分解?有教材将该金额分解为 10% 的盈余公积与 90% 的未分配利润,[②]当然也有教材将该差额全额计入未分配利润,[③]但教材均未指出如此处理的理由。

两类差额为何会有如此不同的会计处理,其背后原理在于市价计量与权责确认两大会计基础。在本书的前三章中,基于"权责确认基础"探讨了合并报表的理论问题,而从本章开始,将会以"权责确认基础"分析事件法律属性后,再辨析出其中较为合理的计量属性,从而开始"市价计量基础"的技术方法应用阶段。

---

① 此为第三类差额,但系合并报表层面而非控股股东个别报表层面的差额。
② 邵毅平:《高级财务会计》,北京:中国财政经济出版社,2017 年,第 60 页。
③ 陈信元、钱逢胜、曾庆生:《高级财务会计》,上海:上海财经大学出版社,2018 年,第 56 页。

二、会计处理的法律依据

（一）所有者权益项目的法律依据

就企业责任程度而言，如今多数市场主体为承担有限责任的公司；不过，承担有限责任的公司诞生于承担无限责任的独资、合伙企业。因此，为了在公司有限责任与债权人利益之间寻求平衡，维护交易安全与市场秩序，世界各国多以公司的"法定资本制"为基础，对公司资本提出了"资本三原则"（three principles of capital）。[①]

第一，"资本确定原则"（doctrine of capital determination）。该原则是对公司设立过程中的基础性要求，要求公司必须具备与其生产经营相适应的资金，否则公司不能成立。现实中，公司经营因为行业特点而存在差异，确定具体资本金额目的在于确保公司经营的顺利。从是否要求在公司设立时一次性认缴该确定性金额为标准，法律制度将其分为法定资本制和授权资本制。其中，"法定资本制"（legal capital system）是指在公司设立时，必须在公司章程中明确注册资本总额，并由发起人一次性全部认缴或募足的资本制度。而"授权资本制"（authorized capital system）下，虽然需要明确资本总额，但并不要求在设立时全部认缴或募足，而是可以根据经营需要在一定期限内分次认缴。

在我国，《公司法》第 25 条针对有限公司、第 81 条针对股份公司的资本进行明确且具体的说明。该原则在工商管理方面，直观地表现为公司"企业法人营业执照"中所载明的"注册资金"（《中华人民共和国市场主体登记管理条例》[②]第 4 条）；而在企业财务会计中，反映为有限公司的"实收资本"、股份公司的"股本"这两个会计科目。

第二，"资本维持原则"（doctrine of capital maintenance）。该原则要求公司在其经营过程中，应维持与其资本额相当的财产、确保公司的持续经营能力。该要求基于公司有限责任的性质与经济发展导致货币购买力下降的现实情况而提出，对公司而言目的在于维持其持续经营，对债权人而言在于维持公司的偿债能力。因此，公司股东不能将所有经营成果全部分配，而是要有所保留以维持公司的良性发展。为此，公司法律会对股东退股抽回股款限制，对公司回购、赎回股份以及接受自身股份质押限制，对公司担保、转

[①] 范健、王建文：《公司法》，北京：法律出版社，2018 年，第 242 页。

[②] 2021 年 4 月 14 日国务院第 131 次常务会议通过，自 2022 年 3 月 1 日起施行后取代《中华人民共和国企业法人登记管理条例》等"登记管理"规范。

投资、借款等行为限制，以及提取法定公积金、利润分配的强制性限制。①

为此，我国《公司法》首先对资本认缴进行规定，第 30 条规定"有限责任公司成立后，发现作为设立公司出资的非货币财产的实际价额显著低于公司章程所定价额的，应当由交付该出资的股东补足其差额；公司设立时的其他股东承担连带责任"；第 127 条规定"股票发行价格可以按票面金额，也可以超过票面金额，但不得低于票面金额"。对利润分配，第 166 条要求，"公司分配当年税后利润时，应当提取利润的 10％列入公司法定公积金"；第 168 条规定，公司的公积金仅能用于弥补亏损、扩大经营、增加资本这三项用途，以便维持公司持续经营、保护债权人利益。根据《公司法》的要求，会计设置了"盈余公积"科目，并根据计提来源，细分为"法定盈余公积"与"任意盈余公积"，以反映出依法计提以及股东会的意思自治，但两者均是对《公司法》资本维持原则的落实与会计反映。

第三，"资本不变原则"（doctrine of unchanging capital），是对前述两条原则在执行中的保障与落实。该原则要求公司注册资本非经法定程序不得变更，确保了"资本不变原则"的落实。进一步，在增加注册资本之前，要求公司应当履行相关的内部审批与工商登记等手续；而在减少注册资本之前，则要求公司应当获得债权人的认可。

对有限公司，《公司法》第 43 条规定："股东会会议作出修改公司章程、增加或者减少注册资本的决议，以及公司合并、分立、解散或者变更公司形式的决议，必须经代表三分之二以上表决权的股东通过。"对国有独资公司，《公司法》第 66 条规定："公司的合并、分立、解散、增加或者减少注册资本和发行公司债券，必须由国有资产监督管理机构决定；其中，重要的国有独资公司合并、分立、解散、申请破产的，应当由国有资产监督管理机构审核后，报本级人民政府批准。"之后，第 177 条还规定："公司需要减少注册资本时，必须编制资产负债表及财产清单。公司应当自作出减少注册资本决议之日起 10 日内通知债权人，并于 30 日内在报纸上公告。债权人自接到通知书之日起 30 日内，未接到通知书的自公告之日起 45 日内，有权要求公司清偿债务或者提供相应的担保。"因为该原则属于程序性规定，故而并不导致会计科目的增加。

基于形成原因的不同，"股东与公司之间的财产流转可区分为资本性交易与经营性交易两类。资本性交易又称权益性交易，是指股东基于出资人身份或股权属性而与公司进行的交易，包括出资或增资、利润分配、减资或

---

① 朱慈蕴：《公司法原论》，北京：清华大学出版社，2011 年，第 205—208 页。

回购下的资本返还、清算时的财产分配,等等。经营性交易指公司在日常经营活动中可能与股东之间发生的市场交易,如法人股东向公司采购原材料或者向公司销售自己生产的产品,银行股东向公司提供贷款,自然人股东受聘担任公司的高管或雇员,等等"。① 基于"资本三原则"的要求,会计的所有者权益项目被区分为法律规定项目与所有者任意项目。

法律规定与公司目标两个维度的双重约束,形成了所有者权益项目的四项基本构成。其中,股东投入基于"资本法定原则"而设置了"实收资本"或"股本"科目,以反映法律规定的限制性要求;将其他权益性行为结果以"资本公积"来反映,其明细包括《公司法》第 167 条所规定的股本溢价以及其他。而在经营性项目,基于"资本维持原则"设置了"盈余公积"科目,以依法维持企业持续经营能力、保护债权人利益;同时,设置了"未分配利润"科目,以反映不受限定的经营成果,可用于管理层不特定决策的需要。

公司经营是遵纪守法前提下实现目标的过程,这使得法学理论成为财务会计的重要基础。② 遵纪守法与管理需要这两方面要求构成了财务会计科目的设置原则,形成了所有者权益项目的基本构成。但是,公司资本制也处于不断发展中,法定资本制能够有效维护交易安全并保护债权人利益,故而在我国 1993 年的首部《公司法》中得以采用。

但是,严格的法定资本认缴要求影响了公司的快速成立,导致资本闲置与低效占用。因此,诞生了"授权资本制"——在公司设立时,仅需要将公司资本总额记载于公司章程,不必将资本总额全部认缴,而是在公司成立后由董事会决定或股东一次或股东分次认缴的公司资本制度。不过,对公司资本过度放任必然会带来新的风险——公司的随意设立与债权人利益保护的风险。为此,诞生了"折中资本制"(eclectic capital system),③即公司设立时应当明确记载其资本总额,而股东仅需认缴其中一部分公司即可成立;不过,股东首次认缴的资本不得低于资本总额的一定比例。在各国公司法律实践中,还诞生了"折中的法定资本制""折中的授权资本制""认缴制"等多种形式。在我国,2005 年《公司法》确立了"分期缴纳制"、2013 年《公司法》确立了"认缴制",均系根据国情选择的折中结果。④ 上述这些变化使得法定

---

① 刘燕:《"对赌协议"的裁判路径及政策选择——基于 PE/VC 与公司对赌场景的分析》,《法学研究》2020 年第 2 期,第 128—148 页。

② 郭道扬:《会计史研究:历史·现时·未来(第 3 卷)》,北京:中国财政经济出版社,2008 年,第 499 页。

③ 当然,也有学者对不同资本制度关系有不同看法。参见,刘燕:《公司法资本制度改革的逻辑与路径——基于商业实践视角的观察》,《法学研究》2014 年第 5 期,第 32—56 页。

④ 范健、王建文:《公司法》,北京:法律出版社,2018 年,第 238—242 页。

资本制不再成为《公司法》的唯一。[①]

与此同时,随着经济环境的复杂化与企业管理的精细化,我国会计中又增加了专项储备、一般风险准备、其他综合收益等有专门用途的所有者权益项下的诸多项目。其中,"专项储备"是依《企业会计准则解释第 3 号》(财会〔2009〕8 号)而设置,用以反映高危行业企业依规提取的安全生产费及维持简单再生产费用等具有类似性质的费用。[②] "一般风险准备"是依据《金融企业财务规则》(中华人民共和国财政部令第 42 号)从净利润中提取、用于弥补尚未识别的可能性损失的一类风险准备。[③] "其他综合收益"是根据《企业会计准则第 30 号——财务报表列报》(财会〔2014〕7 号,CAS No. 30)规定,将曾列示在"资本公积——其他资本公积"的部分内容单列而产生的一个所有者权益项目。[④]

不过,法律规范与管理需要的适应性变化,增加了所有者权益具体项目的构成,但并未改变"资本三原则"对会计科目设置的影响。以《公司法》为代表的民商法基本理念依然影响着会计行为,基于权责对经济利益的界定依然影响着会计处理。

(二)会计处理之法律依据

购买法将企业合并看作独立主体之间"公平等价有偿"的市场交易,而市场交易实质上是法治交易。因此,其会计处理是基于法律规定所进行的处理。

根据《公司法》以及《中华人民共和国企业法人登记管理条例》(根据 2019 年 3 月 2 日《国务院关于修改部分行政法规的决定》修正)中对《企业法人营业执照》要求明确注册资本、经营范围等内容的规定,经营范围依法被划分为主营范围、兼营范围。因此,会计处理便基于这一法律规定而进行收入类型与会计科目的划分。若交易系主营范围则计入主营业务收入,若交易系兼营范围则计入其他业务收入。除此之外的交易,则为营业外收入与支出。如,利用固定资产、无形资产交换控股权,该损益为营业外收入或支出。在控股权交易中,如果支付对价为控股股东的股权,则股权发行价格与账面价值差额应当基于"资本确定原则"要求而列为资本公积之资本溢价。

---

① 募集方式设立的股份公司、银行业金融机构、证券公司、保险公司、基金管理公司、期货公司、劳务派遣公司、小额贷款公司等领域,因不实行"资本认缴登记制"而依然适用。

② 财政部会计司:《企业会计准则解释第 3 号》,《中国注册会计师》2009 年第 8 期,第 12—14 页。

③ 财政部:《金融企业财务规则》,《司法业务文选》2007 年第 8 期,第 25—39 页。

④ 曹献雨:《其他综合收益:列报与改进——〈企业会计准则第 30 号——财务报表列报〉新变化》,《财会研究》2016 年第 2 期,第 28—31 页。

如果支付对价为股份之外的其他资产、负债,则应当根据"企业法人营业执照"中对营业范围的规定,分别计入不同的会计科目中——或为主营业务收入并结转主营业务成本,或为营业外收入或营业外支出。

上述分析仅针对第一类差额,而第二类差额也涉及对法律规定的遵守。若出现正商誉,则会在合并报表的合并抵销中得以反映;而若出现负商誉,CAS No.20第13条规定:"对取得的被购买方各项可辨认资产、负债及或有负债的公允价值以及合并成本的计量进行复核;经复核后合并成本仍小于合并中取得的被购买方可辨认净资产公允价值份额的,其差额应当计入当期损益。"在经过复核后,确认控股权交易中的确出现的利得,则应当将其作为交易收益,根据业务范围计入营业外收入。若以股权交易为营业范围的投资类公司而言,则根据营业执照的经营范围的归属,或计入主营业务收入或计入其他业务收入。

不过,由于控股合并日并非都是会计期末,故而不涉及完整合并会计报表的编制。但是,控股权的获得,必须在资产负债表中反映,以反映出控股日控股股东所控制经济资源的整体状况。由于控制仅从购买日开始而集团化进行尚未开始,故而仅有编制合并资产负债表的理由。不过由于"资产负债表不仅披露财务状况,还披露经营成果",[①]不论控股股东的个别资产负债表还是合并资产负债表,因为资产负债表的未分配利润来自利润表的期末未分配利润,因此资产负债表也能反映出财务状况与经营成果。不过,由于控股日并非一定是会计期末,故而对利润表数据需要模拟编制。

首先,模拟编制利润表,将当期损益归结到本期净利润;其次,模拟进行利润分配以编制资产负债表。由于不是以董事会、股东会决议而进行,故而只能依法模拟。对此,《公司法》第166条规定:"公司分配当年税后利润时,应当提取利润的10%列入公司法定公积金。公司法定公积金累计额为公司注册资本的50%以上的,可以不再提取。"因此,依《公司法》规定便是将当期损益的10%计入盈余公积,剩余的90%计入未分配利润。当然,如果法定公积金达到注册资本50%以上的,则可以将该金额全额计入未分配利润;也可以"经股东会或者股东大会决议",将剩余金额提取为"盈余公积——任意公积金"。不过,由于全额计入盈余公积或全额计入未分配利润,都有赖于公司机关的决议,因此,笔者认为,采用10%与90%分配的法定默认做法,虽不是唯一方法但更为合理。

[①] 谢志华、杨龙飞:《对资产负债表的再认识——基于资产负债表误读的视角》,《财会月刊》2020年第3期,第3—8页。

对两类差额的四种情况，除了正商誉之外，均解析了会计处理背后的法理依据。但是，就商誉会计处理而言，正商誉个别报表不反映而在合并报表中作为合并商誉来列示，负商誉不计入合并报表而是直接在个别报表的当期损益中列报。如此对同一事件（两个公允价值的差额）采用不同处理方法，预示着会计问题的存在。

三、会计处理问题与症结

企业合并会计方法中，购买法产生早于权益结合法，且为 FASB 目前认可的唯一处理方法。不过，购买法的会计处理并非完美无缺。对于企业合并中的购买法，会计学家黄世忠认为其至少存在如下问题：（1）利用公允价值的确认或者减值准备的计提，人为地低估被并方资产或者高估负债；（2）以未来的协同效应为借口，蓄意高估重组准备；（3）高估未实现的研发费用，蓄意低估合并商誉等。[①] 从过程上讲是公允价值计量问题，涉及各种情况的高估与低估；从结果上讲是两个公允价值之差额——商誉，而且商誉处理还有着正负商誉不同对待的不平等，既然正商誉计入资产那么负商誉就应当是负债。综合可见，购买法的会计处理主要在于公允价值计量与商誉两个问题。

商誉问题集中于两点，首先是内涵性质的认定，其次在于金额计算，而且都会落实到商誉初始计量与后续计量的会计方法中。目前，主流（会计准则）做法是采用合并成本与所购买可辨认净资产公允价值的差额法来计量商誉，随后进行定期减值测试。这一做法确定，来自 FASB 于 2001 年 6 月发布的 SFAS No. 141 和 SFAS No. 142。其中，前者确立了购买法为合并会计的唯一处理方法，后者将之前的商誉定期摊销变更为定期减值测试。[②] 两方面变化——禁用权益结合法的利润操纵、减值测试化解商誉摊销对利润的摊薄，实现了两种合并会计方法之间的微妙平衡，也完成了理论界与实务界呼吁的相互妥协。

但是，其实务应用中并非预想的顺利——其困难形式上表现为公允价值客观性，实质上表现为合并商誉。因此，商誉是合并报表具体项目的难点集中之所在，是财务会计的第一具体难题。[③] 同时，商誉也成为购买法下的

---

① 黄世忠：《企业合并会计研究报告》，财政部会计准则委员会编，《企业合并与合并会计报表》，大连：大连出版社，2005 年，第 178—179 页。

② 美国财务会计准则委员会：《美国财务会计准则 141—142 号：企业合并、商誉和其他无形资产》，李明、李海军译，北京：经济管理出版社，2005 年，第 1 页。

③ 合并会计报表、外币报表折算与物价变动会计，因为涉及会计报表故而为财务会计三大难题，而商誉仅为一个具体项目，故而是具体的难题。但是，却是会计大难题的连接点与枢纽。

利润操纵的主要媒介。对此,会计学家张为国教授分析,商誉单纯减值做法"存在明显的消极作用和负面影响,成为企业操纵财务数据的工具:企业平时少确认或推迟确认商誉减值;相反,当宏观环境变差、企业管理层变更、再次有重大重组或并购时,却大洗澡,确认巨额商誉减值,导致企业业绩、总资产和净资产骤降"。[①] 为了预防这一消极作用和负面影响,我国证监会会计部于2018年11月发布了《会计监管风险提示第8号——商誉减值》;[②]次年,我国证监会及各地证监局于2019年的惩处文件中,有涉及12个商誉减值测试评估项目存在以下问题:(1)商誉相关资产组辨识及核查验证问题;(2)评估方法及参数指标前后期一致性问题;(3)包含商誉资产组账面价值与预计现金流一致性问题;(4)预计未来现金流量评估依据核查验证问题;(5)预计未来现金流量现值模型计算错误问题;(6)预计未来现金流量预测依据不充分问题。[③] 作为回应,财政部监督监察局也于2019年3月发布了《关于进一步加强商誉减值监管的通知》(财监便〔2019〕23号),[④]通知在第二部分针对会计师事务所、第三部分针对资产评估机构均提出了需要注意的五方面事项。

而现实情况的确如此,深圳证券交易所创业板公司管理部的孙瑞泽统计发现:"2018年1月至2020年6月间,深市三个板块在577封年报问询函、225封关注函、70封许可类重组问询函、27封非许可类重组问询函中重点关注了商誉减值问题。而在2016、2017年间,涉及商誉减值问题的发函情况为133封年报问询函、20封关注函、147封许可类重组问询函和43封非许可类重组问询函。从数据上可以看出交易所在2018年后对商誉问题予以充分重视并大力加强了日常监管力度,对商誉存在较大问题的公司及时提请证监局关注、检查。随着监管力度的加强,部分监管难点、痛点也逐渐显现。"[⑤]进一步,根据学者李晶晶等统计发现:"2010年至2018年间,我国的并购交易总额由9745.68亿元上升至2.48万亿元,上市公司累计商誉金额也从991亿元快速增加到1.31万亿元,占相应上市公司净资产总额的

---

① 张为国、解学竟:《商誉会计准则:政治过程、改革争议与我们的评论》,《会计研究》2020年第12期,第3—17页。

② 毛群:《浅谈证监会〈会计监管风险提示第8号——商誉减值〉给评估行业带来的机遇与挑战》,《中国资产评估》2019年第1期,第24—25+54页。

③ 北京资产评估协会风险管理委员会风险研究报告2019年第二期:《商誉减值测试评估》。http://www.canet.com.cn/beijing/655411.html.

④ 王军辉、李文秀:《上市公司年报商誉减值测试评估监管案例分析》,《中国资产评估》2021年第2期,第20—25页。

⑤ 孙瑞泽:《深市公司商誉减值与监管应对分析》,《证券市场导报》2020年第11期,第49—56页。

比例最高达 5.22%。与此同时,2018 年上市公司共计提 1666.8 亿元的商誉减值,商誉减值的剧增及其不确定性引起了市场的广泛关注。"[1]

对于合并的商誉问题,会计学家曲晓辉教授指出:"按照中外会计惯例,自创商誉不能确认入账。"不过,企业合并"商誉的期末再计量,在目前的会计准则规范下,涉及是否以及如何确认商誉减值。这个领域,近年来异象丛生。我国部分上市公司在 2018 年报中进行商誉减值'洗大澡',就深刻地揭示了这个问题的严重性"。[2]

上述有关商誉的监管风险提示与学者分析,直接表明了商誉会计问题,而问题来源则在于合并会计方法。购买法对正负商誉的处理,存在逻辑不一致的问题:借差为正商誉,要求包含在股权投资初始计量中;贷差为利得,需要在个别报表初始计量时确认。此外,购买法在理论上还存在着主并方账面价值与被并方公允价值计量属性不一致的问题,进而导致合并会计报表中混乱的结果。所以,合并会计需要方法改进与计量属性的统一。

第二节　权益结合法的产生与存留

企业合并的两种会计方法虽非完美,但有着各自的适用范围。对此,会计学家黄世忠教授曾经设想"对于'共同控制'下的企业合并,采用权益结合法反映;而对于非'共同控制'下企业合并,采用购买法反映"。后来,这一设想"与财政部 2007 年发布实施的企业合并准则高度契合",其政策建议"在一定程度上得到采纳"。[3]

一、权益结合法的变迁

合并会计中,"权益结合法"(pooling of interest method)又被称为"股权结合法"。该方法认为企业合并并非市场交易而是所有者权益的整合,是通过股权交换而非资产交易来完成企业合并。因此,该方法要求会计基础、处理结果不变——参与合并各企业继续按其原账面价值记录资产负债,并保持共同的累计盈利结果不变。

---

① 李晶晶、关月琴、魏明海、谢素娟:《商誉、准则与制度:万亿商誉资产之谜》,《经济管理》2020年第 12 期,第 151—167 页。

② 曲晓辉:《股权投资会计问题研究》,《会计之友》2021 年第 6 期,第 2—8 页。

③ 黄世忠:《中流自在行:我的会计学术之路》,北京:中国财政经济出版社,2020 年,第 134页。

(一) 权益结合法产生

本书有关权益结合法会计规则变迁主要在前述(第一章第一节)"规范变迁"中介绍,这里不再赘述,而是简要介绍导致权益结合法实务应用的特定事件。笔者在梳理相关文献后发现,权益结合法的实务应用与推广,司法判决与法律规定有着决定性作用。

权益结合会计概念并非横空出世,而是萌芽于实务中对"盈余公积(earned surplus)"的处理上,即对合并前被合并公司累计留存收益能否体现在合并后的主并方的会计报表账上。不过,"权益结合"(pooling of interest)术语则源于 1945 年美国公用事业会计委员会发给 AICPA 的信中,用于定义两个或两个以上规模相似企业权益的合并(即所谓权益的结合)。[①] 而会计实务中的使用,则来自一项司法判例——尼亚加拉大瀑布电力公司的前身于 1918 年与另外一家公司通过股权投资新设了一家公益事业公司,并因此基于设立时的市场交易价格采用购买法对该企业合并进行了会计处理。为此,美国"联邦电力委员会"(Federal Power Commission, FPC)于 1943 年认为:按照公允价值合并处理会导致资产价值增加,提高公司收费基数,最终增加公司收入。[②] FPC 于 1943 年予以驳回,并指出:"合并后公司从经济实质来看与合并前公司相比并没有实质性变化。……为了保护消费者的利益,会计理论界反对公司资产账面价值的增加,并要求受管制的公司在合并财务报表中,保留合并企业资产的原始账面价值。"[③]但电力公司并不认可 FPC 的裁定,并将 FPC 告上法庭。[④] 该案件的主审法官勒尼德·汉德(Learned Hand)认为,虽然是企业为新设立的公用事业公司,但其设立方式为股东间的股权联合而非公平交易行为。因此,"相关资产不存在公允的交易价格,不符合重估价值的条件。如果存在公平交易,则企业应当采用购买法,将合并后的资产价值调整为公允价值"。[⑤]

除了上述司法判决的影响之外,购买法下合并商誉的会计处理以及所得税的处理,也促使了权益结合法的扩张性运用。在商誉会计方面,CAP

---

① Arthur R. Wyatt, "AICPA Accounting Research Study No. 5. A Critical Study of Accounting for Business Combinations", *The Accounting Review*, 1963,(1)230—232.

② 其实,只要收费基数不选择会计数据便不会导致该司法判决,并可能会影响权益结合法的实务应用。笔者认为,正是赋予会计数据过多的作用,才导致会计处理规则成为利益集团博弈的对象,进一步导致对"反映真实"的法定目标(见第七章第一节)的偏离。

③ 刘永杰:《权益结合法历史现状与中国的实际》,北京:北京交通大学硕士学位论文,2007年,第 4 页。

④ Niagara Falls Power Company v. Federal Power Commission, 137 F. 2d(787).

⑤ 托马斯·金:《会计简史》,周华、吴晶晶译,北京:中国人民大学出版社,2018 年,第 128 页。

于1944年发布的《会计研究公告第24号——无形资产的会计处理》中规定了两类无形资产,要求有确定使用年限的无形资产在该年限内摊销,无使用年限的无形资产提供了三种备选方法:作为资本性项目永远保留,在预计使用年限内摊销,立即冲销现有盈余、资本或利润。作为购买法下产生的商誉,属于无使用年限的无形资产,其摊销则会影响企业利润,该缺陷衬托出了权益结合法的优势。在税法方面,美国税法规定:"那些涉及股票交换的交易,可以不用确定所得税负债。被购买企业因此希望递延其溢价财产上的利得税,由此有动机索取股票而不是现金。处于此类免税交易中的买方,不能为纳税目的把公允价值超过账面价值的余额扣除,而且基于财务报告目的,也不愿意报告更高的、同样不能抵扣应税所得的摊销费用。"至此,在上述三方面因素的推动下,权益结合法在美国逐步发展起来。①

但是,权益结合法下主并方可将被并方合并日的当期净利润、累计留存收益反映在其个别报表的净利润、留存收益中,形成了会计数据上的"即时盈利"结果,而这一违反客观事实的会计结果从确立之日起便争议不断。如,1966年AAA的《会计基本理论说明书》(ASOBAT)就建议取消"权益结合法";再如,1967年学者亚杰伯拉罕·布里洛夫(Abraham Briloff)以《肮脏的权益结合法》为题详细阐述了其对会计报表使用者的误导。② 之后,虽然会计准则制定机构对权益结合法应用条件进行一系列的修改、补充甚至限制(见第一章第一节介绍),但最终还是难以避免地于2001年被FASB取消。

(二) 权益结合法在我国的演化

在我国,权益结合法主要运用于CAS No. 20所规范的"同一控制下的企业合并";虽然在该准则颁布的2006年,FASB与IASB均已取消了该方法。不过,当我们回顾会计规范历史后发现,较为有趣的是我国首份会计技术规范中并没有权益结合法。

财政部于1995年发布了我国第一份企业合并技术规范《合并报表暂行规定》(财会字〔1995〕11号)。该文件详细规范了合并范围的界定、合并会计报表的构成、合并报表的编制程序、权益法核算分录、境外子公司会计报表折算、四张主表的合并抵销内容(分录)、合并报表附注与合并报表格式。虽然该文件没有明确会计处理方法的名称,但其在合并资产负债表抵销中

---

① 刘永杰:《权益结合法历史现状与中国的实际》,北京:北京交通大学硕士学位论文,2007年,第5页。

② Abraham J. Briloff,"Dirty Pooling",*The Accounting Review*,1967,(July)489~496.

指出，"抵销时发生的合并价差，在合并资产负债表中以'合并价差'项目在长期投资项目中单独反映（贷方余额时以负数表示）"。因此，该文件所规定的合并会计方法是"购买法"。①

但是，实务中的企业合并并非依法采用购买法而是采用了权益结合法，系对合并会计方法的创造性应用，其代表是 1999 年 6 月上市公司清华同方以股权交换方式吸收合并了鲁颖电子的会计处理，而这次合并所采用的会计方法并非《合并报表暂行规定》所规定的购买法，而是尚未规范的权益结合法。对此，会计名家陈信元教授等从控制权与规模、合并的形式角度分析后，认为"案例采用了权益结合法"的会计处理是合理的。② 而在接着的 2004 年，第一百货股份有限公司以换股方式合并了华联商厦股份有限公司，同样采用了权益结合法，同样"得到了监管机构的批准。这意味着尽管财政部没有对换股合并业务另行规定，但权益结合法在上市公司换股合并的业务中得到了规范应用"。③

政府相关部门对此违规使用权益结合法的做法并未予以追究，在于当时股权交易市场尚未充分发育，不太容易获得购买法会计处理所需要的市场价格；而现实情况是，"我国的绝大多数企业合并和资产重组主要是在'共同控制'下的企业集团内的关联成员之间发生的，采用权益结合法既有其合乎逻辑的基础，亦可降低这类企业合并的交易成本"。④ 因此，即便是政府文件仅规范了购买法，实务中也在应用权益结合法进行处理。会计实务界这一对合并会计方法的创造性应用，直到 2006 年财政部发布 CAS No. 20 后而合法化。

这一结果，正是多位学者在财政部相关课题研究中的建议，他们认为"共同控制"（common control）企业合并中应采用"权益结合法"。如，时任全国人大常委会预算工作委员会副主任的冯淑萍的政策建议为，"共同控制下的企业合并应按其账面价值计量"；时任厦门国家会计学院副院长的黄世忠教授也认为，"对于共同控制下的企业合并，采用权益结合法"。因为，在当时我国的企业合并，绝大多数"是在'共同控制'下的企业集团内的关联成员之间发生的。采用权益结合法既有其合乎逻辑的基础，也可以降低企业

①　李若山、蒋卫平、陆颖丰：《企业合并"回整上市"模式下权益结合法的研究》，《研究与发展管理》2005 年第 2 期，第 105—112 页。

②　陈信元、董华：《企业合并的会计方法选择：一项案例研究》，《会计研究》2000 年第 2 期，第 16—25 页。

③　陈信元、钱逢胜、曾庆生：《高级财务会计》，上海：上海财经大学出版社，2018 年，第 8 页。

④　黄世忠、陈箭深、张象至、王肖健：《企业合并会计的经济后果分析——兼论我国会计准则体系中计量属性的整合》，《会计研究》2004 年第 8 期，第 30—39 页。

合并的交易成本"。① 在此期间发布的《企业会计准则第×号——企业合并
(征求意见稿)》中,不但界定了"同一控制下的企业合并"概念,而且明确了
按照原账面价值列报被并方的资产、负债等以及对比较项目视同在比较期
间已被合并一样等处理规则。

　　在 CAS No. 20 中,权益结合法被进行了权变处理——仅在合并报表层
面采用而不是在个别报表层面采用,因为其不再以"权益结合"而是以是否
存在非暂时的"最终控制方"为条件,故而实质上为"账面价值法"。其中,第
6 条规定:"合并方在企业合并中取得的资产和负债,应当按照合并日被合
并方的账面价值计量。合并方取得的净资产账面价值与支付的合并对价账
面价值(或发行股份面值总额)的差额,应当调整资本公积;资本公积不足冲
减的,调整留存收益。"此规定,可将本应在主并方个别报表中反映的被并方
累计留存收益金额,隐藏在主并方"资本公积"中。因为,原本的权益结合法
要求在主并方个别报表中体现,借方长期股权投资金额与支付对价、被并方
累计留存收益之差额为资本公积之平衡额,从而将被并方合并日前累计留
存收益在主并方个别报表中得以反映。② 而我国"同一控制下的企业合并"
的会计分录中,则将被并方累计留存收益中归属于控股股东的金额隐含在
资本公积中,直到合并抵销时才增加一笔恢复该累计留存收益的会计分录
(当然,也有不进行被并方合并日前累计留存收益恢复的处理)。③

　　在合并报表层面,CAS No. 33 第 32 条规定:"母公司在报告期内因同
一控制下企业合并增加的子公司以及业务,编制合并资产负债表时,应当调
整合并资产负债表的期初数,同时应当对比较报表的相关项目进行调整,视
同合并后的报告主体自最终控制方开始控制时点起一直存在。"④该调整合
并资产负债表期初数,实际上就是在合并报表层面对权益结合法下被并方
合并日前累计留存收益的恢复。当然,也需要在合并利润表、合并现金流量
表、合并所有者权益变动表层面反映合并日前的相应数据。

　　因此,权益结合法在我国准则中的体现有着中国化特征。其特征就是,

①　财政部会计准则委员会:《企业合并与合并会计报表》,大连:大连出版社,2005 年,第 48—
　　50、181—184 页。
②　详细分录介绍参见:陈信元、钱逢胜、曾庆生:《高级财务会计》,上海:上海财经大学出版社,
　　2018 年,第 23—26 页。
③　前者参见邵毅平:《高级财务会计》,北京:中国财政经济出版社,2017 年,第 49 页。后者参
　　见陈信元、钱逢胜、曾庆生:《高级财务会计》,上海:上海财经大学出版社,2019 年,第 60—
　　62 页。
④　财政部会计司:《企业会计准则第 33 号——合并财务报表》,北京:经济科学出版社,2014
　　年,第 12 页。

在个别报表采用了账面价值计量的属性选择,并将支付对价与所获得控股权两个账面价值之间的差额计入资本公积,而不反映被并方之前的累计留存收益;而合并报表层面全面采用了该方法,并将所"隐藏"的累计留存收益以主并方的资本溢价为限(防止红字)进行恢复。

时任财政部会计司司长的刘玉廷指出:"2005 年下半年,在基本准则和具体准则的征求意见稿完成之际,我们与国际会计准则理事会的多名理事和技术专家就中国会计准则与国际财务报告准则的趋同问题进行了数次全面深入的研讨,双方最终达成了共识。2005 年 11 月 8 日,中国财政部副部长、中国会计准则委员会秘书长王军与国际会计准则理事会主席戴维·泰迪爵士签署了联合声明,确认了中国会计准则与国际财务报告准则实现了实质性趋同。"其中,我国特有的"同一控制下的企业合并"的会计规范,"中国企业会计准则与国际财务报告准则相关规定不同但不构成差异"。[1]

由于我国对同一控制企业合并的会计规范,IASB 已经考虑将对此进行研究。如今,IASB 已于 2010 年 11 月 30 日发布了《同一控制下企业合并(Business Combinations under Common Control)(讨论稿)》,"就同一控制下企业合并的项目范围、购买法和账面价值法的适用范围和具体会计处理、披露要求等方面"的初步决议,向全球利益相关方征求意见。而 IASB 的这一举措,会计学家黄世忠教授等早就预见并指出,权益结合法将会在"受同一控制人控制的企业主体之间发生的股权或净资产转让行为"[2]中获得应用。只不过,IASB 的征求意见稿中提出了购买法和账面价值法两种方法,以供会计主体选择。[3]

二、会计处理的法理依据

权益结合法因为我国采用而重获新生,这不仅仅我国有其适用对象,而且在于其处理有着一定的合理性——实质重于形式会计原则的体现。因为同一控制下的企业合并是基于"最终控制方"主导下"权益整合"而非公平交易,故以其经济实质而采用权益结合法。其实,最终控制方决定下的"控股权交换",才是权益结合法的法理基础。只不过这种"控股权交换"是"最终

---

[1]　刘玉廷:《中国企业会计准则体系:架构、趋同与等效》,《会计研究》2007 年第 3 期,第 2—8 页。

[2]　黄世忠、陈箭深、张象至、王肖健:《企业合并会计的经济后果分析——兼论我国会计准则体系中计量属性的整合》,《会计研究》2004 年第 8 期,第 30—39 页。

[3]　会计准则委员会:《IASB 就同一控制下企业合并(讨论稿)征求意见》,https://www.casc.org.cn/2020/1203/211370.shtml。

控制方"决定下的,没有影响到其他投资者所持有的部分,故而会计处理应以"最终控制方"合并报表中的"账面价值"为基础进行。因为下属企业的合并报表结果,应当与其合并报表中的结果一致。

因此,其会计处理有着如下主要特征:其一,是账面价值计量;其二,控股合并时支付对价与所获得控股权两个账面价值之间差额,首先调整资本公积;其三,编制完整的比较会计报表,视同其在最终控制方开始控制之日便已经控股合并。

(1)账面价值计量的理由

根据 CAS No. 20 第 2 条规定,企业合并"是指将两个或者两个以上单独的企业合并形成一个报告主体的交易或事项"。[①] 其中,"交易"(transaction)是指相互独立两个平等民事主体之间"公平、等价、有偿"的买卖行为,所以其会计处理要用市场价格(公允价值)计量,其会计处理方法要采用"购买法"。而同一控制下的企业合并,合并前后都受到最终控制方的非暂时性控制,因相互间不独立而缺乏独立主体之间的公平交易基础,其经济实质属于最终控制方主导的"所有者权益结合"行为。既然如此,那么就应以最终控制方合并报表中的账面价值来反映。否则,若采用公允价值计量而将其与账面价值差额计入当期损益,那么就有可能因最终控制方主导的"权益整合"而产生"即时盈利",使得企业经营不需要辛苦劳作而仅通过公司集团内"权益整合"便可不断产生利润,此结果显然与市场交易的现实情况、与企业的客观财务状况相违背。

当然,这里的账面价值应当是"最终控制方"合并报表中的账面价值而不是被并方个别报表中的账面价值。如果采用后者,则在最终控制方合并报表中,两个不同的账面价值会导致财务状况的差异。为此,修订后的 CAS No. 2 第 5 条指出,主并方在合并日确定长期股权投资时应当"按照被合并方所有者权益在最终控制方合并财务报表中的账面价值的份额作为长期股权投资的初始投资成本"。[②] 如此处理,在最终控制方合并报表中,就不会产生不同账面价值差额所带来的困惑。不过,该修改也预示着该方法的缺陷。

(2)差额调整资本公积的理由

企业日常经营成果通过利润表来反映,是通过收入与成本费用的配比形成企业利润或为盈利或为亏损的结果;企业非日常经营的权益性行为,多

---

① 财政部:《企业会计准则:2020 年版》,上海:立信会计出版社,2020 年,第 119 页。

② 财政部会计司:《企业会计准则第 2 号——长期股权投资》,北京:经济科学出版社,2014 年,第 4 页。

为股东投资的资本行为,因不属于日常经营则不应列报在利润表中。因为起因不同,各类权益性行为多通过所有者权益变动表来反映,其中属于资本确定原则的部分计入"实收资本"或"股本"科目,而若股东的投资金额超过了所约定金额且不需偿还的则应计入"资本公积",系未限定用途的权益性行为部分的价值结果。同一控制下企业合并因属于在最终控制方主导之下的"权益重新整合",故其差额不属于"公司章程"所确定的股东投入,因而应当计入到反映权益性行为的"资本公积"项下。当主并方的"资本或股本溢价"贷方余额不够冲减时,CAS No. 2 第 5 条、CAS No. 33 第 32 条均规定应当调整留存收益;但"留存收益"是对盈余公积与未分配利润两个合并报表之和的称谓,其借记处理时两个项目间的具体顺序又是什么,相关"企业会计准则"正文中均未明确,仅 CAS No. 2 在其"应用指南"中有"依次冲减盈余公积和未分配利润"的表述,[①]但对该冲减顺序的理由却"只字不提"。

其实,答案依然在《公司法》规定中,在于所规定的会计科目不同用途中。首先,"资本公积金不得用于弥补公司的亏损"的禁令,使其不能出现红字;而"资本确定原则"又使得"资本溢价"不足时不能借记"实收资本",只能调整"留存收益"。如何确定留存收益两项目的冲减顺序,此时必须基于两项目法定用途了。其中,"未分配利润"确定性用途是按照"出资比例"(第34 条)或"持股比例"分配红利(第 165 条),除此之外未见法律规定条文。相反,《公司法》第 168 条规定了"盈余公积"法定用途为"用于弥补公司的亏损、扩大公司生产经营或者转为增加公司资本"。在这里,"弥补亏损"未限定经营性还是权益性,而对经营性亏损弥补多限于 5 年内未能用税前利润弥补的剩余部分。[②] 在所有者权益科目中,贷记意味着增加、借记意味着减少或"亏损"——权益性亏损。对同一控制下企业合并借记"资本公积"的权益性亏损,首选应当冲减具有"弥补亏损"法定用途的盈余公积,其余额不足时再冲减未限定用途的未分配利润。如此会计处理顺序,可称为"法定优先、任意其次"的"依法规则"。

(3) 合并日完整的比较会计报表

根据 CAS No. 33 第 32 条、第 38 条与第 43 条要求,主并方应当编制合并日比较的合并资产负债表、合并利润表与合并现金流量表,以反映其"自最

---

① 财政部会计司:《企业会计准则第 2 号——长期股权投资》,北京:经济科学出版社,2014年,第 29 页。

② 系从《中华人民共和国企业所得税法》第 18 条"企业纳税年度发生的亏损,准予向以后年度结转,用以后年度的所得弥补,但结转年限最长不得超过五年"中所演绎,而非《公司法》直接规定。

终控制方开始控制时点起一直存在"的财务状况、经营成果与现金流量。之所以会如此要求,是因为从最终控制方控制之日起,相关公司"权利义务"已实质性"混同",实质上形成了新报告主体。因此,在合并资产负债表中需要追溯反映子公司累计留存收益,在合并利润表中需要反映子公司当期净利润,在合并现金流量表中需要列示子公司的现金流量。而且,对合并日前所发生在合并范围内主体之间的交易与事项,也要按照合并日股权关系模拟抵销调整。

实务中,合并报表编制主流方法为"工作底稿法"。此时,首先要将主并方公司对被并方公司的长期股权投资与被并方所有者权益全额抵销,此抵销之后合并工作底稿中的合并所有者留存收益仅为主并方数据而缺少被并方的留存收益金额,从而会导致最终控制方的困惑。因为同一控制下企业合并仅仅是"权益的重新整合",该整合虽不应增加所有者权益之总额,但也不应减少其累计的经营成果。不过,该恢复性分录不得出现"资本公积"的红字,因此要以主并方的资本公积(资本溢价)为限。

上述从法律规定角度解析了权益结合法会计处理的依据,但是其采用了账面价值计量。因此,其会计处理仅仅遵循了权责确定基础,而忽视了市价计量基础。因为采用的是最终控制方合并报表中的账面价值,因此合并抵销中没有差额。

三、会计处理问题与消失

虽然我国对权益结合法有所调整,但依然难以抑制主并方在合并日后,利用会计处理中的疏漏来获得经营利润的"会计"而非经营提高。对此,学者张晗基于我国 A 股市场中 73 个样本的实证分析发现:"权益结合法并购后比并购前平均非正常报酬率有所提高,一部分原因可以从权益结合法在收益操纵方面的滥用加以解释。"[1]

(一) 权益结合法主要问题

其一,追溯调整的问题。根据 CAS No. 33 第 32 条明确规定,"母公司在报告期内因同一控制下企业合并增加的子公司以及业务,编制合并资产负债表时,应当调整合并资产负债表的期初数,同时应当对比较报表的相关项目进行调整,视同合并后的报告主体自最终控制方开始控制时点起一直存在"。如此规定,则会导致多次变动控股权后的困惑。假定 X 公司为集团内公司,其在年内的四个季度分别为 A、B、C、D 四个公司的子公司,则年末

---

① 张晗:《我国企业合并会计方法的经济后果——资本市场检验》,《西南大学学报(社会科学版)》2009 年第 2 期,第 115—122 页。

编制会计报表时,这四家公司合并资产负债表中均包含着该 X 公司的累计留存收益。而当这 A、B、C、D 公司合并至最终控制方时,X 公司的留存收益就会出现重复列报。也许,该困惑可以通过执行"站在企业集团角度对待特殊交易事项"的执行而得以化解;但是,该多次划转是否属于这里所欲指的"特殊交易事项"? 其实,既然合并前后都在最终控制方集团之内,那么就依然由之前的控股股东合并,不是更好? 一方面不会导致上述困惑,另一方面也符合该时点单一控股股东的客观现实。

如此仅考虑最终控制方而不考虑直接控股股东的做法,缺乏法理依据。其实,在《企业会计准则解释第 5 号(征求意见稿)》(财会便〔2011〕72 号)的第六个问题"在同一控制下的企业合并中,合并方应当如何编制合并财务报表?"中,指出"合并资产负债表中被合并方的各项资产、负债,应当按账面价值计量,被合并方在企业合并前实现的留存收益中归属于合并方的部分,不再由合并方的资本公积转入盈余公积和未分配利润"。[①] 当然,该征求意见稿针对合并利润表、合并现金流量表同时也给出了不再恢复的规定。这样的话,一方面符合因为持有股权才享有其经营收益的权责对等原则,另一方面也不会出现多次变更控股股东而带来的困惑。当然,该子公司累计留存收益并非就此消失,而是由其不同阶段的控股股东在其各自合并报表中分阶段反映,而在最终控制方合并报表中将是完整的累计留存收益的金额,不会因此而少记。

其二,非控股股东利益保护问题。

权益结合法的利润操纵既在于合并日"即时盈利",又在于合并日后的利润高估。当然,此结论基于两个前提:其一,会计主体通常都是盈利的。否则,合并日并入被并方累计经营亏损则会导致合并日的"即时亏损";第二,物价通常都是上涨的。合并日后,被并方按照市场价格销售配比合并日的账面价值后,从而导致销售利润的增加。而这两点,在购买法下通常不会出现。两种合并会计方法的经济后果差异,会计学家黄世忠教授分析了 2003 年 TCL 集团通过吸收合并而实现整体上市案例后指出:若按合并商誉 10 年摊销的购买法,则 TCL 集团 2003 年合并利润将由 57 057 万元降为 49 692 万元、股东权益由 226 388 万元增至 366 273 万元、净资产收益率将由 25.21%降为 13.57%,降幅高达 46.17%。[②]

---

① 吕静静:《对〈企业会计准则解释第 5 号〉(征求意见稿)的探讨》,《商业会计》2013 年第 2 期,第 14—16 页。

② 黄世忠:《企业合并会计研究报告》,财政部会计准则委员会编,《企业合并与合并会计报表》,大连:大连出版社,2005 年,第 171 页。

从两大会计基础来讲,权益结合法忽视了市场交易的计量基础。因为其按照账面价值处理,不符合独立法人之间的公平交易原则,进而不利于最终控制方之外的非控股股东利益的维护。比如,"贵州茅台"(全称:贵州茅台酒股份有限公司,A 股代码:600519),就因为对外捐赠而受到小股东的质疑——"年内替我们中小股东捐掉了 13.9 亿元巨款!相当于每股股票被捐掉 1 元钱。"[①]对于来自以小股东为代表的质疑,贵州茅台董事会于 2021 年 2 月 10 日针对 2020 年 10 月 26 日的四项捐赠议案决定终止执行。理论上,对外捐赠虽然能够提升公司的美誉度,但或多或少会直接减少小股东利益。将这里对小股东利益保护范围延伸后,采用非市场的账面价值计量控股权交易,也是忽视小股东利益的表现。因为在《中华人民共和国合同法》(1999 年 3 月 15 日第九届全国人民代表大会第二次会议通过,以下简称"《合同法》")中,第 52 条规定"损害国家、集体或者第三人利益"的合同为"无效合同"。而子公司中的小股东利益,相对于"最终控制方"而言便是企业合并股权买卖之外的"第三人",其利益依法应当受到保护。

这一事件的启发是,即使是控股股东(最终控制人)也不能忽视其他股东利益。因此,账面价值计量法应当仅适用于单一股东的企业合并之中——即仅有一个股东的集团内部。因为单一股东的企业合并,通常不具有市场交易实质,而更为重要的是不论处理结果如何都不会影响其他(因为根本就没有)股东的利益。

对此,《公司法》第 74 条规定在"公司合并、分立、转让主要财产"时,"对股东会该项决议投反对票的股东可以请求公司按照合理的价格收购其股权"。也就是说,非控股股东可以要求控股股东按照合理的价格收购其股权。其原理在于,一方面肯定了控股股东的经营权,另一方面也回应了非控股股东合理的经济利益诉求。

(二)理论上的适用范围

虽然,权益结合法存在着合并日"即时盈利"、合并日后"高估利润"的影响,但是,将其应用"同一控制下企业合并"的做法,还是获得了 IASB 的理解、认可与推广可能。IASB 针对"同一控制企业合并"会计处理方法,于2020 年 11 月发布了《国际财务报告准则讨论稿——同一控制下的企业合并》,就同一控制下的企业集团内部的企业合并会计处理方法开展公众意见

---

① 高明华、方志斌、胡锋:《贵州茅台捐资事件的企业社会责任视角分析》,《财会月刊》2021 年第 3 期,第 157—160 页。

咨询，并称其为"账面价值法"。① 但是，IASB 的征求意见稿中，也明确指出该方法主要适用于单一股东公司的企业合并中。其问题 2 指出"同一控制下的企业合并影响合并方非控股股东的，原则上应当采用购买法"，"账面价值法适用于所有其他的同一控制下的企业合并，包括所有全资公司之间发生的合并"。②

对于账面价值法的适用，IASB 分析道："如果合并方没有非控股股东（例如，当同一控制下的企业合并涉及全资子公司时），不仅参与合并的公司的最终控制权未发生变化，该合并中所转移经济资源的最终所有权份额也未发生变化。"③笔者对此表示认同，因为企业合并前后仅有一个股东，如何处理及其不同结果对所有股东都没有影响。

单一股东的公司，多被称为"一人公司"（one-man company）或"独资公司"（sole proprietorship）。在学理上，一人公司被分为形式上的一人公司与实质上的一人公司。前者是指形式上由单一股东出资设立的公司，后者则是形式上股东人数不止一人，但因为存在代位出资的情况而实质上股东仅有一人。根据股东身份不同，独资公司可分为国有独资公司、法人独资公司、自然人独资公司。④ 对此，《公司法》有着不同规定，在第二章的第三节规定了"一人有限责任公司"、第四节规定了"国有独资公司"。其中，"一人有限责任公司"是"只有一个自然人股东或者一个法人股东的有限责任公司"，且"一个自然人只能投资设立一个一人有限责任公司。该一人有限责任公司不能投资设立新的一人有限责任公司"。而国有独资公司，因为其实质上并非一人而不受此限制。

《公司法》的上述规定，实际上堵死了自然人成立单一股东构成企业集团、进而涉及合并报表编制的可能性。不过，夫妻作为财产共同所有的组合则有所不同；夫妻二人可以设立由两个自然人投资的有限责任公司，进而再通过公司法人投资而设立"一人有限责任公司"，从而形成单一股东构成的企业集团，进而对其中的控股合并采用权益结合法。但是，应当防止"一人有限责任公司的股东不能证明公司财产独立于股东自己的财产的，应当对公司债务承担连带责任"（《公司法》第 63 条）所带来的问题。而对"国家单独出资、由国务院或者地方人民政府授权本级人民政府国有资产监督管理机构履行出

---

① IASB, IFRS Standards Discussion Paper Business Combinations under Common Control. 30 Nov. , 2020.

② 国际会计准则理事会：《同一控制下的企业合并（讨论稿）》，2020 年 11 月第 9 页。

③ 国际会计准则理事会：《同一控制下的企业合并（讨论稿）》，2020 年 11 月第 28 页。

④ 朱慈蕴：《公司法原论》，北京：清华大学出版社，2011 年，第 27—28 页。

资人职责"的"国有独资公司",则不被禁止设立新的国有独资公司。

因此,从《公司法》针对"独资公司"的相关规定中,可以看出独立公司能够全资控制其他公司(即独资子公司)而编制合并会计报表的情况,仅有"国有独资公司"而不是"法人独资、自然人独资"的"一人有限责任公司"。

(三) 适用范围的消失趋势

理论上,权益结合法依然有其一定的应用空间,但适用范围会越来越狭窄;而在现实中,则有着适用范围逐步消失的大趋势。2015 年 9 月 24 日,国务院发布了《国务院关于国有企业发展混合所有制经济的意见》(国发〔2015〕54 号),指出"发展混合所有制经济,是深化国有企业改革的重要举措"。为此,在"分层推进国有企业混合所有制改革"部分指出,要"引导在子公司层面有序推进混合所有制改革",并且"探索在集团公司层面推进混合所有制改革"。上述改革措施的推进,将在可能涉及的国有独资公司——子公司层面、集团层面,均成为"国有资本、集体资本、非公有资本等交叉持股、相互融合"的混合所有制经济。① 如此一来,会导致国有独资公司组成的企业集团越来越少,导致权益结合法在国有企业领域内的适用范围越来越狭窄。

理论上,此时依然适用于终极股东为夫妻二人构成的单一股东组成的企业集团。然而,现实中此类情况也较少,因为更多存在的是家族企业。但是,家族中由于"亲兄弟明算账"的经营理念使得不同个体利益相对独立,会给基于账面价值的权益结合法应用带来极大阻力。因此,即便在家族企业内部,也会更多地采用市场价格来企业合并。

第三节　合并会计的市价计量法

分析可见,合并会计的两种处理方法均非完美,而是各有优劣。对此,我们只有辨析清楚企业合并的法律实质,才能够梳理出合适的企业合并会计方法。

一、控股合并的法律实质

(一) 股权交易基本规则

控股权交易是基于市场法治体系的交易,而法治体系具有"约束市场主

---

① 国务院:《国务院关于国有企业发展混合所有制经济的意见》,《绿色财会》2015 年第 9 期,第 40—45 页。

体的经济行为,创造有序、公平、竞争的环境"的作用;"法治对市场交易的作用体现在制定和建立交易规则,保证缔约及交易的自由和公平性,通过第三方强制实施保证契约的执行"。法治"在保护产权、维护契约、统一市场的基础上,以平等交易和公平竞争为基本导向,完善竞争政策框架,建立健全竞争政策实施机制,全面落实公平竞争审查制度,建立健全第三方审查和评估机制,强化公平竞争审查的刚性约束,促进公平竞争和创新"。[1] 因此,市场交易是建立在法治基础之上的公平交易。在控股合并的股权交易中,被投资公司看似局外人,但股权交易直接当事人——母公司与子公司原股东,都是具有独立权利资格与能力的民事主体,其以营利为首要目的的组织目标必定会对该业务进行考核,故而控股合并其所达成的交易应当一定是"公平交易",不论交易当事人背后是否有着一个最终控制方。

对控股合并的法律属性,学者万方认为"股权转让本质上是一种商事行为"。[2] 更准确的表述是,股权转让是发生在民事主体间的商事行为。该表述涉及"民事"与"商事"两个概念,虽然常常将相关法律规范统称为民商法,但两者还是有着差别。其中,民法调整"平等主体之间的财产关系和人身关系";[3]商事行为"具有明显区别于一般民事行为的法律特征——特定性、营利性、营业性"[4]。因为商事行为主体依然为独立平等的民事主体,故商事行为属于民事行为之"营利"行为。由于"营利"目的的影响,使得其与狭义民事行为中的"公平"标准稍有不同。对此差异,学者郑或指出:"民法是以民事主体之间的'平等性'和交易的'公平性'为逻辑出发点,民法逻辑看重的是单个交易对于双方主体实体性的公平或平等,较少考量整体交易机制或者交易习惯的机理、背景与要求,其特征是通过寻求个体的'绝对公平'来实现社会的'整体公平';而商法思维却是以整个商业社会的整体交易规则为保护对象,它重视保护已达成的交易对于其他交易或者当事人的影响,强调交易本身的效率、迅捷和安全,由此衍生出商法思维存在的逻辑前提是在整个交易机制效率的考量下兼顾个体的公平,其特征是通过寻求商业社会的'整体公平'来实现个体的'相对公平'。"[5]

① 刘守英、熊雪锋:《〈民法典〉与高水平社会主义市场经济》,《北京大学学报(哲学社会科学版)》2020 年第 6 期,第 132—142 页。

② 万方:《股权转让合同解除权的司法判断与法理研究》,《中国法学》2017 年第 2 期,第 256—275 页。

③ 侯佳儒:《民法是什么? ——学说的考察与反思》,《中国政法大学学报》2014 年第 2 期,第 108—114 页。

④ 于新循:《商行为特征的法理分析》,《河北法学》2005 年第 2 期,第 25—25 页。

⑤ 郑或:《民法逻辑、商法思维与法律适用》,《法学评论》2018 年第 4 期,第 82—93 页。

因此,"由于公平理念内涵本身的确定性,交易公平原则(即商法的公平原则)与民法的公平原则在许多方面是一致的。民法的公平原则在规范民事主体的权利、义务上体现公平,法院在处理民事案件时,法律有明确规定的,按照规定处理本身体现了公平原则,在法律没有明确规定时,法官应以公平原则处理以及当事人在进行民事活动时应遵循公平原则都体现了民法公平原则的内在之义。交易公平原则同样在规范商主体的权利、义务上体现平等,同样要求有法律规定时以法律规定处理,没有法律规定时,以公平原则处理,同样要求商主体在从事商行为①时应遵循公平原则。但是,交易公平原则和民法的公平原则又确实是有差别的。这些差别不仅是由民法公平原则与交易公平原则调整范围不同决定的,而且也与商法的价值取向和特征分不开"。② 而在公平原则与其他立法原则冲突时,民法首先会选择公平,其次兼顾效益或其他;而商法因系规范"以营利为目标的商行为的法律",故而以效益为价值取向,在立法原则冲突时会选择效益兼顾公平。③ 因此,民事行为与商事行为的"公平"标准或地位中,前者强调"平等性"而后者突出"效率性";但是,该差异绝对不是 100% 相对 0% 的对立,而更多可能是 51% 与 49% 的偏向。因此,不论是"整体公平"还是"个体公平",都是"交易公平"。

如何更好地落实"交易公平"? 其法律规范更多地体现在商法中,并集中地反映在"反不正当竞争""反垄断"与"关联交易"中的对弱势地位当事人的保护中。

为此,我国制定了《反不正当竞争法》,其中第 2 条规定:"经营者在生产经营活动中,应当遵循自愿、平等、公平、诚信的原则,遵守法律和商业道德。"该表述是对"公平交易"的原则界定,但对"公平竞争"原则的具体构成,法学界有不同的认识,"通说以法条规定为依据认为,反不正当竞争法第 2 条第 1 款确立的市场交易的基本原则,同时也是竞争的基本原则,包括自愿原则、平等原则、公平原则、诚实信用原则和遵守公认的商业道德原则共五项"。④ 公平交易的第二点,便是要"反垄断"。为此,我国还颁布了《中华人民共和国反垄断法》(2007 年 8 月 30 日,第十届全国人民代表大会常务委员

---

① 是指以营利性营业为目的而从事的各种表意行为。参见覃有土:《商法学》,北京:高等教育出版社,2004 年,第 52 页。

② 梁鹏:《交易公平原则本体论》,《中国青年政治学院学报》2004 年第 2 期,第 105—111 页。

③ 覃有土:《商法学》,北京:高等教育出版社,2004 年,第 35—37、26—27 页。

④ 王艳林:《市场交易的基本原则——〈中国反不正当竞争法〉第 2 条第 1 款释论》,《政法论坛(中国政法大学学报)》2001 年第 6 期,第 41—49 页。

会第二十九次会议通过），垄断行为集中表现为市场价格，该法第 13 条、第 14 条、第 17 条都是针对价格垄断的禁止性规范。而若企业合并可能导致"经营者集中"的，则应根据第 21 条规定"事先向国务院反垄断执法机构申报"，否则不得进行吸收合并、控股合并等集中行为。

公平交易的第三点，便是要保护中小参与者的合法利益。学者董安生、陈洁研究发现："各国公司法实践的经验已经证明，针对关联交易的信息披露原则与程序公平原则是限制不公平关联交易的重要手段。"① 因此，措施便是通过对关联交易规制来保护中小参与者。实际上，在市场交易中的"反不正当竞争"与"反垄断"等法律规范，主要是为了保护处于相对弱小的中小参与者。在企业经营领域，危害非控股股东的行为主要存在于关联交易。此方面，世界银行基于经典文献《自我交易的法律经济学》，② 以"公司形态独立性、关联交易损害性、严格规制良法性和私人执法主导性等前提假定"，构建了以"保护少数股权"，约束上市公司关联交易的规则体系。"世行基于少数投资者保护的立场，将关联交易视为可能损害少数投资者利益的最大威胁。世行在解释'保护少数投资者为什么重要'时指出，公司治理中最重要的问题之一是自我交易，即公司内部人利用公司资产牟取私利，关联交易是最常见的实例。这种问题普遍存在于各个经济体中，故世行将关联交易表述为'世界上违反良好公司治理的最严重行为之一'。"③

为了更好保护中小股东利益，《公司法》第 21 条要求："公司的控股股东、实际控制人、董事、监事、高级管理人员不得利用其关联关系损害公司利益。"对关联交易，第 124 条要求："上市公司董事与董事会会议决议事项所涉及的企业有关联关系的，不得对该项决议行使表决权，也不得代理其他董事行使表决权。该董事会会议由过半数的无关联关系董事出席即可举行，董事会会议所作决议须经无关联关系董事过半数通过。出席董事会的无关联关系董事人数不足三人的，应将该事项提交上市公司股东大会审议。"

为了更好落实《公司法》的规定，最高人民法院于 2019 年 4 月发布了《最高人民法院关于适用〈中华人民共和国公司法〉若干问题的规定（五）》

---

① 董安生、陈洁：《不公平关联交易合同的可撤销性问题研究》，《法学杂志》2009 年第 2 期，第 54—58 页。

② Simeon Djankov, Rafael La Porta, Florencio Lopez-de-Silanes & Andrei Shleifer, "The Law and Economics of Self-Dealing", *Journal of Financial Economics*, 2008.

③ 汪青松：《关联交易规制的世行范式评析与中国范式重构》，《法学研究》2021 年第 1 期，第 156—172 页。

(法释〔2019〕7号),其中前两条针对关联交易损害公司利益赔偿、关联交易无效或撤销的诉讼机制进行了专门规定。① 对此,相关负责人指出该规定主要目的在于保护公司股东尤其是中小股东权益。因为"关联交易的核心是公平,本条司法解释强调的是尽管交易已经履行了相应的程序,但如果违反公平原则,损害公司利益,公司依然可以主张行为人承担损害赔偿责任"。②

(二)交易公平的价格表现

民事主体因为地位平等,其交易通常是公平交易。那么,交易公平性的评价标准又表现在哪里? 对此,法学博士梁鹏指出:"交易公平是以交易中的价格公平为基点的,而商法中的交易公平实际上是交易中权利义务分配的公平,即亚氏(Aristotle)所说的分配公平,由于交易中的权利义务公平分配在绝大程度上是价格的公平。"③

进一步,学者易军教授指出:"在民法上,公平依其规制领域呈现为交换正义、归属正义、矫正正义与分配正义;这四者中,前三者尤其是交换正义具有普遍性与决定性意义,分配正义仅有限地存在。由此,民法上的公平一般性地具有程序性与形式性的品质。正是由于交换正义在民法上的典范意义,分配正义在民法上的例外地位及其在公法上的主导地位,在理论上一些学者将它们作为区分公私法的标准,即实践交换正义者为私法,实践分配正义者为公法。"④ 而美国学者林德布鲁姆(Charles E. Lindblom)更是认为"等价交换是市场的核心特征",是市场的铁律。因为"对市场体制的所有评价,都与等价交换有关。等价交换是根据习惯和法律确定的,它是市场体制的基本运行规则。所谓等价交换是指,你付出多少就能拿回多少,两者在价值上是相等的"。⑤

在民事领域,"公平作为一项法律原则和理念贯穿全部"。对此,《民法典》在第4~6条中,确立了民事交易的主体平等、活动自愿、权责公平的三大原则。其中,民事主体地位平等是前提。对此,学者董安生教授等指出:"平等原则集中反映了民法调整的社会关系的本质特征,反映了民法的私法

---

① 梁伟亮:《营商环境优化视角下少数投资者保护的实践迷思与破解——以〈最高人民法院关于适用〈中华人民共和国公司法〉若干问题的规定(五)〉为例》,《改革与战略》2019年第9期,第71—83页。
② 汪青松:《关联交易规制的现行范式评析与中国范式重构》,《法学研究》2021年第1期,第156—172页。
③ 梁鹏:《交易公平原则本体论》,《中国青年政治学院学报》2004年第2期,第105—111页。
④ 易军:《民法公平原则新诠》,《法学家》2012年第4期,第54—73页。
⑤ Charles E. 林德布鲁姆:《市场体制的秘密》,耿修林译,南京:江苏人民出版社,2002年,第97页。

属性,也是市场经济对合同关系当事人的基本要求。"①那么,如何落实其中的平等与公平? 在依法确认当事人权利责任的前提下,确定具体的交易价格是关键之一。通常,当事人交易应当以"合同"所约定为基准;但是,如果未曾约定价格或者较为模糊时,如何解决? 对此,《民法典》第 511 条规定:"价款或者报酬不明确的,按照订立合同时履行地的市场价格履行;依法应当执行政府定价或者政府指导价的,依照规定履行。"②从《民法典》上述规定中,可以发现合同交易价格的基本原则——"市场价格原则"。

企业合并实质是"控股权"的转移,所以,是否公平的判定途径之一,便是可以通过控制权(第一大股东)变化前后股价变化来研究。此方面,学者王培欣等"选取 2007 年至 2011 年第一大股东发生变更的上市公司为样本,采用事件研究法"研究发现,当控股权转移之后,在前后各 20 天的"全窗口期股价变动的累计平均超额收益率为 13.549%,以事件日为临界点,呈现出先剧烈后舒缓的增长趋势"。在诸多因素中,"转让价格的影响最显著"。③ 该研究结论表明,控制权变动中价格因素最为重要,可以成为公平与否的评价标准。为此,反映控股权变动的会计——企业合并会计,应当成为贯彻落实民法交易公平、平等交易原则的利器。因为会计所反映的是会计主体的经济利益,其反映的结果不仅仅是公平正义的反映,反过来也影响着相关者的经济利益。

因上市公司影响广泛,故我国证监会对上市公司股票发行价格有着严格规范。其中,IPO(首次公开发行)是因为缺乏历史交易价格,故而根据《证券发行与承销管理办法》(2019 年 3 月 21 日,证监会令第 98 号)第 4 条规定"可以通过向网下投资者询价的方式确定股票发行价格,也可以通过发行人与主承销商自主协商直接定价等其他合法可行的方式确定发行价格"。之所以如此规定,在于尽可能探寻出其合理的公允价值,以便采用市场价格发行。不过,对股票已经上市交易的公司,因为其普通股有着公开的历史交易价格,故而在增发时要求采用市价定价模式。对此,《上市公司证券发行管理办法》(2020 年 2 月 14 日,证监会令第 163 号)第 13 条规定此时的"发行价格应不低于公告招股意向书前二十个交易日公司股票均价或前一个交

① 董安生、张保华:《缺失的合同效力规则——论关联交易对传统民法的挑战》,《法学家》2007年第 3 期,第 59—66 页。

② 全国人大常委会法制工作委员会审定:《中华人民共和国民法典》,北京:法律出版社,2021年,第 360—361 页。

③ 王培欣、谭雪:《上市公司控制权转移的市场反应研究》,《管理科学》2013 年第 6 期,第 48—57 页。

易日的均价"。要求增发股票的价格不得低于该价格,其目的在于通过已经交易完成的实际价格来引导其按照市场价格来交易。

通过对买卖交易定价原则的分析,笔者认为公平市场交易所形成的价格就是公平交易的表现,即市场交易价格。若将其应用于企业合并中,最为合理的计量属性就是市场价格。那么,此时的合并会计方法是否就是购买法? 答案是否定的,因为购买法仅仅对被并方资产、负债在购买日应用市场价格计量;而企业合并中市场价格计量,一方面应当在每一个会计期末采用,另一方面应当在所有的会计主体中采用。

二、全面的市价计量方法

合并会计是对企业合并环节的会计处理,基于企业合并的市场交易性质及其公平交易定价原则,企业合并应当采用市场价格计量。其实,市场价格计量不仅适用于企业合并环节,而且是任何市场交易的计量标准。因此,会计应当是全面的市场价格会计。

(一) 理想的会计处理方法

基于对控股合并股权公平交易的性质认识,合并会计方法不应再有购买法与权益结合法,而是统一的市价计量法。这是因为,购买法一方面仅要求对子公司采用市场价格计量而不对控股股东采用市场价格计量,此做法反映了不同会计主体计量属性选择上的不平等、不公正;另一方面,购买法仅在购买日采用市场价格计量,在购买日后不采用市场价格而是维持原有的账面价值计量,其结果必然导致与资产负债表日应有的真实财务状况不一致。至于权益结合法,虽然不同会计主体均采用账面价值计量,但忽视了企业合并的市场交易实质,未能对股权交易及会计主体财务状况如实计量。

这不仅是会计学者分析后的看法,法学领域内也有类似研究结论。对此,法学学者张永健指出:"在物权法之讨论中,无可避免会遇到物之价值或价格之计算。当运用事前观点时,经济分析倾向于采用物之'经济价值',即物之市价加上所有权人自己的'主观价值'。当运用事后观点时,经济分析倾向于采用物之'公平市价',或称市价。而采用事前观点,较可能运用经济价值——采用事前观点之政策工具,促使行为人在决策之前,自己比较其物之经济价值与外在之价格标准。在采用事后观点时,往往是身外人、第三人之法院必须判断之价格,故以市价为标准才现实可行。"在这里,"事前观点"是指"法院解释法条、立法者制定法律、学者提出修法"的法律预测与引导作用的视角;"事后观点"则是指"在某个事件已经发生条件之下,解释、修改、制定法律,使得善后工作极大化的社会福祉"的视角。进而,他得出了"经济价值才是物权法的核心关怀,无论事前、事后,物权法规定都会尽量以经济价值为依归——虽未言明。但在实际分析时,经济价值有时会因为探知成本过高而被客观可观察的公平市价取代"。[①] 可见,在法学研究与司法实践中,较为合理可行的经济价值计量标准是市场价格,而非所有权人的"主观价值"。

根据 2014 年 2 月 17 日最高人民法院审判委员会第 1607 次会议修订的《最高人民法院关于适用〈中华人民共和国公司法〉若干问题的规定(三)》第 9 条规定,"出资人以非货币财产出资,未依法评估作价,公司、其他股东或者公司债权人请求认定出资人未履行出资义务的,人民法院应当委托具有合法资格的评估机构对该财产评估作价。评估确定的价额显著低于公司章程所定价额的,人民法院应当认定出资人未依法全面履行出资义务"。此规定一方面在于落实"资本确定原则"与"资本维持原则",另一方面也落实了对于资产价格的市价计量原则。因为"在拟出资的非货币财产实际价额未经评估的情况下,其实际价额是否与章程所规定的价额相符,法院无法自行确认。因此,在法院认定出资人是否完全履行出资义务时,应依法委托评估机构进行评估,对评估价额与章程规定的价额比较后,才能确定出资人是否完全履行了出资义务"。[②]

基于"公平理论",虽然合并报表可用市价计量也采用账面价值计量,但若考虑到相关法律规定,则市场价格计量因为客观真实而被法律规定采用。因此,较为理想的会计应是基于"市场交易原则"而进行的"持续的市价计量会计"。之所以是"持续",在于有些报表项目或者会计方法也采用市场价格计量,但仅在特定情况下使用而不持续。

对具体处理方法,需要明确两点:其一,被并方合并日前累计留存收益、当期净利润都不应在控股股东合并会计报表中反映,因为这些数据已经在原控股股东的合并报表中反映。其二,购买商誉理论上不存在。因为被并方个别报表已经反映了其全部资产负债项目,当然包括商誉。如果存在控股权的买卖价差,或为谈判效果而计入当期损益,或为商誉的计算差错,甚至两个都有可能计算有误。对此,需要充分披露甚至相互质证来验证哪一个计量属性更合理更准确(见第六章第三节与第六章第四节中论述)。

(二) 利润确认的交易法

不过,"市场价格计量"可以相对容易地应用于资产负债表计量中,因为

---

① 张永健:《物权法之经济分析:所有权》,北京:北京大学出版社,2019 年,第 22—27 页。
② 徐进:《股东未尽出资义务之解析——基于〈最高人民法院关于适用〈中华人民共和国公司法〉若干问题的规定(三)〉》,《法制博览》2019 年第 29 期,第 116—118 页。

资产负债均属于具有时点特征的会计要素,所有者权益系资产与负债的差额。但是,对于利润表要素又该如何确认呢? 对此,会计名家杨雄胜教授认为:"交易既是会计的起点,也是会计的结果,更是会计的过程,它贯穿于整个会计始终。交易最大的特点就是具有交易双方,如果要完整地再现交易,就必须如实反映双方之所以愿意发生交易的基本决定因素。"①基于这一观点,笔者认为,利润表的项目计量应采用"交易计量原则"。

这是因为,"利润表"(income statement)是反映会计主体一定期间成果的报表,其结果是收入与费用配比②过程及其结果的金额。那么,如何确认收入? 对此,FASB 采用了"已实现或可实现"的原则,③即所谓"实现原则"。那么,如何判定交易(收入)的实现? 最新的《企业会计准则第 14 号——收入》(财会〔2017〕22 号,CAS No. 14)中有着明确规定,其第 4 条指出:"企业应当在履行了合同中的履约义务,即在客户取得相关商品控制权时确认收入。"此为确认,而如何计量? 第 14 条进一步规定:"企业应当按照分摊至各单项履约义务的交易价格计量收入。"④可见,收入的计量金额为交易价格,是基于"交易"行为而认定。因此,利润表要素计量应当基于"交易"行为而认定、基于"交易"价格而计量,对"实际交易价格"的会计确认简称为"交易法"。

至此,我们可以较为完整地确定会计报表的计量方法。其中,资产负债表秉持"作业法"原则,对市场价格变化予以全面充分的揭示,以如实反映出会计主体财务状况,提供有助于决策的会计信息。利润表确认坚持"交易法"原则,对经营管理的结果如实反映,以客观"反映企业管理层受托责任履行情况";因资产负债表的"市价计量"、利润表的"交易价格",故称该方法为"市价交易法"。⑤ 当然,基于其对市场价格计量的全面且持续应用,准确的表述应是称其为"全面市价法"(total market price method)。

如果从确认与计量两个环节解释,资产负债表先是对权利义务确认,然

---

① 杨雄胜:《论社会经济文明与会计》,《财会月刊》2021 年第 8 期,第 18—32 页。
② 会计配比,是收入与费用配比还是费用与收入配比? 从 CAS No. 14 第 4 条表述中,应是收入与费用的配比,是义务履行后所享有的权利。如此规定,在于法学权利义务对会计要素概念的影响。
③ 财务会计准则委员会:《论财务会计概念》,娄尔行译,北京:中国财政经济出版社,1992 年,第 252 页。
④ 财政部:《关于修订印发〈企业会计准则第 14 号——收入〉的通知》,《绿色财会》2017 年第 7 期,第 31—38 页。
⑤ 之前在拙作《基于市价交易观的利得损失定义》,《西部论坛》2011 年第 5 期,第 50—55 页)中称其为"市价交易观";但经过专家指点加上个人分析,认为其仅为一种方法而非观点,是服务于合并报表编制"公平理论"(见第四章第三节)、"如实反映"会计目标(见第七章第一节)的计量方法而已。

后再用"市场价格"计量,而利润表是先对"交易"中权利义务(合同条款)确认,再以实际"交易"价格计量。因此,"市价交易法"是抽其关键特征而命名的方法,该方法为会计主体日常核算之法。这里的市场价格是每个会计期末单一全面的市场价格。之所以称其为单一,是因为"会计属性的自由选用,不但影响财务报表的可比性,而且有可能会为财务欺诈、会计作假打开一个方便之门"。[①] 故而,会计计量属性是单一的市场价格,而不应再设置其他备选项。而全面,是指其要应用于每个会计报表项目,每一会计时点与期间。

全面市场价格计量之后,企业合并会计以及合并报表编制中的三个差额将不复存在。由于支付对价已经按照市场价格计量,则在主并方个别报表中不存在第一类差额。由于合并双方均采用市场价格全面计量资产负债项目,则第二类差额的买卖价差理论上也不应当存在,如果存在则或为计算错误或为谈判效益。由于被并方资产负债已经按照市场价格计量,则合并报表中将被并方由账面价值调整到公允价值的第三类差额也将不存在。

既然此处的全面市价计量是统一企业合并会计方法而提出,因此有必要将其与现行的购买法、权益结合法进行主要差异对比,结果如表5-1所示。

表5-1 购买法、权益结合法、全面市价法主要差异对比

	购买法	权益结合法	全面市价法
母公司计量属性	账面价值	账面价值	市场价格
子公司计量属性	公允价值	最终控制方账面价值	市场价格
合并报表中子公司累计盈利	购买日后	最终控制日后	购买日后
子公司净利润	公允价值	最终控制方账面价值	市场价格
股权投资核算方法	成本法	成本法	市场价格法
归属母公司净利润	权益法调整增加	权益法调整增加	不变,项目替换*
归属母公司所有者权益	权益法调整增加	权益法调整增加	不变,项目替换
母公司报表校验功能	缺乏	缺乏	具备
控股股权投资抵销	调整后抵销	调整后抵销	直接合并抵销
未实现损益抵销	顺逆不同	顺逆不同	不涉及
合并递延所得税项目	抵销或确认	抵销或确认	保留既有,不需抵销
跌价准备等合并抵销	需要合并处理	需要合并处理	保留既有,不需抵销

---

① 葛家澍:《创新与趋同相结合的一项准则——评我国新颁布的〈企业会计准则——基本准则〉》,《会计研究》2006年第3期,第3—6页。

　　表 5 - 1 中的"母公司报表校验功能"，是指母公司对控股股权采用权益法核算或市价计量后，母公司个别资产负债表中的所有者权益合计、个别利润表中的净利润与合并报表中归属于母公司的"所有者权益合计"与"当期净利润"两项金额相等，从而可以核对校验合并报表编制的正确性。不过，此校验功能需要将本期控股权市场价格计量的"持产差额"在利润表中反映（* 的含义）。此时，母公司个别报表中金额与合并报表中的金额将"不变"。合并报表相当于用子公司具体的报表项目将母公司利润表中的"投资收益"与资产负债表中的"长期股权投资"进行了替换（差额为少数股东损益与权益）。其实，表 5 - 1 中列举不同合并会计方法下，主要差异在于资产负债表的市场价格计量的后果——所有价格变动都会被归为所有者权益的变动。而基于交易原则所计量的利润表项目，其应当在合并日前的个别报表中而不是合并报表中反映。现行会计准则中，对于市场价格变动的处理，部分计入所有者权益，部分作为公允价值变动损益而计入利润表，该方法存在逻辑不一致的缺陷。

第四节　本章小结

　　本章是"市场价格计量"基础应用的开始，是对合并报表编制前提——控股合并会计处理的研究。首先，解析了现有两种合并会计方法——购买法、权益结合法处理规则、法理依据与所存在问题。虽然两方法均有各自问题，但权益结合法因为已经被 FASB 与 IASB 废止而偏多一点。其次，多视角辨析了企业合并的法律实质——独立主体之间的公平市场交易；而控股合并是对控股权的公平交易，该"公平"的价值表现便是市场交易价格。最后，根据控股权公平交易的实质提出了全面的市场价格计量的合并会计方法。根据公平交易原则，市场价格既是对其价值的公平计量与反映，也是"公平理论"在控股合并中的体现。因此，市场价格计量不应止于企业合并与合并报表，而是全面的在每一个会计期末、每一个资产负债项目的应用；不仅是主并方而且是被并方，不仅是合并报表而且是个别报表，不仅是购买日而且是购买日后，是全面持续且单一的市场价格计量。

第六章　商誉企业文化本质剖析

在会计领域内,商誉(goodwill)既是一个报表项目又是个别报表与合并报表的关联点,故而成为合并报表研究的关键问题,并被认为是"一个具有持续魅力的研究论题",[①]或者"一个争论百年的'世纪难题'"。[②] 对此,徐家林教授以杨汝梅(众先)[③]1926 年《商誉及其他无形资产》(*Goodwill and Other Intangible*)为起点,对商誉研究归纳出了较为全面的十大主要问题。[④] 本章将以商誉性质辨析为突破,并尝试性回答该问题,以期通过商誉会计问题化解来落实合并会计的市价计量法与合并报表的公平理论。

第一节　合并价差构成剖析

在现行会计实务中,商誉计量是一个价差的结果。因此,对于商誉内涵性质的研究,应当从构成这一价差要素剖析开始。

一、商誉研究文献梳理

(一) 法学界的研究观点

有关商誉论述始于英国法庭判例,最早为 1620 年有关竞业禁止——出售者不得在同一地区开店的承诺。不过,更为直接的表达来自 1810 年

---

① 杜兴强、杜颖洁、周泽将:《商誉的内涵及其确认问题探讨》,《会计研究》2011 年第 1 期,第 11—16 页。
② 冯丽颖、任世驰:《基于并购估值的合并商誉来源、经济性质与会计处理方法研究》,《中国软科学》2021 年第 1 期,第 114—126 页。
③ 杨汝梅,字众先,河北磁县人,会计理论家、会计教育家,是我国北洋政府时期四大会计师之一,更是无形资产理论研究的开创者。另一位杨汝梅,字予戒、玉阶,湖北均川人,历任北洋政府、南京政府财政部、审计院、工商部相关部门负责人,北京税务专门学校教授、中国计政学会会长等。
④ 许家林:《商誉会计研究的八十年:扫描与思考》,《会计研究》2006 年第 8 期,第 18—23 页。

Crutwell V. Lye 一案中的判词:"商誉只不过是企业吸引顾客到老地方来购买商品的可能性。"①不过,虽然"商誉作为法律概念乃源自英美法系国家。在英国,之所以引入商誉概念,主要原因便在于'诋毁之诉'只保护名誉本身,即尊严和受人尊重的声望,而不是由此导致的金钱上的损失"。②

由于法律传统差异,在我国法律规定中,并无对"商誉权"的保护条款,而是将其融入"名誉"或"声誉"中。如,《民法典》第 110 条规定"法人、非法人组织享有名称权、名誉权和荣誉权",其中提出"名誉权和荣誉权"。又如,《反不正当竞争法》第 11 条规定"经营者不得编造、传播虚假信息或者误导性信息,损害竞争对手的商业信誉、商品声誉",其中提及"商业信誉、商品声誉"。

虽然法律规范中没有明确商誉权,但并不妨碍法学界对商誉权的研究,只不过法学研究首先聚焦于商誉权性质,然后则是如何对该权利进行立法保护。针对商誉权性质,法学界形成了人格权说、财产权说、知识产权说、商事人格权说等观点。

其中,(1)人格权说。如,学者许中缘教授认为"人格权是商誉权的本质属性",因为,"商誉权的人格权法保护具有深厚的法理基础。反不正当竞争法保护模式、知识产权法保护模式在对商誉权保护中存在一定缺陷,人格权法保护模式能够克服这些模式的不足。法人名誉权、信用权、商号权、商事人格权的立法模式亦不能很好地保护商誉权,只有将商誉权规定为一种人格权,才能更好地实现商誉权的保护"。③(2)财产权说。如,法学家吴汉东教授早期认为"商誉是一种非物质形态的特殊财产,由此所生之权利当为财产权"。因为,"商誉权虽然属于知识产权的范畴,具有客体非物质性的本质特征,但与著作权、专利权、商标权等传统知识产权相比较而言,该项权利还具有自身的显著特点"。④(3)知识产权说。如,法学家梁上上教授认为:"由于商誉本身是一种综合的社会评价,反映的是商誉主体的总体商业形象,决定了商誉表现形态的特殊性、多样性和复杂性。"因此,"商誉权就是商誉主体依法对其创造的商誉享有专有权和享有商誉不受侵害的权利。作为商誉

---

① Floyd A. Wright,"Tort Responsibility for Destruction of Goodwill",*Cornell Law Quarterly*,1928 - 1929,14(3),298~315.

② 王建文:《论商誉权的概念选择——兼及我国〈民法〉名誉权、信用权立法》,《南京大学法律评论》2004 年第 1 期,第 213—223 页。

③ 许中缘:《论商誉权的人格权法保护模式——以我国人格权法的制定为视角》,《现代法学》2013 年第 4 期,第 82—92 页。

④ 吴汉东:《论商誉权》,《中国法学》2001 年第 3 期,第 91—98 页。

主体的一项重要权利，它属于知识产权"。① 又如，学者冯心明等认为："商誉权不具有人格权属性，对其属性争议的根源在于误认为其具有'人格、财产双重属性'。商誉权的客体是商誉，商誉体现为社会公众对某一特定企业的综合评价，本质是反映企业等主体的'结构性信息'，是企业一系列智力活动的成果，属于创新性智力成果。知识产权的客体是创新性智力成果，本质上是信息，因而商誉权是具有自身特色的知识产权。"②（4）商事人格权。如，学者程合红认为，"随着社会的发展变化，在这种普通的人格利益之外，又分离、形成了一种包含金钱价值在内的相对独立的特定人格利益——商事人格利益"。其中，"商事人格权所保护的商事人格利益形式很多，在实践中有不同的表现，如对自然人和法人拥有的商号、商誉、商业秘密、商业信用等利益的保护"。③ 如，法学家吴汉东教授后期认为商誉为"无形财产权之商事人格权"，"该类财产形式主要有商誉、信用、形象等资信类财产。从资信构成来讲，其内在因素是主体的专属性人格，其外在因素则来自社会所给予的评价和信赖，这种资信利益是可期待但不确定的财产利益"。④ 又如，学者王崇敏、郑志涛认为："商誉是商业经营主体对其商业名称所享有的声誉，商誉权是一种商事人格权，本质上具有人格属性和财产属性。"⑤

（二）会计学界的研究

在会计理论中，商誉虽有"合并商誉""外购商誉"与"自创商誉"之分，但均源自会计主体的自创，只不过仅外部购买时被允许确认。另外，根据买卖价差的数学符号不同，商誉又被称为"正商誉"和"负商誉"，后者因被直接计入当期损益而又被称为"利得"。但是，商誉不可能因为控股权交易而产生，故在表述时对不同术语不做严格区分。

我国改革开放后，第一部涉及商誉的会计规范是财政部于 1989 年发布的《关于国营工业企业兼并和出售有关会计处理的暂行规定》（财会字〔1989〕60 号），其在"产权转让后未丧失法人资格，但改变了产权转让企业实体的会计处理"部分指出，"产权转让企业在办理产权转让手续后，应重新开立新账，按评估或确认后的资产、负债登记入账；转让企业的成交价大于

---

① 梁上上：《论商誉和商誉权》，《法学研究》1993 年第 5 期，第 38—44 页。
② 冯心明、丘云卿：《商誉权法律属性的反思与重述》，《华南师范大学学报（社会科学版）》2009 年第 5 期，第 138—142 页。
③ 程合红：《商事人格权刍议》，《中国法学》2000 年第 5 期，第 86—97 页。
④ 吴汉东：《财产权的类型化、体系化与法典化——以〈民法典（草案）〉为研究对象》，《现代法学》2017 年第 3 期，第 31—41 页。
⑤ 王崇敏、郑志涛：《商誉权的法律性质和立法模式探究》，《当代法学》2018 年第 6 期，第 71—78 页。

企业净资产的差额,作为商誉列入无形资产账户"。而受让产权的企业,其
"购买、兼并其他企业支付的价款",则"作为投资处理"。实际上,在之前的
"产权转让后丧失法人资格"部分,也是如此规定商誉金额计算。因为转让
价格按照评估金额计算,实际上就是基于市场价格而计算商誉金额,因此商
誉金额计算方法一直未曾改变。

　　1992 年 11 月颁布的《企业会计准则》将商誉归为无形资产,并要求在
收益期内分期摊销。不过,在学术上影响更大的则是 1995 年的《合并报表
暂行规定》,但并未对价格差额做实质性区分,而是统一为"合并价差"
(consolidated difference)。虽然对商誉的归类有所变化,如 2001 年 1 月的
《企业会计准则——无形资产》中,将其归为不可辨认的无形资产,之后的
2006 年又将其从"无形资产"中剔除,改由 CAS No. 20 等会计准则来规范,
但是,其计量方法一直没有变化——支付对价与可辨认净资产公允价值的
差额,即使在 2014 年修订后的 CAS No. 33 的"应用指南"中,商誉计量依然
采用的是"价差法"。

　　我国学术研究,多以美国会计学家亨德里克森(Eldon S. Hendriksen)
观点为基础,其在《会计理论》专著中提出:"从会计角度来看,商誉有如下三
种解释:(1)对企业好感的价值。(2)预期未来利润超过不包括商誉的总投
资的正常报酬的部分现值。(3)反映企业总价值超过各个有形资产和无形
资产价值价差的总的计价账户。"①应当说,这三种观点尚未触及商誉内涵性
质,而是不同视角的解释,好感是客户视角、超额报酬是利润视角、总计价账
户是差额视角。因此,我国学者进行着借鉴与完善的持续性研究,相关论文
与观点极多,可谓汗牛充栋。面对如此局面,阅读文献综述是一件事半功倍
的事情。其中,写作博士论文的董必荣教授(2008)梳理得较全面,他认为商
誉源自 1842 年法庭判决:商誉是指企业长期经营习惯致使顾客因习惯固定
到某一特定地点消费的习惯方式。② 之后的 1855 年、1895 年③都出现过涉
及商誉的法庭判决。在英美法系国家中,法庭判决构成了法律渊源之一,因
此对社会影响广泛而深刻,自然会影响到价值计量的会计领域。

　　不过由于思维模式的差异,我国与美国学者对商誉研究的切入点也有
所差异。比较而言,英美国家更重视形象思维,相对关注商誉的外在表现;

---

①　埃尔登·S. 亨德里克森:《会计理论》,王澹如、陈今池编译,上海:立信会计出版社,2013
年,第 307 页。

②　Walker, George T, "Accountants' Present Concept of Goodwill Depends upon Unusual
Earnings Power", *The Journal of Accountancy*, 1951,(1)100—103.

③　Vernon Kam, *Accounting theory*, John Wiley & C. Sons, 1990,402.

我国有着逻辑思维的传统,更专注于商誉内涵性质。研究中,不同国家的学者基于不同研究角度与思路,提出了不同的学术观点:(1)从商誉内涵本质视角分析,以便中心突破。分别形成了"好感价值论"①"协同效应观"②"核心能力观"③"人力资本观"④"无形资源观"⑤等观点。(2)从直接计量角度来分析,由此产生了"超额盈利现值观"⑥。(3)从间接计量来分析,重点在于商誉金额的计量,故而认同了"总计价账户论"⑦。

应当说,不同视角的持续研究终会获得殊途同归,但因商誉不可辨认性及现有条件使其暂时难以获得普遍共识。面对众说纷纭的局面,以此为博士论文选题的学者董必荣认为:对商誉本质的研究取决于对商誉定位,若认为仅少数经营卓越、业绩优良的企业才有商誉,则基于超额盈利能力之特性而应当从"资源基础论""知识基础论"视角对其研究;若将商誉定位为企业整体价值与可辨认净资产公允价值之差额,则任何一个企业都可能存在商誉。因此,其认为商誉本质研究必须改变双重定位模式,可沿着以下两条思路进行:"一种思路是保留目前的两种商誉认定方式,用第一种认定方式来定位外购商誉,用第二种认定方式来定位自创商誉,但这样做就意味着必须承认外购商誉与自创商誉有着本质的不同;另一种思路则是舍弃其中的一种认定方式,但是究竟应该舍弃哪一种认定方式,舍弃后对商誉会计理论体系产生什么影响,可能需要理论界进行深入的研究。"⑧

在会计商誉研究中,董必荣对商誉研究得相对具体,而许家林教授之问则更加完整。那么,如何寻找研究的突破口或者切入点?目前,商誉研究的共识为其表现为主并方支付对价超过了所购买控股权价格的差额。因此,

---

① Bourne, J H, "Goodwill", *The Accountant*, 1888, (9)604—606。杨汝梅:《无形资产论》,北京:中国财政经济出版社,1993 年,第 21—26 页。

② 邓小洋:《商誉会计论》,上海:上海财经大学博士学位论文,2000 年,第 12—15 页。Ma Ronald, Roger Hopkins, "Goodwill-an Example of Puzzle-solving in Accounting", *Abacus*, 1988,24(1),75—85。周晓苏、黄殿英:《合并商誉的本质及其经济后果研究》,《当代财经》2008 年第 2 期,第 119—125 页。

③ 董必荣:《试论企业核心能力与商誉的关系》,《北京工商大学学报》2003 年第 5 期,第 21—26 页。

④ 张鸣、王明虎:《对商誉会计理论的反思》,《会计研究》1998 年第 4 期,第 11—15 页。于越冬:《人力资本与企业商誉的经济性质》,《会计研究》2000 年第 2 期,第 40—45 页。

⑤ 董必荣:《自创商誉问题研究》,厦门:厦门大学博士学位论文,2004 年,第 9 页。

⑥ Leake P. D, "Goodwill: Its Nature and How to Value It", *The Accountant*, 1914,(1),81—90.

⑦ Miller, Malcolm C, "Goodwill an Aggregation Issue", *The Accounting Review*, 1973,(4),280—291.

⑧ 董必荣:《商誉本质研究综述》,《中南财经政法大学学报》2008 年第 3 期,第 39—43 页。

"价差剖析法"较可行——基于控股合并中的价格差,首先剖析其中所包含的具体内容,然后逐步解析出商誉的本质,进而提出其计量方法,最后设定其信息披露模式。

二、合并价差构成剖析

在财务会计领域,商誉虽然也存在于吸收合并后的主并方个别报表,但更多表现为"控股合并"后合并报表中的"外购商誉",其金额为主并方支付对价与被并方股权价值的差额,这属于会计学界目前的共识,故对商誉研究应从价差剖析中开展。

(一) 要素分割法

以合并价差对商誉构成进行分析的方法被称为"要素分割法"(element segmentation),是一种将合并价差的具体构成逐一分析从而剖析出商誉来源的分析方法。

对此,IASB 曾经在 1999 年和 2000 年的征求意见稿中,认为商誉价差由以下六种要素构成:(1)购买日被购买方净资产公允价值超过其账面价值的部分。(2)被购买方之前未确认的其他净资产的公允价值。它们之前未被确认的原因可能因为它们不满足确认标准,或者存在计量上的困难,也可能因为存在禁止对其进行确认的要求,甚至可能是因为被购买方单独确认此类资产的成本大于其收益。(3)被购买方现存业务持续经营要素的公允价值。持续经营要素代表了已建立的业务通过有序地结合净资产获得比单独使用那些净资产更高收益的能力,这部分价值源于被购买方净资产的协同效应,也源于其他的收益(比如获得垄断收益的能力及对潜在竞争者设置的市场进入障碍等)。(4)将购买方和被购买方的净资产整合之后,所产生的协同效应和其他收益的公允价值。(5)由于对购买方所支付的非货币性对价估值时产生了偏差,导致对购买方支付的非货币性对价估值偏高。如,在发行股份购买资产中,由于二级市场中交易的股票数量通常较少,如将目前股票二级市场的价格直接乘以发行的股票数量,得出的价值可能高于将这些股票全部卖出换成现金后,再使用现金支付合并对价所形成的价值。(6)购买方过高的出价。例如,在采用竞价购买成交方式中,被购买方价格被有意或无意地抬高,可能导致购买方出价过高。①

当然,也有其他的分解方法。如,学者张婷、余玉苗以"企业资源基础理

---

① 国际会计准则理事会:《国际财务报告准则.2015.B 部分》,中国会计准则委员会组织翻译,北京:中国财政经济出版社,2015 年,第 277—278 页。

论"外加交易费用的研究思路较为突出。若从主并方考虑，其基于"主并方合并前后价值差 Dif_A=（主并方可辨认净资产公允价值 FV_A－主并方支付对价 Cash＋被并方可辨认净资产公允价值 FV_B）＋合并后商誉 GW_{AB}－FV_A 主并方商誉 GW_A－主并方交易费用 CC_A"的关系，推导出了"合并商誉 GW＊＝合并后商誉 GW_{AB}－主并方商誉 GW_A－主并方交易费用 CC_A－主并方合并前后价值差 Dif_A"的结论。之后，论文又从被并方视角进行了推导，在此不赘述。[①] 客观而言，论文不区分控股合并、新设合并、吸收合并合并形式的研究思路是合理的，但考虑交易费用却是过于理论化的。因为交易费用支出不能保证合并的成功，且合并价格多是以双方共同确定的基准日为准来确定，该价格通常不涉及或不考虑交易费用。另外，厦门大学杜兴强教授等也做过类似剖析：合并商誉 CPG＝购买价格 PP－净资产公允价（FVA－FVL）－未确认资产、负债（NRA－NRL）－估价错误 ERRORS－过度自信等因素 AGENCY－被并方自创商誉 IG。经过一系列推导，其认为"外购商誉 PG、合并商誉 CPG、被并方自创商誉 IG"的基本关系为：外购商誉 PG＝确认商誉 RG＋不可确认的商誉 NRG＝（合并商誉 CPG＋因并购得以显性化的商誉 IG）＋［未确认资产与负债（NRA－NRL）＋估价偏差 ERRORS＋过度自信等因素 AGENCY］。[②] 在不允许确认自创商誉时，控股合并商誉既是外购商誉也是被并方自创商誉，并不存在不可确认商誉。不同学者采用相同的剖析方法，但所获得的结论却有着明显差异，这也说明两个价格之间差额的具体构成并不简单。

笔者认为，不论是主并方还是被并方，其价格构成明细是相同的，故本书将其统称为买卖价格。同时，因成交价格是谈判等博弈的结果，而该结果多以会计报表数据为基础，故价格构成可被分解（明细构成）如下：

买卖价格＝账面值±差额＋账外资产/负债＋市场化调整±商誉 GW±谈判效果

其中：（1）账面值为资产负债表中所列报价值，不同项目计量属性不同，有的项目采用历史成本计量，有的采用公允价值计量。（2）差额为资产负债表中现有项目的公允价值与账面价值的差额，该差额也会因项目不同而不同。采用了"账面价值与市场价格孰低"计量方法的或者采用公允价值计量的项目，理论上不会存在差额。但是，对于不计提减值准备且不采用公允价

① 张婷、余玉苗：《合并商誉的本质及会计处理：企业资源基础理论和交易费用视角》，《南开管理评论》2008 年第 4 期，第 105—110 页。
② 杜兴强、杜颖洁、周泽将：《商誉的内涵及其确认问题探讨》，《会计研究》2011 年第 1 期，第 11—16 页。

值计量的其他项目,其升值与贬值不被计量而存在差额。(3)账外资产/负债,是指除了商誉外的资产负债表未列报资产/负债。此类项目有两种可能性,其一是会计报表中曾经确认过,但因会计准则要求或会计政策规定而导致,前者如全额计提跌价准备长期资产市场价格的回升,因为准则规定禁止确认价格回升而使其报表金额为0;后者如低值易耗品的一次性摊销,虽然实物存在且有价值但会计报表中不再反映。其二是目前会计准则尚未允许确认的,部分信息类资产就是如此,如客户名单、网络中的虚拟财产等。(4)市场化调整是指因市场化交易而对会计报表项目价值的调整。该调整主要通过股票公开交易而实现,但普通股交易价格虽然已经被市场化但不一定能达到市场化的价格发现目的。大多数的股权交易多通过估值技术来实现。理论上,市场化调整后其价格中应包含商誉金额,但为了研究商誉而假定未包含商誉。(5)商誉 GW,理论上完全市场化交易中应当将其包含,为个别报表中的自创商誉或外购商誉,合并报表中的商誉(形式上的外购,实质上为被并方自创)。但是,在实务中因信息不充分等原因而导致股票市场交易价格有可能不包含商誉或不准确反映其金额。(6)谈判效果,即议价能力导致的差异。对此,会计学家娄尔行教授曾经指出:"合并商誉全然是'合并交易双方讨价还价的结果',并不具有任何内涵价值,故而应当'尽快从报表上摊销完'为好。"[①]信息充分且公开交易股票中,包括商誉在内的各种差额均不应存在;但现实中,因双方心态、具体需求等不同而难以避免影响交易价格,此处将其称为谈判效果。

(二) 进一步的分析

上述价格构成,不会因为控股合并中交易双方地位不同而不同,只不过主并方的支付对价表现形式多种多样而被并方所交易标的一定是控股权。当然,控股权可能是流通的普通股(指在证券交易所自由交易的股票),也可能是尚未流通的股权(尚不能自由交易的普通股股票或股份等)。若为普通股,因为实现了市场化调整而其价格仅缺少最后两项差额。基于这样的交易分析,合并中交易标的可分为四种情况。

(1)购买方对价为普通股,出让方(出让被并方控股权的一方)亦为普通股。此为相对理想的情况,因为普通股价格理论上应当包含前五项差额的内容,此时合并的价格差在理论上仅剩下谈判效果。(2)购买方对价为普通股,出让方的控股权为非普通股,则价格差可能包含购买方的谈判效果,以

---

　① 娄尔行、王澹如、钱嘉福:《资本主义企业财务会计》,北京:中国财政经济出版社,1984 年;转引自李明、彭川:《商誉理应减值还是摊销?》,《会计研究》2021 年第 1 期,第 26—43 页。

及出售方除账面价外的后五项内容。(3)购买方对价为非普通股,出让方的控股权为普通股,则价格差包含购买方除账面价外的五项内容,以及出售方的谈判效果。(4)购买方对价为非普通股,而出让方的控股权为非普通股,则价格差包括含购买方除账面价外的五项内容,以及出售方除账面价外的五项内容。应当说,四类情况仅是从理论层面的分析,而实践中具体情况更为复杂,因为普通股每日交易价格不尽相同,有时还会大幅波动,但商誉不会因股价而变动。因此,现实中的合并交易更多有赖于估值技术以决定交易价格,此时交易价格差不外乎以下几种情况:

其一,理想的情况是,交易不产生商誉。这是建立在准确估值的前提下,准确性会使得交易等价而不存在差额;当然,主并方与出让方等量高估与等量低估也会有如此结果。其二,双方同时未低估,或主并方高估大于出让方高估,或主并方高估而出让方未高估(低估或准确估值),则看起来的等价交易实为负商誉,看起来的商誉实为等价交换。也许是出让方高估大于主并方高估,或出让方高估而主并方未高估,则看起来等价交易实为正商誉,看起来的商誉实为金额更大的商誉。其三,双方均未高估,且主并方低估大于出让方低估,或者主并方低估而出让方未低估(高估或准确估值),则看起来的负商誉实为等价交换,看起来的商誉实为大额商誉。也许是出让方低估大于主并方低估,或出让方低估而主并方高估,则看起来的等价交易实为负商誉,看起来的商誉实为等价交易。

可见,由于信息不充分、人类对价值认知的有限性、谈判效果等原因,会导致控股合并中交易价格差构成很复杂,但商誉必将包含其中。其实,IASB也有类似看法,其在1999年到2000年有关商誉的征求意见稿中,列举了商誉差额中可能包含的六种要素。

三、价差分析所引发的问题

其一,账面价值是否反映了项目的公允价值? 不完全反映。现行会计报表中的账面价值,基于谨慎性原则而主要调整了公允价值下跌的情况,通过计提跌价或减值准备而实现;次要调整了公允价值上升的情况,仅存在于公允价值计量的报表项目。剩余的会计报表项目依然以账面价值反映,尤其是不许可对市场价格恢复后长期资产价值的调整。

其二,现有会计报表是否全部计量了主体的资产与负债? 既然存在商誉,那么肯定没有全部包括,但不仅仅是商誉,还有其他无形资产。除了会计处理导致的不再反映的资产,如一次性摊销的低值易耗品外,重点存在于无形资产中,目前无形资产以知识产权与土地使用权为主,而现实中客户名单、虚拟资产等均未确认。

其三,如果会计报表未完整确认、准确计量主体的资产与负债,则价差又是什么? 此时的价差包含内容较多,极端情况下是一方完整确认并准确计量而另一方仅账面价值,该情况又可细分为两类。(1)购买方完整确认且准确计量,则会存在较大金额的正商誉,其金额为被并方的各项差额。(2)主并方仅为账面价值而被并方完整确认且准确计量,则会存在金额较大的负商誉,其金额为主并方会计报表的各项差异。

其四,如果完整确认并准确计量所有资产与负债,控股合并之价差是否就是商誉? 若完整确认意味着不存在未反映的资产与负债,准确计量意味着所有会计报表项目金额均为市场价格。此时,因为被并方可辨认净资产为公允价值,则价格差包含了谈判效果与商誉,且为控股权交易当事人双方的商誉与谈判效果。

其五,公开交易的普通股价格是否包含商誉? 理论上应当包含,但实际情况未必如此。比如,国有四大银行股价多次处于低于净资产的“破净”的情况,以其超额盈利的结果必然包含的正商誉,但却与股价有着避免悖论;另外,因为证券交易所的不同,使得同一公司流通股的交易价格又是不同。若认为普通股包含商誉,则同一公司有两(多)个商誉?

其六,理想的情况,是买卖双方信息对称且账面价值与市场价格相等,那么,控股合并的价格差仅为交易损益,在购买日将其确认为当期损益。当然,此情况前提是主并方与被并方均对商誉(自创商誉)进行确认与准确计量。现实中企业合并前的尽职调查等工作,将会极大降低信息不对称,使得交易价格趋于理想情况。虽然理想情况与现实情况还有差距,但随着信息技术与计量方法发展,此计量偏差将会逐步减少直至消亡。

会计主体是否拥有商誉,有两种判断方式:(1)整体比较法。若一个企业整体价值大于可辨认净资产公允价值,则该企业就存在商誉。因情况多出现于股权购买时,故被称为外购商誉;又因为该行为会导致企业合并,因此又被称为合并商誉。(2)盈利比较法。若一个企业具有持续超额盈利/亏损结果,则该企业就有正/负商誉。价格差额构成复杂性,使得通过剖析价差构成来解析商誉本质似乎较为困难,而盈利比较法不妨可以一试。

第二节　商誉内涵性质剖析

一般来讲,商誉价值表现为超额盈利结果,而其来源则通常会被归为

"核心竞争力"(core competence)。因为只有拥有核心竞争力才能够产生超额盈利,因此,商誉本质的探究应当从核心竞争力的本质、来源与构成中发掘,进而才能够剖析出商誉内涵性质。

一、核心竞争力构成

对核心竞争力概念,一般认为源自普拉哈拉德(C. K. Prahalad)和哈默尔(G. Hamel)1990 年的经典论文《公司核心竞争力》,标志着"核心竞争力"理论的正式诞生。[①] 它是对新古典理论、产业经济学的 SCP 范式[②]和主流竞争战略理论(即迈克尔·波特的企业竞争优势外生论)的反叛,是 20 世纪 90 年代企业理论和战略管理领域的新突破,是信息革命和知识经济时代条件下的理论创新产物。[③]

那么,究竟核心竞争力来源于哪里? 对此,学者杜云月、蔡香梅从研究基础方面进行了梳理,发现我国学术界对核心竞争力来源有如下看法。

其一,分工论,以学者吴建南等为代表[④],认为其发展脉络源于斯密1664 年《国富论》所提出的分工论,之后 1817 年李嘉图(David Ricardo)《政治经济学和赋税原理》、1957 年社会学家塞斯内克(Philip Selznick)有关"独特竞争力"(unique competitiveness)的概念、1985 年黑特(Michael A. Hitt)和爱尔兰德(R. Duane Ireland)对竞争能力与公司战略和绩效关系的研究[⑤]、1989 年爱温(Robert A. Irvin)和米克尔斯(Edward G. MichaelsⅢ)对组织核心能力与经济收益关系的研究,[⑥]最终促使普拉哈拉德和哈默尔提出了"核心竞争力"的概念。其二,战略发展论,即核心竞争力是最新企业战略管理理论之反映。如,学者项保华、李庆华回顾了以法约尔(Henri Fayol)为代表的战略思想阶段、以安索夫(Anosff)为代表的战略理论阶段、以普拉哈拉德和哈默尔为代表的竞争战略理论后,认为战略管理在于培植企业对战

---

① C. K. Prahalad and G. Hamel, "The Core Competence of the Corporation", *Harvard Business Review*, 1990,(3)79—91.

② 由哈佛大学乔·贝恩(Joe S. Bain)等人以新古典学派价格理论为基础、以实证研究为手段所构架的市场结构(Structure)、市场行为(Conduct)、市场绩效(Performance)的产业组织分析框架。

③ 蔡世锋:《企业核心竞争力本质探析》,《当代财经》2002 年第 10 期,第 58—60 页。

④ 吴建南、李怀祖:《论企业核心竞争能力》,《经济理论与经济管理》1999 年第 1 期,第 60—64页。

⑤ Michael A. Hitt, R. Duane Ireland, "Corporate distinctive competence, strategy, industry and performance", *Strategic Management Journal*, 1985,Vol. 6,273—293.

⑥ Robert A. Irvin and Edward G. MichaelsⅢ, "Core skills: doing the right things right", *The Mckinsey Quarterly*, 1989(Summer)4—9.

略资源的核心竞争能力,为此必须在核心能力、核心产品和最终产品三个层面上竞争。① 其三,有机融合论。学者王永长认为:"核心竞争力是企业多方面技能和企业运行机制的有机融合,是不同技术系统、管理系统及技能的有机结合,是企业在特定经营环境中的竞争能力和竞争优势的合力。"② 分工与战略是核心竞争力形成的外部条件与来源的表象,而其内涵本质仍需进一步分析。应当肯定从不同理论视角的对核心竞争力的研究,但也可以发现,对于核心竞争力的来源,理论界尚未有定论。

　　进一步,如何界定核心竞争力内涵? 学者也进行了深入研究,提出了不同的学术界观点:(1)资源论,认为企业核心能力是一种企业以独特方式运用和配置资源的特殊资源。1984 年沃纳菲尔特(B. Wernerfelt)在《企业资源学说》中提出企业内部组织能力、资源和知识积累是企业保持核心竞争力的关键,企业核心竞争力来源于企业所拥有的资源数量、质量及其使用效率。③ 而普拉哈拉德认为企业核心竞争力是企业有形与无形资源、积累知识的结果,具有价值性、稀缺性、不可复制性,以使得企业获得持续竞争优势。④ (2)能力论,认为核心竞争力是企业能力的综合。如,塞斯内克在《行政管理中的领导行为》一书中的"自我创造积累论"。又如,罗斯比(Rossby)和克里斯坦森(Christensen)认为能力差异是企业持续竞争优势的根源、资源是能力发挥基础的"能力学派"。高知识和高技能的个人集合体并不能自动形成有效组织,团队和经验资本基础上的人力资本才是企业能力。(3)人才论,学者程杞国认为核心能力是核心资产的组成,核心资产包括核心人才、核心能力、核心技术、核心产品等因素,核心能力是全部核心资产的综合运用和反映,是企业多方面技能、互补性资产和运行机制的有机融合,是不同技术系统管理规定及技能的有机组合,而核心人才是核心能力的关键。⑤ (4)消费者剩余论,学者蔡世锋认为企业核心竞争力是企业所独有的,它与市场需求和潜在商机相适应,能为消费者带来特殊效用,有助于提高客户满意度和忠诚度,从而为企业长期获得租金,并为形成长期的持续竞争优势提供了可能。⑥ (5)体制制度论,学者左建军认为企业体制与制度才是核

① 项保华、李庆华:《企业战略理论综述》,《经济学动态》2000 年第 7 期,第 70—74 页。

② 王永长:《核心竞争力:企业理论的新发展》,《上海经济研究》1999 年第 6 期,第 59—63 页。

③ B. Wernerfelt, "A resource-based view of the firm", *Strategic Management Journal*, 1984,5(2)171—180.

④ C. K. Prahalad and G. Hamel, "The Core Competence of the Corporation", *Harvard Business review*, 1990,(3)79—91.

⑤ 程杞国:《论企业的核心资产》,《发展论坛》2000 年第 5 期,第 23—24 页。

⑥ 蔡世锋:《企业核心竞争力本质探析》,《当代财经》2002 年第 10 期,第 58—60 页。

心竞争力。企业体制和制度是生产关系,现代企业体制制度能保证企业具有永久活力、决策科学、方向正确,是企业发展其他竞争力的原动力和支持平台,是最基础的核心竞争力所在。[①] (6)创新论,学者杜云月、蔡香梅认为"创新是海尔文化的价值观,也是真正的核心竞争力,因为其不易或无法被竞争对手模仿"。[②]

应当说,因为核心竞争力的确是能力的表现,资源论与人才论是对该能力应用结果的经济学、人本学视角的归纳,消费者剩余论旨在说明核心竞争力是表现为服务于消费者的能力,资产机制融合论、体制制度论、创新论则较好解释了核心竞争力的内涵,在于资产机制融合、体制制度、创新。因此,不同观点系通过不同理论视角的研究,对核心竞争力内涵本质进行了卓有成效的探索。

不过,要辨析出核心竞争力的内涵本质,还要厘清其构成要素,因为内容与实质应当获得统一。虽然多数学者认同技术是形成核心竞争力的关键,但在具体构成上学者依然有不同看法:(1)二要素构成论。如,学者王秉安认为核心竞争力分为硬核心竞争力和软核心竞争力。其中,硬核心竞争力指以核心产品和核心技术或技能形式为主要特征的核心竞争力,多存在于技术密集型行业中;软核心竞争力指企业在长期经营中所形成的以经营管理能力为代表的核心竞争力,有着无形化、难识别与难以模仿的特征。[③] 又如,学者王毅等认为核心能力是由能力元和能力构架构成两要素的知识系统。该系统又分为经营环境、企业、学科、技术、产品、核心子系统六个层次。[④] 再如,学者邹海林认为核心竞争力包括获取资源和技术并转化为技能和产品的能力,协调各要素高效运转的能力这两大能力。[⑤] (2)三要素构成论。如,学者周卉萍认为核心竞争力由表现为产品的技术因素、以共同价值观为核心的管理文化、领先的新管理理论这三个要素构成。[⑥] (3)制度基础要素论。如,学者蔡世锋分析认为,企业核心竞争力系统可划分为两大系统和四大能力。其中,核心能力主要表现为制度系统(显性的规则、隐性的文化)和技术系统(技术、技能、流程和技巧等)两大系统,各个系统中又包

①　左建军:《浅谈企业核心竞争力》,《长江论坛》2000年第5期,第38—39页。
②　杜云月、蔡香梅:《企业核心竞争力研究综述》,《经济纵横》2003年第3期,第59—63页。
③　王秉安:《企业核心竞争力理论应用的探讨》,《福建行政学院、福建经济管理干部学院学报》2000年第2期,第32—36页。
④　王毅、陈劲、许庆瑞:《企业核心能力:理论溯源与逻辑结构剖析》,《管理科学学报》2000年第3期,第24—32页。
⑤　邹海林:《论企业核心能力及其形成》,《中国软科学》1999年第3期,第56—59页。
⑥　周卉萍:《如何提升企业核心竞争力》,《政策与管理》2000年第11期,第4—15页。

含协调能力、整合能力、学习能力和创新能力。[①] (4)全要素构成论。学者管益忻认为,凡是企业足以胜过竞争对手的所有全部要素都构成企业核心竞争力,包括市场预测、研究开发、市场营销、加工制作、经营决策、人力资源、品牌战略、企业文化、战略管理,及产业创新、制度创新等一系列关键程序、能力、资源、机制等。[②]

通过对不同观点的梳理与回顾,我们可以发现核心竞争力也是一个暂无共识的研究领域,这一点类似于会计学对商誉内涵本质的研究,但这似乎也在预示着两者的必然联系。

二、企业文化构成

在核心竞争力构成及其来源的看法中,笔者较为认同的是核心竞争力根源于企业文化的观点;当然,持这一看法的学者也有许多。如,北京大学的管理学家陈春花教授认为企业文化是企业核心灵魂,其发展历经企业家文化、团队文化、企业文化的过程,并最终形成核心竞争力的文化。[③] 申言之,核心竞争力的核心或来源在于企业文化。

之后,学者刘啸研究发现,“企业文化和企业核心竞争力都是非常抽象的概念,二者同属于企业的内部特性。通过对企业文化和企业核心竞争力的比较分析,认为企业文化是企业的软环境,企业竞争力则是物化了的理念和技术,是具有物质生产与创造的一种能力,二者虽有本质上的区别,但又是相辅相成的。它们的关系可以比作是一种元素与化合物的关系,文化的积累是形成核心竞争力的必要途径。因此,可以通过文化积累的三个步骤和两次升华构建企业核心竞争力,即依次经历价值观认同、心理归属(融合)和谋求创新阶段,逐步实现大众文化到企业文化的升华和企业精神到核心竞争力的升华”。[④]

进一步,学者张骄阳、马晓强通过文献梳理认为:“企业文化是贯穿企业经营全过程的企业素质,优秀的企业素质决定着企业的持续经营;企业的核心竞争力是企业经各种渠道整合后的资源和能力,任何企业的核心竞争力都是企业在市场竞争中得以超越对手、取得胜利的关键。在当今的经营环

---

① 蔡世锋:《企业核心竞争力本质探析》,《当代财经》2002 年第 10 期,第 58—60 页。
② 管益忻、韩继志:《论企业战略多元化与专业化之关系》,《中国工业经济》1999 年第 3 期,第 55—58 页。
③ 陈春花:《管理的常识》,北京:机械工业出版社,2009 年,第 26—32 页。
④ 刘啸:《企业文化到核心竞争力的三个阶段和两次升华》,《北京工商大学学报(社会科学版)》2012 年第 3 期,第 60—64 页。

境下,已经不能单从核心竞争力层面来分析企业存续的原因。更深层次地,我们从文化的角度来分析企业文化对企业核心竞争力的影响,以及两者之间的关系。"①

在语义上,"核心"(core)是指"中心、主要部分"。② 通常中心只有一个,主要部分不会太多,因此,构成核心的要素不会太多。所以,核心竞争力要素构成的众多观点中,大而全的观点不易遗漏但重点不突出,相反,少而精的看法却能揭示出主要部分。对比可知,不同观点的共识是制度、文化等软实力,这些软实力作用于个人就是学习、整合、协调与创新能力,将这些能力应用于具体企业问题会产生核心技术、管理方法。

对此,学者吴文盛等人在梳理大量研究文献后指出,"企业核心竞争力是一个能力体系,包括企业文化核心竞争力、创新能力、管理能力和商业能力四个部分"。③ 其中,企业文化核心竞争力在其中起着"根基"作用,它通过影响其他能力而体现为具体竞争力,形成超额利润的经济结果。因此,核心竞争力来源于管理制度、运行机制、企业文化等软实力之中,而其中的企业文化能全面地囊括相关概念,形成企业的核心竞争力。此方面,著名的企业文化学者刘光明认同美国著名管理学家沙因的观点:大量生动案例证明,企业文化是推动企业发展前进的初始原动力,也是企业真正的核心竞争力。④

核心竞争力来源于企业文化的认识,可从两个方面进一步说明。

第一方面,从管理理论发展看,先进管理理论而不是落后的管理理论能够形成核心竞争力。在各种管理理论中,学者刘俊心等认为:"企业文化是当今世界最先进的管理理论,企业文化是最有价值的无形资产。"⑤欧洲企业伦理协会会长布哈塔女士对此总结道:"企业要做到最优秀、最具竞争力,必须在企业文化和核心价值观上下功夫。企业文化、企业伦理层面上的东西是很难移植、很难模仿的。在这个意义上说,企业文化、企业理念才是最终意义上的第一核心竞争力。"⑥学者刘俊心等发现,该理论自1984年传入我国,就获得企业界和管理学界的共识,认为"文化管理是当今企业管理的最

① 张骄阳、马晓强:《企业文化与企业核心竞争力关系的文献综述》,《金融经济》2014年第18期,第143—145页。

② 中国社会科学院语言研究所词典编辑室:《现代汉语词典》,北京:商务印书馆,2016年,第529页。

③ 吴文盛、穆书涛、张举钢:《核心竞争力评价理论与实证研究》,北京:经济科学出版社,2010年,第13—17页。

④ 刘光明:《企业文化》,北京:经济管理出版社,2002年,前言页。

⑤ 刘俊心、李靖、张建庆:《企业文化学:现代企业经营管理制胜宝典》,天津:天津大学出版社,2004年,第7—8页。

⑥ 刘光明:《企业文化》,北京:经济管理出版社,2006年,封底。

高层次,认为企业文化对企业的生存和发展具有举足轻重的作用,企业文化
建设是企业经营管理的重要组成部分,企业间最根本的竞争是企业文化的
竞争。……企业的生存和发展,决不仅仅取决于它的有形资产,还取决于它
的无形资产——企业文化"。①

　　第二方面,从产生超额盈利结果的核心竞争力与企业文化关系来看。
此方面,科特、赫斯克特发现企业文化与业绩间呈现出正相关性,已被学者
采用实证研究方法所证实。② 管理咨询公司科尔尼调查表明"企业重组和兼
并成败的关键是消除文化障碍",③因此,文化融合才是超额利润能否产生的
根本。在我国,学者刘志雄、张其仔利用上市公司公开数据资料,实证研究
证明了企业文化强势的企业通常具有较好的企业绩效。④ 又如,学者李海、
张勉从企业文化的"契合度"(fitness)⑤入手,实证研究发现企业文化契合度
对企业绩效具有显著增加的解释力,且在高不确定性环境下,企业文化契合
度与企业绩效的相关更强,表明具有高契合度文化的企业,其绩效的稳定性
更强。⑥ 再如,学者孔航也认同核心竞争力来源于企业文化,并以兴业银行
为例进行了实证分析,以表明企业文化来源于核心竞争力又辅助于核心竞
争力的形成。⑦

　　那么,究竟企业文化中的哪一部分能促使超额盈利的结果? 此方面,文
化研究先行者霍夫斯坦德(Geert Hofstede)指出,尽管民族文化各具特色但
结构大体一致,由各种不尽相同的物质生活文化、行为习惯文化、制度管理
文化和精神意识文化四个层次构成。⑧ 其中,物质文化是指由员工创造的产
品与设施;行为文化是指员工生产经营、学习娱乐中产生的活动文化,是经
营作风、人际关系的动态体现;制度文化是指具有企业特色的规章制度、道
德规范和员工行为准则,核心为管理制度;精神文化是用以指导企业开展生

---

① 刘俊心、李靖、张建庆:《企业文化学:现代企业经营管理制胜宝典》,天津:天津大学出版社,
　　2004 年,第 23 页。
② 约翰・P. 科特、詹姆斯・L. 赫斯克特:《企业文化与经营业绩》,李晓涛译,北京:华夏出版
　　社,1997 年,第 212 页。
③ 刘光明:《企业文化》,北京:经济管理出版社,2006 年,第 2 页。
④ 刘志雄、张其仔:《企业文化对上市公司绩效的影响》,《财经问题研究》2009 年第 2 期,第
　　108—112 页。
⑤ 契合度是指企业文化与企业内部要素的匹配程度,高契合度是企业文化具备了"路径依
　　赖",使得竞争对手难以模仿,从而形成核心竞争力。
⑥ 李海、张勉:《企业文化是核心竞争力吗?》,《中国软科学》2012 年第 4 期,第 125—133 页。
⑦ 孔航:《企业文化与企业核心竞争力关系研究》,《学术前沿》2017 年第 16 期,第 142—145
　　页。
⑧ G. 霍夫斯坦德:《跨越合作的障碍——多元文化与管理》,尹毅夫等译,北京:科学出版社,
　　1996 年,第 1 页。

产经营活动的行为规范、群体意识和价值观念,包括企业精神、企业价值观、经营哲学和企业道德。

　　在企业文化的四部分构成中,价值观(sense of worth)处于核心地位并通过管理制度间接影响其他层次,而能为外界所知悉并产生创造人才机制的、能直接决定企业经营效果的则是处于中枢环节的管理制度。不同企业间文化差异主要通过管理制度①来区分,管理制度通过影响员工行为而将企业价值观落到实处。

　　在企业管理制度体系中,企业文化下的合适人事制度能使人才脱颖而出,而拙劣企业文化下的失当的人事制度则会引发员工"道德风险"与"逆向选择";合适的研发制度能鼓励人才创造出极具竞争力的高新技术,而不是为研发而研发无市场竞争力的纯技术;良好的成本控制制度会使同样材料、设备所生产的产品具有低成本优势,而不是以牺牲质量为代价的恶性竞争;合适的营销制度使较低费用获得较好市场声誉,合适的客户管理制度能提高客户忠诚度,使得客户资产价值得到极致发挥而不是疲于开发新客户……合适的管理制度会使企业产生良性循环,从而获得长期稳定的超额盈利结果,形成会计自创商誉;学者研究已经证实,高激励制度对企业业绩具有显著的正向影响。② 而为大众所熟知的是"海尔文化激活休克鱼",海尔公司通过将自己特有的企业文化移植到被并企业中使其迅速扭亏为盈、获得协同效应,从而获得持久的超额利润③。

　　美国学者对14家大型公司研究发现,企业文化所表现的管理制度能否产生正向企业绩效,要取决于其适应环境的程度。④ 因此,不合适的企业文化下的管理制度"杀伤力"会使企业运营僵化、发展停滞,以致效益明显低于行业平均,在会计上则属于负商誉;"麦肯锡⑤兵败实达"则是例证,福建实达

---

① 指与企业文化相一致的、实质的而不是书面的管理制度。因其与价值观冲突,故书面制度往往被价值观下无形的管理制度所抛弃。参见郑石桥、郑卓如:《核心文化价值观和内部控制执行:一个制度协调理论架构》,《会计研究》2013年第10期,第28—34页。

② Chow I H, Shan S I, "Business Strategy: Organizational Culture and Performance Outcomes in China's Technology Industry", *Human Resource Planning*, 2007, 30: 47—55.

③ 张瑞敏表述为"创新是海尔文化的价值观,也是真正的核心竞争力,因为其不易或无法被竞争对手模仿"。参见杜云月、蔡香梅:《企业核心竞争力研究综述》,《经济纵横》2003年第3期,第59—63页。

④ Kerr J. Slocum I W, "Managing Corporate Culture Through Reward System", *Academy of Management Executive*, 2005, 19: 130—138.

⑤ 麦肯锡公司(McKinsey & Company)由美国芝加哥大学商学院教授麦肯锡(James O'McKinsey)于1926年创立,是世界级领先的管理咨询公司,业务涉及公司整体与业务单元战略、企业金融、营销与渠道、组织架构、制造/采购/供应链、技术、产品研发等领域。

集团股份有限公司于 1998 年采用了麦肯锡不适合其企业文化的营销制度,①从而导致其超额亏损,并于 2001 年 5 月 8 日被迫更名为 ST 实达。

三、商誉的内涵性质

著名文化学者韩昇教授指出:"在人类文明中,中华民族能够经受住几千年的风霜雪雨,一脉相承绵延至今依然,实不多见。最重要的原因在于我们形成了自己的传统文化,生成为这个民族的根,深入而坚韧,虽几经劫难,仍不绝如缕。再看世界历史,多少曾经称霸一时的民族或国家都早已烟消云散,不见踪影,究其原因同样在于文化。没有强大文化的民族,无论军事力、经济力如何强大,最终都会衰败。所有传承至今的民族,都是依凭文化的智慧而生生不息的。生存竞争归根结底是文化的竞争,依靠的是智慧的导航。"②而针对曾经的互联网巨头雅虎(Yahoo)的陨落,业界感叹道,"在坏企业文化面前,再好的生意模式都不堪一击"。③

这方面,著名核心竞争力学者汤湘希教授曾经提出:"在某种意义上讲,企业核心竞争力是商誉的外化现象。"④其实,基于核心竞争力的抽象而会计数据的具体,商誉应当是核心竞争力的外化现象,是其会计处理结果的反映。

因此,商誉与企业文化的关系是形式与内容的关系,是被包含与包含的关系。一方面,商誉是企业文化的表现,不同企业有着不同的企业文化,企业文化又有着多种表现形式,即商誉被包含于企业文化中;另一方面,企业文化有着不同的表现形式,财务会计方面表现为商誉,即为内容与形式的关系,其中企业文化是内容,商誉是表现形式,且仅为财务会计的表现形式。因为不同行业有着不同的企业文化,比如,知识密集型产业、资本密集型产业与资源依赖型产业、劳动依赖型产业,其企业文化有着很大不同,因此,企业文化有着不同的表现形式,但合适的企业文化都会导致超额盈利的能力与结果,即超过同行业其他企业的盈利能力与净利润结果,在财务会计中应当将其反映为商誉。

进一步,商誉不因企业规模大小存在,而是仅需符合确认条件即拥有商

---

① 魏舜波:《不同类型企业文化与组织变革方式关系分析》,《新西部》2013 年第 29 期,第 56—57 页。

② 韩昇:《良训家传:中国文化的根基与传承》,北京:读书·生活·新知三联书店,2017 年,序言,第 7—8 页。

③ 在坏企业文化面前,再好的生意模式都不堪一击,https://www.huxiu.com/article/431075.html?f=member_article.

④ 汤湘希:《企业核心竞争力会计控制研究》,北京:中国财政经济出版社,2006 年,第 152 页。

誉,商誉应当是一项独立资产、不可辨认资产,但其效用需要结合其他资产甚至是特定资产才会有效,类似于化学反应中的"催化剂"。[①] 催化剂自身的组成、化学性质和质量在反应前后不发生变化;它和反应体系的关系就像锁与钥匙的关系一样,具有高度的选择性(或专一性)。但并非所有的化学反应都依赖于催化剂,如同并非所有企业都有商誉。

商誉、企业文化、核心竞争力三者关系,商誉属于最为表象的而企业文化属于最为核心的,核心竞争力是两者的中介。这是因为会计商誉表现为会计报表中一个数字,表现为超额盈利的数据结果,因此最为表象。企业文化是由抽象的企业价值所决定,有着难以触摸的抽象性。而核心竞争力来自企业文化,并会表现为超额盈利的会计商誉,而且,不同企业有着不同的核心竞争力及其表现形式。如,知识密集型产业、资本密集型产业与资源依赖型产业、劳动依赖型产业,其核心竞争力有着很大不同。但是,这些都会通过具体的管理制度而得以落实,形成不同会计主体的商誉。应当说,不同会计主体的管理制度凝聚着经营者的文化价值观,构成了经营管理中的秘密,因此应当受到法律保护。

对此,我国《民法典》第3条规定:"民事主体的人身权利、财产权利以及其他合法权益受法律保护,任何组织或者个人不得侵犯。"第123条所列举的依法受保护的知识产权中,就包括"商业秘密"。第501条进一步规定:"当事人在订立合同过程中知悉的商业秘密或者其他应当保密的信息,无论合同是否成立,不得泄露或者不正当地使用;泄露、不正当地使用该商业秘密或者信息,造成对方损失的,应当承担赔偿责任。"再如,为了"鼓励和保护公平竞争",我国制定了并持续完善着《反不正当竞争法》,其第9条所规定禁止侵犯商业秘密行为包括:"以盗窃、贿赂、欺诈、胁迫、电子侵入或者其他不正当手段获取权利人的商业秘密;披露、使用或者允许他人使用以前项手段获取的权利人的商业秘密;违反保密义务或者违反权利人有关保守商业秘密的要求,披露、使用或者允许他人使用其所掌握的商业秘密;教唆、引诱、帮助他人违反保密义务或者违反权利人有关保守商业秘密的要求,获取、披露、使用或者允许他人使用权利人的商业秘密。"而经营者以外的其他自然人、法人和非法人组织实施前款所列违法行为的,视为侵犯商业秘密。

在国际法领域,"世界知识产权组织"(World Intellectual Property

---

① 根据"国际纯粹化学与应用化学联合会"(International Union of Pure and Applied Chemistry, IUPAC)1981年定义:催化剂是一种改变反应速率但不改变反应总标准吉布斯自由能的物质。

Organization，WIPO)于 1967 年签订的《建立世界知识产权组织公约》(The Convention Establishing the World Intellectual Property Organization)将"知识产权"的范围扩大至"工业、科学、文学或艺术领域里一切来自知识活动的权利"。[①] 世界贸易组织(WTO)1994 年签署的《与贸易有关的知识产权协议文件》(Agreement on Trade-Related Aspects of Intellectual Property Rights)第二部分《有关知识产权的效力、范围及利用标准》之第七节专门就"未披露过的信息保护"问题作了明确规定,确认商业秘密属于知识产权范畴。[②]

那么,企业文化之"管理制度"(management system)是否符合会计学的资产定义? 会计要素虽然有不同的观点认识,但负债(liabilities)的现时义务定义是会计学界的共识;[③]与此相对应,IASB(2018)认为资产(assets)"主体因过去事项而控制的现时经济资源,经济资源是具有产生经济利益潜力的权利"。[④] 管理制度虽然内容广泛但均为管理技术的结晶,属于企业私有技术秘密;只要企业妥善保管之,则他人窃取将被视为侵权。

因此,包括体现企业文化要求的管理制度等知识产权都是受法律保护的,是会计主体的合法权利。在完成会计确认之后,合理地将其中价值计量并列报在会计报表中,即为商誉——自创商誉,应当是一件顺理成章的事情。

因此,笔者认为商誉是企业核心竞争力的会计反映,其根源在于企业文化并表现为其管理制度的具体效果。其中,适合的管理制度会产生良好效果,产生其特有的核心竞争力及其超额盈利之效益,最后在会计上被计量为商誉(资产);相反,不适的企业文化会建立不当的管理制度,结果是企业的持续超额亏损,在会计上反映为负商誉(负债)。

第三节　商誉金额的计量方法

有关计量对于会计的重要性,美国会计学家井尻雄士这样认为,"会计

---

① 唐昭红:《商业秘密研究》,梁慧星编,《民商法论丛(第 6 卷)》,北京:法律出版社,1997 年,第 594 页。

② 吴汉东:《论财产权体系》,《中国法学》2005 年第 2 期,第 73—83 页。

③ 我国会计准则制定部门在分析了我国、国际、美国、英国、加拿大、澳大利亚会计准则的负债定义后,认为:"以上各种负债定义的表述虽然不同,但本质上却基本相同。即,负债对应着一种现时义务,也就是说,会计上所称负债是企业承担的现时义务。"参见中华人民共和国财政部:《企业会计准则 2001》,北京:经济科学出版社,2001 年,第 471 页。

④ 张为国:《影响国际会计准则的关键因素之二:理论之争(中)》,《财会月刊》2021 年第 6 期,第 3—11 页。

计量是会计系统的核心职能",①而商誉计量尤为突出,合理计量商誉金额是问题的关键。

一、商誉金额计量方法

(一) 初始计量方法

在会计理论上,计量被分为初始计量和后续计量,理论上两者可以采用同一方法。从顺序来讲,首先面临的是初始计量,会计的商誉初始计量主要有两种方法。

其一,"折现法",通过以未来超额盈利现金流为对象,对其折现而计算出商誉价值。美国评估界就认为,商誉是指"企业拥有的超过其净资产正常报酬率的获利能力",并据此评估其价值。② 此方法下,需要两组数据,一是企业超额盈利之结果,一是净资产正常收益率。前者可以从折现对象主体会计报表中获得,而后者多为主观评价的结果——何谓正常报酬率? 就折现率而言,FASB曾经提出过历史折现率、现行折现率、平均预期折现率、加权平均资本成本、增量借款利率等折现率。③ 那么,商誉计算折现率是行业平均值或中位数企业? 若如此,则会有接近50%的企业有正商誉,接近50%企业有负商誉。或者,采用比例区分法——前10%企业有正商誉,后10%企业有负商誉,其余80%企业均不确认商誉。但因行业之间差异影响很大,则会导致:朝阳行业多数企业拥有正商誉,而夕阳行业多数企业拥有负商誉。进一步,对缺乏充分竞争的寡头垄断行业又如何处理? 是否各个寡头都有或正或负的商誉?

其二,"价差法",即通过两个市场价格的差额来计算商誉金额。此方面,以"英国标准会计惯例公告"(Statement of Standard Accounting Practice,SSAP)第22号"商誉会计"(Goodwill Accounting)为代表,其认为商誉是"企业的总体价值与企业可分离净资产公允价值的差额"。④ 这也是目前的主流计算方法——企业整体价值评估扣减可辨认净资产的公允价值,差额即为商誉。因其产生于企业合并,故被认定为自创商誉;但其实质上属于被并方的自创商誉,会计上列报为合并商誉。如果估价结果很准确,

---

① Yuji Ijiri, *Theory of Accounting Measurement*, AAA, Sarasota, Florida: 1975,29.

② S. Pratt, R. Reilly & R. Schweihs, *Valuing Small Businesses & Professional Practices*, U. S.: R. R. Donneley & Sons Company, 1998:585.

③ FASB, *Objective of financial statement*, AICPA, New York, 1974:25—35.

④ 周晓苏、黄殿英:《合并商誉的本质及其经济后果研究》,《当代财经》2008 年第 2 期,第 119—125 页。

主并方支付对价以此为基础确定，则合并报表中的外购商誉正是被并方的自创商誉。如果交易价格存在差异，则该价格差中一定包含谈判效果，当然也包括商誉。为了缓解估值偏差，购买日暂且将该价格差列报为合并商誉，然后再通过后续计量落实其准确价值。

折现法计算超额盈利需要减去正常盈利数值，因此折现法与价差法从技术方法上讲都是价差法，只不过减数与被减数有所不同而已。其中，折现法是对自创商誉的计量，而价差法是对外购商誉的计量。不过，因为特定会计主体只可能有一个商誉，且在确定时点金额确定；若能够计量自创商誉，则不必再计量外购商誉——所谓外购商誉无非是自创商誉通过外部交易的显化而已。但自创商誉因缺乏外部交易数据而不被会计准则许可。正因为自创商誉未被会计主体计量，故而在股权交易时，便可以通过客观交易数据来计量其金额，从而实现对商誉的初始计量。

由于用价差法计量商誉所包含内容繁杂而受到外界质疑，因此，为了增强商誉计量的准确性，IASB 将注意力放在了改进商誉减值测试的合理性上。因为只要减值测试合理，则通过其金额的逐步减少意味着商誉计量合理性的提升。为此，IASB 先后提出了"净空高度法"和"更新的净空高度法"（Updated Headroom Approach）。对于这一处理方法，"大家普遍认为，引入'净空高度法'或者'更新的净空高度法'能较好地提升商誉减值测试的及时性和有效性"。[①] 所谓"净空高度"相当于谈判效果与商誉之外的其他合并价差，包括其他尚未确认的资产等。之所以如此，在于有些资产不被会计准则所接受而未计入会计报表，在于既有资产价格增加未被确认为"资产升值"，因此，通过计量"净空高度"，便能够将上述两点所导致的收购"价格差"予以明辨，将其从商誉中剔除，以便消除因为"净空高度"所导致的商誉"延迟计量"。不过，此处理方法仅仅看到了现象而未深入实质，IASB 于是决定放弃这一思路。因为"会大大增加初始确定和以后不断更新'净空高度'及减值测试的难度，且主观性很大。……结果全球各方面人士普遍反对这两种看似更合理的方法。我们觉得 IASB 最后放弃这方面的探索是明智的"。[②]

（二）后续计量方法

会计主体的持续经营，使得在每个会计期末都需要对商誉持续计量。对此，会计理论上有四种主要方法：直接冲销法、系统摊销法、永久保留法、

---

① 陆建桥、王文慧：《国际财务报告准则研究最新动态与重点关注问题》，《会计研究》2018 年第 1 期，第 89—94 页。
② 张为国、解学竟：《商誉会计准则：政治过程、改革争议与我们的评论》，《会计研究》2020 年第 12 期，第 3—17 页。

减值计提法。① 其中,前三种来自 CAP 于 1944 年 12 月的"第 24 号会计研究公报:无形资产会计"(ARB No24:accounting for intangible assets),只不过当时被称为永久保留法、系统摊销法和立即注销法。商誉减值测试则出自 FASB 于 2001 年发布的 SFAS No. 141,该准则停止了商誉后续计量的系统摊销法而改为减值测试法。② 但是,应当承认减值测试与商誉性质较为匹配,但其主观性太强而容易成为新的利润操纵工具。

当然,IASB 对商誉会计计量的研究依然在继续,只不过在"保留纯减值模式还是实行摊销加减值模式"中摇摆,尚未有突破性的创新观点。对于这两种方法,学者李明、彭川分析道:"资产是永续性的还是消耗性的? 对这一问题的溯源性结论,在商誉会计的逻辑起点上决定着商誉的后续计量应该采用减值还是摊销或其他方法。""尽管商誉资产本质上是消耗性的,但目前尚没有发现确定它的使用寿命及价值耗减状态的最佳方法,是故对商誉作摊销处理具有难以避免的武断性:摊销处理同样不能合理度量商誉的真实价值及其变动,这也正是《讨论稿》拒绝重新引入摊销的一个重要理由。"但是,"在美国利益至上的国策引导下,为掩护其公共商业主体能够在全世界范围内实施以美元为支付手段的高举高打的并购价格战策略,并保证这些主体在购并他国企业后的业绩不受商誉后续计量影响,理论与实际操作都存在争议的仅减值模式恰好是最适合美国利益所需的最佳选择。"③ 笔者认为,商誉计量不应当被政治理论所左右,而应当基于其内涵性质。

商誉后续计量应当秉持"一致性"原则——同时反映其价值减少与增加两方面的变化。如果商誉价值降低则计提减值准备,如果价值上升也要确认其升值准备。减值测试有悖于商誉超额盈利结果这一现象,商誉更有可能是持续升值的——所谓"强者恒强"。减值测试贯彻了谨慎性原则,但却背离了客观性与真实性,是会计计量中的双重标准而非"公平对待",其所提供的信息会因不真实而误导投资者决策。因此,曾经出现的四种方法均不可取,商誉后续计量应根据其性质采用"持续计量法"或可以被称为"持续的初始计量法",每个会计期末都应按照合适模型重新计量结果并进行相应会计处理,以反映出商誉的准确金额。不仅是正商誉而且也包括负商誉,但因

①　王秀丽:《合并商誉的确认、减值及价值相关性》,大连:东北财经大学出版社,2014 年,第 20 页。

②　李玉菊:《商誉会计准则:存在的问题与改进建议》,《证券市场导报》2018 年第 3 期,第 34—40 页。

③　李明、彭川:《商誉理应减值还是摊销? ——兼评 IASB〈讨论稿〉》,《会计研究》2021 年第 1 期,第 26—43 页。

该金额非涉及交易获得,故而属于"持产价差"。

二、企业价值计量方法

对商誉金额每一个会计期末都进行计量的思路如何落实? 其关键在于两个要素,一是企业整体价值,一是可辨认净资产或者股权的市场价值。通过两者差额比较,即为企业(会计主体)商誉的具体金额。[①] 如果比较两者,企业整体价值更为关键一些。

应当说,企业价值的整体评估属于资产评估行业的专利。对此,财政部印发的《资产评估基本准则》(财资〔2017〕43 号)第 16 条规定了"确定资产价值的评估方法包括市场法、收益法和成本法三种基本方法及其衍生方法"。[②] 实际上这三种基本方法,也是 IFRS No. 13 中"计量公允价值"的三种技术方法。[③] 根据《资产评估执业准则——资产评估方法》(中评协〔2019〕35 号)规范,其中,市场法"是指通过将评估对象与可比参照物进行比较,以可比参照物的市场价格为基础确定评估对象价值的评估方法的总称";不过,其应用有赖于信息充分条件下的公开市场交易数据,使得资本市场发达的美国也不完全具备其应用条件。"成本法是指按照重建或者重置被评估对象的思路,将重建或者重置成本作为确定评估对象价值的基础,扣除相关贬值,以此确定评估对象价值的评估方法的总称";该方法多用于有形资产价值评估,而难以用于无形资产较多的新兴企业。而"收益法是指通过将评估对象的预期收益资本化或者折现,来确定其价值的各种评估方法的总称。收益法包括多种具体方法。例如,企业价值评估中的现金流量折现法、股利折现法等;无形资产评估中的增量收益法、超额收益法、节省许可费法、收益分成法等"。[①] 因此,将被评估企业预期收益资本化或折现以确定评估对象价值的收益法属于企业价值评估的最优选择。而理论源流也正是按照这一思路在不断创新、发展与演变。

在理论源流方面,"企业价值评估理论"(theory of enterprise value evaluation)起源于费雪(Irving Fisher)1906 年的《资本与收入的性质》,其完整论述了收入与资本关系及资本价值的源泉,指出资本价值实质上是未来

[①]　沈越火:《商誉减值测试与企业价值评估》,《中国资产评估》2020 年第 7 期,第 19—25 页。

[②]　财政部:《资产评估基本准则》,《交通财会》2017 年第 10 期,第 71—73 页。

[③]　张为国:《影响国际会计准则的关键因素之二:理论之争(下)》,《财会月刊》2021 年第 8 期,第 3—13 页。

[①]　中国资产评估协会:《中评协关于印发〈资产评估执业准则——资产评估方法〉的通知》,2019 年 12 月 4 日,http://www.cas.org.cn/gztz/61795.htm。

收入的折现值,亦即未来收入的资本化。[①] 1907 年费雪出版了《利息率:本质、决定及其与经济现象的关系》,进一步阐述了资本收入与资本价值的关系,使资本价值评估框架得以系统化。[②] 1930 年费雪对《资本与收入的性质》的体系和内容进行了编排和补充,并更名为《利息理论》(Theory of Interest),创立了确定条件下投资项目的"现金流量折现法"(discounted cash flow technique,即 DCF 法),其理论与方法成为现代标准评估技术的基础。

现金流折现法中,"折现率"(discount rate)是一个重要参数。此方面,马科维茨(Harry M. Markowitz)1952 年在《金融杂志》的《资产选择》论文,基于分散投资与效率提出了"投资组合理论"(portfolio theory),并通过对风险和收益量化建立了均值方差模型下的最佳资产组合;[③]但因要计算所有资产的协方差矩阵,导致其计算复杂而影响在实务中的推广应用。学者们对此进行了持续研究,夏普(William F. Sharpe)1964 年提出的"资本资产定价模型"(capital asset pricing model,CAPM)是一重要突破,其将资产预期收益与风险之间关系用一个简单的线性关系表达出来,从而解决了股权资本的计算。[④] 夏普认为与未来财务决策及其现金流量相关的不是账面数而是市场价值,因此而确定的资本加权成本提高了折现率与企业价值的相关程度,成为 DCF 模型的一个重要发展。

DCF 模型提出后,美国学者拉巴波特(Alfred Rappaport)和斯蒂恩(M. Stem)及斯图尔特(G. B. Stewart)为其推广做了许多工作。尤其是拉巴波特 1986 年出版的《创造股东价值》一书,将企业价值理论研究向前推进了一步。书中提出了只考虑企业的自由现金流量的"现金流量折现模型"(free cash flow to firm,FCFF 模型),亦即"拉巴波特模型"(Rappaport model)。[⑤] 该模型以扣除税收、必要资本支出和营运资本增加后的能支付给所有清偿者的自由现金流量为数据,其所计算结果通常为兼并者的最高价格。

与此同时,莫迪格利尼(Franco Modigliani)和米勒(Merton Miller)于

---

① Irving Fisher, *The Nature of Capital and Income*, New York, The Macmillan Co. 1906.

② Irving Fisher, *The Rate of Interest*: *Its nature. Determination and Relation to Economic Phenomena*, New York: The Macmillan Co. 1907.

③ Markowitz H, "Portfolio Selection", *Journal of Finance*, 1952,7(1):77—91.

④ William F Sharpe, "Capital asset prices: a theory of market equilibrium under conditions of risk", *Journal of Finance*, 1964,19(3):425—442.

⑤ Alfred Rappaport, *Creating shareholder value*: *The standard for business performance*, New York: Free Press, 1986.

1958 年在《美国经济评论》上发表的《资本成本、公司融资和投资管理》揭示了资本结构与公司价值间的内在关系,提出了关于资本结构的 MM 理论(无税条件下的资本结构理论),丰富了公司估值理论。[①] 该理论假定无公司所得税,公司资本结构与公司市场价值无关,使得不论债务比率多少企业资本总成本及总价值都不变,即企业价值与负债无关。MM 理论将企业加权资本成本率作为企业价值评估的资本率,克服了 DCF 模型折现率上的缺点,有力地推动了企业价值理论与研究方法的发展,从而更真实地反映企业的运营情况。1961 年,他们又发表了《股利政策、增长和股票价格》,指出股利政策不影响企业价值、企业价值独立于资本结构,同时他们总结出企业价值评估的股利流量法、现金流量法、投资机会法、收益流量法四种方法。[②] 之后的 1963 年,他们就存在所得税情况下对 MM 理论进行了修正,提出了修正的 MM 理论(含税条件下的资本结构理论)。存在公司所得税时,负债利息因税前抵扣而降低综合资本成本进而增加企业的价值,因此公司可以通过财务杠杆不断增加而降低资本成本从而提升公司价值。至此,现金流量折现法形成了较为完整的理论框架。

以 DCF 模型为基础衍生出了包括股利折现模型、自由现金流量折现模型(含权益现金流量折现法、实体现金流量折现法)一系列的企业价值评估模型。这里面,B-S(Black-Scholes)期权定价模型最为著名。其基本原理为,市场中各种金融产品都受经济因素影响而价格波动,若存在套利机会则投资者会套利操作直至金融产品价格达到无套利均衡中。基于这一思路,布莱克(Fisher Black)和肖尔斯(Myron Scholes)于 1973 年在《政治经济学》期刊上发表了《期权估值和公司债务的定价》论文,提出了"布莱克-肖尔斯期权定价模型"(Black-Scholes option pricing model,B-S 期权定价模型),该模型给出了欧式股票期权定价公式。[③] 同年,默顿(Robert C. Merton)在《经济和管理科学杂志》上的《理性期权定价理论》论文,[④]对 B-S 模型假设条件作了松动以使其接近于实际情况,通过对利率为随机条件下期权价格的分析以使其可以用于支付股利的期权定价,促进了模型实际应用。根据

① Modigliani F. & Miller M H, "The cost of capital, corporation finance and the theory of investment", *The American Economic Review*, 1958(3):261—297.

② Modigliani F. & Miller M H, "Dividend Policy, Growth and the Valuation of Shares", *The Journal of business*, 1961(10):411—433.

③ Black F, Scholes M, "The Pricing of Options and Corporate Liabilities", *Journal of Political Economy*, 1973, 5(3):637—654.

④ Merton, R C, "The Theory of Rational Option Pricing Bell", *Journal of Economics and Management Science*, 1973(1):141—183.

主要学者的贡献,该模型被称为布莱克-肖尔斯-默顿模型。再后来,美国学者梅耶斯(Stewart C. Myers)教授认为增长机会可被看作期权,于1977年提出了"实物期权"(real option)概念,他将实物期权者在进行投资的整个未来过程中所拥有或所创造出来的这些选择权定义为"实物期权"。这种选择权是指决策者拥有能根据新信息的产生而相机决策的权利。①

但是,传统DCF模型只考虑未来现金流而不使用资产负债表和损益表上的数据,导致其实用性大大下降。为此,学者们完善了"剩余收益"(residual income)概念,以使得会计数据得以应用。这里的"剩余收益"概念,是经济学家马歇尔(Alfred Marshall)于1890年所提出的,是指所有者或经营者按现行利率扣除其资本利息后所留下的经营或管理收益。随后,普雷尔特里希(Preirtreich)基于剩余收益概念于1938年在《折旧理论》中提出了"剩余收益估价"概念,即单位资本获取的利润与其成本之差;②但在当时环境下,无法获得足够数据对其进行检验而未被市场所接受。

目前,剩余收益估价模型(residual income valuation model, RIM模型)由爱德华兹(Edwards)和贝尔(Bell)于1961年提出,③但当时依然未在理论界引起重视;之后,奥尔森(James A. Ohlson)构想了基于账面价值和未来收益的估价模型,该模型将公司价值表述为当前权益账面价值及预期剩余收益的贴现值之和,并在1995年的《权益估价中的收益、账面价值和股利》论文中确立公司权益价值与会计变量之间的关系,基于会计数据的可获得性使该方法得到很好的应用,并因此而受到理论界重视。④ 理论界根据三位学者姓氏,将其称为Edward-Bell-Ohlson(EBO)模型。之后,费森(Gerald A. Feltham)和奥尔森在EBO模型中加入了企业社会责任CSR、账面价值和收益、收益的暂时性成分、稳健性会计原则和推迟确认等因素,从而提出了新的模型。⑤ 新模型被评估理论界所接受,并被称为F－O(费森-奥尔森剩余收益)模型。

① Stewart C Myers, "Determinants of corporate borrowing", *Journal of financial economics*, 1977,(5):147—175.

② Preinreich G, "Annual survey of Economic Theory: The Theory of Depreciation", *Econometrics*, 1938,6(3)219—241.

③ Edwards E, Bell P, *The Theory and Measurement of Business Income*, California: Berkeley University of California Press, 1961:33—65.

④ Ohlson J, "Earnings Book values and Dividends in Equity Valuation", *Contemporary Accounting Research*, 1995(11):661—687.

⑤ Gerald A. Feltham and James A, Ohlson, "Valuation and Clean Surplus Accounting for Operating and Financial Activities", *Contemporary Accounting Research*, 1995(2):689—731.

应当说,不论是商誉价值还是企业价值,都是基于未来经济利益的评估;因此,DCF 模型或思路是一个基础,并因此而开展了深入研究并不断有研究成果出现。但稍有遗憾的是,尚未出现一个权威且有共识的企业价值评估模型。

三、商誉的市价计量法

(一) 商誉金额的计量

在主流的会计处理方法中,商誉采用了"初始市场价格确认+后续减值测试"的方法。如此谨慎性做法,实乃双重标准的反映;基于财务状况的客观性特征,应一视同仁地全面计量,一方面许可自创商誉与购买商誉的确认,另一方面对初始计量与后续计量采用同样方法。此做法,理论观点在于"公平理论",技术方法在于市价计量法。

理论上,所有的商誉均为自创商誉,因此应当基于民法领域的"意思自治原则"而允许会计主体确认并计量自创商誉。商誉确认是对账面价值为零的资产(正商誉)或负债(负商誉)基于市场价格的计量,因此所调整的会计科目为所有者权益项目构成的"持产价差",不影响利润。故而不会导致利润操纵的不良效果。其中,正商誉作为一项资产、负商誉属于一项负债,其会计分录的平衡项目都应当是所有者权益之"持产价差"。

进一步,若会计主体所有报表项目均能被准确计量,则不同会计主体的净资产收益率应当大体相等。因为商誉是超额盈利结果的来源,对其准确计量后,会计主体不应当再出现超额的盈利而是基本均衡的盈利——此时不同会计主体的净资产收益率应当大体相等。当然,若还存在着未入账的资产或负债则结果会不同,而较大差异也会促使会计主体深刻剖析其经营过程,将未入账的资产或负债及时准确计量。在此过程中,所有的资产与负债都采用市场价格计量,因此商誉金额计量方法当然也是市价计量法。

理论上,若被投资公司将全部资产负债均市价计量,则控股合并就是等价交换而不会出现被称为商誉的买卖价差。而实务中,被并方自创商誉与主并方购买商誉同时出现且金额不相同也是可能的。对此不必惊慌,不必立刻否定其中一方结论。因为不同当事人对同一事物会有不同看法,即使每一个观点都是真实存在的(盲人摸象就是对局部真实的看法),只要厘清各自不同的算法模型即可。因为即使是公开市场连续交易的股票,其价格也是持续变化的。尤其在我国,存在着单一公司普通股两种交易价格的情况。比如,在境内上海或深圳证券交易所上市后,同时在境外(国内)的"香港联交所"上市;虽然同时在中华人民共和国国内交易,但同一时点的交易价格也会不同。不过,投资者并未因此质疑交易的公平性,进而也没有人质疑交易价格的公允性。因为投资者知道时间、地点、当事人等诸多因素的不同,会导致公平交易之下的市场价格也不同。因此,市场价格应当基于时间地点而确定,因而计量的商誉金额也会因主体而不同。

(二) 进一步的问题

因为商誉的不可辨认特征,使得目前可行的商誉计量方法是基于企业整体市场价值所计量的净资产市场价值与可辨认净资产公允价值差额的"价差法",该价格差便是商誉的价值。当然,将商誉界定为唯一不可辨认资产,是一个理论上的思考,而实务中对其独立计量时,则应当是可辨认的。若要对商誉独立计量,其前提需要将其他可辨认资产与负债均在会计报表中准确计量,否则,商誉计量方法也是难以实现的。而在客观现实中,层出不穷的技术创新与金融创新,使得具有市场价值但未被会计确认计量的项目越来越多。这一现象导致直接计量商誉金额理论上说起来简单,但实务中操作起来并不容易。

因此,商誉金额计量需要合理市场价值估值模型。虽然有学者认为,"林林总总的金融估值模型中,没有哪个是举世公认的。世上没有哪个行业能够算出企业的价值,会计行业也不例外"。[①]但是,总有一个模型适合于某一特定需要:或计量企业整体价值然后扣减负债价值与可辨认净资产价值后获得商誉价值,或对股权价值评估扣减可辨认净资产价值后获得商誉价值。就目前来讲,尚缺乏企业文化价值独立计量模型;因此,商誉计量的思路依然是价差法。不过,对于模型的选择、参数估计、输入数值选择及其来源,应当进行充分披露,以化解外界对于金额计算主观性的质疑,唯此方为有效之策。

第四节　商誉信息披露

针对合并会计购买法及其商誉问题,IASB 于 2020 年 3 月发布了《企业合并——披露、商誉及其减值》的讨论稿。其中,IASB 提出了增加企业合并相关业绩信息的披露要求、保留只对商誉进行减值测试的方法、简化商誉减

值测试方法、继续对企业合并中获得的可辨认无形资产单独进行确认等议题。① 如此处理,一方面减少了会计处理方法,另一方面增加了会计信息披露的透明度。因此,对于主观性较强的商誉,需要对其充分披露。

一、商誉信息披露现状

2009 年,会计学家葛家澍教授等便指出:"财务报表的内容相对稳定、争议相对较少,但是附注和其他财务报告的披露却日益庞杂。考虑这一典型的现象,那么附注和表外信息披露的决策相关性问题的研究就日益重要了。"②因此,对于市场价格计量尤其是商誉金额计量的问题,则有赖于会计信息的充分性披露予以应对。

(一) 商誉披露的会计规范

在行政法规之下,对会计报表附注披露的要求主要是两个部门的规范性文件。其一,财政部的《企业会计准则第 30 号——财务报表列报》(财会〔2014〕7 号,CAS No.30),其中的第六章用 7 条(从第 37 条到第 43 条)近 1 500 字,对报表附注披露内容进行了规范,但无针对合并商誉的具体要求。其二,作为对"公开发行证券的公司"监督管理的证监会,也对会计信息披露提出了要求。其中,《公开发行证券的公司信息披露编报规则第 15 号——财务报告的一般规定》(证监会公告〔2014〕54 号)③的第三章"财务报表附注"中用 15 节超过 12 000 字对会计报表附注提出了"真实、充分、明晰"的披露要求。

对比两个部门的规范性文件,显然证监会的要求更为全面细致。在《公开发行证券的公司信息披露编报规则第 15 号——财务报告的一般规定》有四处——合并报表附注一处、合并报表范围变动三处——对商誉信息提出披露要求。第一处,要求"按被投资单位或项目列示产生商誉的事项,对应商誉的期初余额、期末余额和本期增减变动情况,以及减值准备的期初余额、期末余额和本期增减变动情况。披露商誉减值测试过程、参数及商誉减值损失的确认方法"。第二处,要求"或有对价的安排、购买日确认的或有对价的金额及其确定方法和依据,购买日后或有对价的变动及原因。被购买

---

① 蒋力、杜美杰:《对 IASB〈企业合并——披露、商誉及其减值(讨论稿)〉会计处理的评述及改进建议》,《商业会计》2020 年第 21 期,第 24—26 页。
② 葛家澍、杜兴强:《财务会计理论:演进、继承与可能的研究问题》,《会计研究》2009 年第 12期,第 14—31 页。
③ 证监会的《公开发行证券的公司信息披露编报规则第 15 号——财务报告的一般规定》修订次数较多,笔者可以查找到的有 2001 年版、2007 年版、2010 年版,如今为 2014 年版。

方未达到业绩承诺的,应说明该事项对相关商誉减值测试的影响"。第三处,要求披露"商誉的金额、因合并成本小于合并中取得被购买方可辨认净资产公允价值的份额计入当期损益的金额,以及上述金额的计算过程。对于合并中形成的大额商誉,应说明形成的主要原因"。第四处,要求"公司以发行股份购买资产等方式实现非上市公司或业务借壳上市并构成反向购买的,还应说明构成反向购买的依据、交易之前公司的资产是否构成业务及其判断依据、合并成本的确定方法、交易中确认的商誉或计入当期的损益或调整权益的金额及其计算过程"。①

应当说,两者构成了我国现阶段报表附注对商誉最为全面、细致的要求。

(二) 商誉信息的披露问题

为了更加清晰地揭示商誉金额计算过程与结果,所有会计主体均应采用市场价格计量。此时,当所有会计主体对所有经济业务与事项都采用了市场价格计量,各自的会计报表中必然包含了自创商誉(全面要求不重不漏),此时的控股权买卖若据此进行交易则理论上不会出现"合并价差"。但是,一方面由于存在会计计量的问题,并非所有经济业务与事项都能够被准确计量,另一方面即使准确计量也难以排除由于认为误差等原因而导致出现"合并价差"。此时,可能会出现控股股东认为的购买商誉与被投资公司自己会计报表中的自创商誉金额不一致。此时,会计报表附注该如何应对这一现象?

从前述规定看,商誉披露仅有控股股东披露,而且相对具体的内容为:"商誉的期初余额、期末余额和本期增减变动情况,以及减值准备的期初余额、期末余额和本期增减变动情况。披露商誉减值测试过程、参数及商誉减值损失的确认方法。"而被投资公司(子公司)如何处理? 商誉初始计量的过程——支付对价与所享有可辨认净资产公允价值等信息,并不要求披露。进一步,商誉减值测试时,也不涉及被投资公司可辨认净资产公允价值确定过程的信息。

如果某一公司存在自创商誉,则理论上其每一份股权中都应当包含,而不仅仅是控股股权。当然,更为特殊的情况是,由于前几位大股东持股比例较为接近,则有可能控股权多次易手。那么,此时是否曾经作为控股股东的公司都可以因此而确认购买商誉? 根据 CAS No. 20 控股权包含商誉的规

① 齐兴胭:《浅析〈公开发行证券的公司信息披露编报规则第 15 号——财务报告的一般规定(2014 年修订)〉》,《中国乡镇企业会计》2015 年第 5 期,第 17—18 页。

定，各个控股股东均可以确认。进一步，若将各自所计算的部分商誉金额折算为被投资公司的全部商誉之后，可能会出现不相等的情况。对此，又如何解释不同控股股东所计算出来的不同 100％ 的商誉金额？因此，按照目前财政部、证监会的附注信息披露要求，显然难以解决上述问题。

二、商誉信息披露完善

法学界与会计界都在力争真实而排斥虚假，后者通过会计信息来反映真实财务状况，前者通过证据来还原事件的本来面目。比较而言，法学真实更为社会大众认可，所以对会计信息的披露，可以从司法诉讼中找寻提高真实性的可贵经验。

（一）对法学质证的借鉴

对会计信息披露的完善，可借鉴司法诉讼的做法。之所以能借鉴，在于两者具有一定相似性。财务会计是一个从"经济事项、原始资料、方法选择、会计处理、提供报表"的以会计信息为主、向外部用户反映真实财务状况的过程，司法判决是一个当事人提供证据与诉求并以裁判文书为主、向社会公众公开的过程。其中，财务报告所反映的会计主体财务状况，也是对关系人利益的计量；司法判决报告既是对当事人利益诉求的反映，又是当事人利益界定的说明。但是，两者结果在人们心中地位却大不相同。

现实中，人们对司法判决的真实性、可信性的认可程度，要明显高于对财务报告。尤其是在康美药业股份有限公司（上海证券交易所上市公司，证券代码：600518，简称"康美药业"）财务造假事件爆发之后。2019 年 8 月 16 日，康美药业收到我国证监会的《行政处罚及市场禁入事先告知书》（处罚字〔2019〕119 号），针对康美药业"有预谋有组织长期系统实施财务造假行为"对马兴田等人给予市场禁入的处罚。[①] 之所以能够"有预谋、长期、系统实施"财务造假，原因在于会计处理与司法诉讼质证环节的差异。

其中，会计处理是一个对用户不公开的过程。会计处理是一个由会计人员操作，并不告知会计信息用户的过程。虽然会计人员认为自己严格遵循着会计规范，但对外提供的仅是一个会计报表的结果，其间缺乏会计信息用户的直接参与，实质上是一个由会计信息提供者的自我裁判结果。此时，如果所有经济事项都是及时完结且其处理方法（不存在不同处理方法的选择）唯一，则会计信息就是简单数学计算而与处理程序关系不大：只要输入

---

① 康美药业股份有限公司关于收到中国证券监督管理委员会《行政处罚及市场禁入事先告知书》的公告，2019 - 08 - 17，https://www.sohu.com/a/334304713_115433。

客观原始资料后,唯一的会计处理方法就会使得唯一确定的结果自然得出,尤其是在应用会计软件的前提下。但是,很多会计事项或无法即时完结或处理方法不唯一,此时不充分披露会计处理过程,其结果的真实性就会受到质疑。对此,北京大学法学院刘燕教授指出,"会计界的'真实性'与法律界的'虚假性'之间的矛盾,即过程的真实性与结果的虚假性之间的矛盾"。[①] 具体来讲,对外提供的财务报告仅仅是一个结果,而不是过程;相反,司法判决公开的不仅是结果,[②]而且包括整个庭审过程。

司法判决之所以更为社会公众所接受,其关键在于司法活动除国家秘密等特殊情况外的公开性原则,该原则衍生出了诉讼当事人的知情权与监督权这两大权利。[③] 这一权利落实到司法诉讼活动中,便是证据在司法诉讼过程中的相互质证。质证不仅是诉讼当事人的权利,是实现司法公正的保障,而且是司法证明的基本环节,是实现司法证明目标的必须程序。质证的内容包括证据的资格、真实性和价值。[④] 可见,与财务报告编制的结果性不同,司法诉讼及其判决是基于质证基础上的公开性。在司法活动中,为了获得结果的公平正义,其诉讼程序应当符合一定标准。如何通过程序获得一个公正结果,则有赖于透明化的程序规定。对此,美国大法官布兰代斯(Louis D. Brandeis)认为:"阳光是最好的消毒剂,灯光是最好的警察。"[⑤]因此,"从完整意义上表述民事司法证明的全过程,应当是:举证、质证、认证。在形式上处于这一过程中心位置的质证,从实质上对整个民事司法证明过程也起着核心作用"。[⑥] 对此,《中华人民共和国民事诉讼法》(2017 年 6 月27 日,第十二届全国人民代表大会常务委员会第二十八次会议通过)第 134条规定,除涉及国家秘密、个人隐私或法律另有规定的以外,民事司法诉讼"应当公开进行"。不仅仅是司法审判过程,而且是审判结果都需要透明化,司法审判正是通过诉讼程序与结果的公开性,使其获得实体公平正义,获得来自社会公众真实可信的认可。

---

① 刘燕:《验资报告的"虚假"与"真实":法律界与会计界的对立》,《法学研究》1998 年第 4 期,第 91—103 页。

② 在"最高人民法院"之下,设有"中国裁判文书网"依法公开不涉及国家机密、不涉及个人隐私的所有判决文书。财务报告除了上市公司或股份公司之外,很难查找到其他公司的。

③ 樊崇义:《诉讼原理》,北京:法律出版社,2009 年,第 462 页。

④ 何家弘:《关于质证中的几个基本问题之我见》,何家弘编,《证据学论坛(第 5 卷)》,北京:中国检察出版社,2002 年,第 23—24 页。

⑤ 路易斯·D. 布兰代斯:《别人的钱:投资银行家的贪婪真相》,胡凌斌译,北京:法律出版社,2009 年,第 53 页。

⑥ 夏敏:《论质证在民事司法证明中的定位》,何家弘编,《证据学论坛(第 5 卷)》,北京:中国检察出版社,2002 年,第 44 页。

(二)商誉信息披露应有内容

商誉金额计算的复杂性,便很有可能出现如此极端情况:甲公司报表的自创商誉金额,与其控股股东合并报表中对应的甲公司商誉金额不一致。如何解决此看似矛盾的问题? 对此,可以借鉴司法质证的方式,即甲乙双方各自提供自己的计算过程与结果,同时质疑对方的计算过程与结果。对上市公司的会计报表中包括商誉计量的问题,可以定期召开由特定用户与上市公司参与的听证会,而我国证监会以其超然独立的身份作为该听证会的主持人。因为真理越辩越明,不断努力便会使得包括商誉在内的会计问题逐步减少。

上述商誉信息的质证式披露或核实,因完美而有些理想化。在现实中,如何让主观的商誉计量获得使用者客观的评价? 对此,应当借鉴《中华人民共和国证券法》(2019 年第十三届全国人民代表大会常务委员会第十五次会议第二次修订)提出的"真实、准确、完整,简明清晰,通俗易懂"(第 78 条)的原则要求,提升信息披露的充分性,实现透明化披露。其基本原则应当是:使用者能够接受、会计主体能够提供。

对于合并商誉,附注信息应当披露企业整体价值的计算。此方面要详细介绍所选用模型,现金流量的计算过程与结果,各个参数选择的合理性分析,如,折现率的计算与选择。对于这些数据的提供,要能够做到追根溯源,要让用户能根据会计报表附注说明在追溯核实的基础上重述。同时,要单独列示不包含商誉的可辨认净资产公允价值的金额,以及商誉减值后的可辨认净资产公允价值金额,提供更加详细的会计数字,同时提供会计数据的计算过程。如果采用直接计量法,则应当说明其所采用模型及其理由,各个参数数据来源及其选取理由。如此透明化地披露,才能够让使用者对其核实。

三、商誉问题暂行回答

至此,笔者可以简要回答以下业界提出的问题:(1)商誉究竟是法律问题、管理问题还是会计问题? 其研究视角应当从何切入? 商誉涉及法律、管理、会计三方面。其中,管理在于促使商誉的形成,在于不断发展的管理理论来形成优秀企业文化与合理的管理制度,产生超额盈利的经济结果;因此,还需要法律层面通过明确权利与义务来保护当事人合法权益;最后,需要会计层面的从确认、计量、列报与披露多环节的货币化反映。(2)商誉与无形资产究竟是何关系,并列、从属还是包容关系? 其为单一资产还是合力资产? 商誉的文化本质使其具有不可辨认的外部特征,是否属于无形资产在于会计准则体系编排的需要,旧的准则将其归为不可辨认的无形资产,而新准则将其从无形资产中排除。但不论如何分类,不能改变其内涵本质。企业文化落实到管理制度之中,最后体现为盈利数据,是合力的结果而非单一因素。(3)自创商誉如何确认、何时确认? 商誉本质上为自创商誉,应基于定义确认、基于合适方法计量后,在会计报表中列报,而不是在企业合并时。之所以未被确认,理论上在于人类认识的有限性,技术上在于计量方法的主观性,会计处理系谨慎博弈的结果。(4)商誉减值测试的标准与方式如何? 是否可因意外事件而减值? 商誉不应当采用减值测试方式,而应采用持续计量方式。意外事件所影响损益,则应计入当期损益而非调整商誉金额。因为企业文化的稳定性非意外事件可以影响的。(5)负商誉是否存在? 如何处理? 负商誉为不适合企业文化所产生的低效或亏损,会计上应当确认为负债(负商誉),同时调整所有者权益。(6)商誉应在信息表内列报还是附注披露? 商誉既应当在会计报表的表内列报又应当附注披露,但两者各有不同——表内为结果、披露为结果产生的过程说明。(7)商誉的会计准则,应单列还是融入其他准则中? 商誉作为报表之独立项目、不可辨认资产或负债,应当单列一项会计准则;因为商誉均源自自创,而非企业合并。(8)哪些企业有商誉? 与规模是否有关? 是否拥有商誉与企业规模无关,本质上与企业文化有关,形式上与盈利结果有关。因此,多数企业均有商誉,只不过或正或负。(9)商誉会计可否实证研究? 可被实证研究。如文中所引用相关文献,学者采用实证研究方法证实了超额盈利结果的存在。目前的证实多针对影响关系而非因果关系,且无法实证出具体的商誉金额。(10)企业核心竞争力与商誉是否相同? 两者各自独立发展还是一并研究? 商誉与核心竞争力是被包含与包含关系,两者存在领域不同,会各自独立发展又相互借鉴。

第五节　本章小结

商誉是因企业合并而产生的一个具体难题,是市场价格计量的第二个具体应用。对商誉的研究有两个线路,一是内涵本质(会计确认)的探究。本节采用了"超额盈利结果→核心竞争力、核心竞争力来源→企业文化、企业文化表现→管理制度"的研究路线。二是计量方法的探索。若所有可辨认资产、负债均已市场价格计量,那么,商誉=股权市场价格-可辨认净资产公允价值,或商誉=企业价值-负债价值-可辨认净资产公允价值。但是,此计量结果会因市场价格计量主观化而受到质疑,同时存在会计舞弊的可能性,对此需要充分披露。而如何充分披露? 本章借鉴民事诉讼当事人相互"质证"的原理,通过对商誉计量过程与结果透明化披露,以便让会计用户可以核实其处理,验证其处理的合理性与准确性。

第七章　物价变动会计与外币报表折算

在全球化经营时代，合并报表编制难以避免会涉及外币报表及其物价变动会计两大财务会计难题。如何应对？基于财务状况的客观性，其合理对策为"市价交易计量法"。

第一节　市价交易计量法

有专家指出："一个挑战是，目前的会计理论和会计准则坚持的依然是资产负债观和利润表观（即关注存量还是流量）两种理论，市价交易观是计量属性，能否于此并列，值得讨论，是否可以区分不同层次加以论述。"笔者深入分析后认为，"市价交易观"实为"市价交易计量"法，是对落实会计目标的措施。

一、反映真实的会计目标

（一）真实反映的会计目标

如之前（第一章第二节）论及，目前会计研究多采用"目标导向模式"，这是因为整个会计系统均围绕实现其目标而建设。会计理论界对"会计目标"（accounting objectives）的看法，多集中于"决策有用观""受托责任观"，或两者并列或选择其一。比较而言，决策有用观具有相对优势，因为其来源于美国会计界。对于来源，会计学家黄世忠教授认为其"首次出现在 1966 年 AAA 的《基本会计理论公告》（ASOBAT）中。[1] 1978 年，FASB 在第 1 号财务会计概念公告中明确将决策有用观作为会计基本目标"[2]后，获得了世界范围内的认可与趋同。我国对会计目标研究集中于 20 世纪末，如今不再构

---

① 美国会计学会：《基本会计理论》，文硕等译，北京：中国商业出版社，1991 年，第 5 页。
② 黄世忠：《中流自在行：我的会计学术之路》，北京：中国财政经济出版社，2020 年，第 93 页。

成热点但并未被遗忘。如,学者郑安平认为,"会计的原本目标是服务管理观,而受托责任观、决策有用观均是在会计信息系统由业主制企业会计,进化到合伙制及股份上市公司会计过程中,在服务管理观基础上逐渐产生的会计目标",①从而提出了会计目标的"管理服务观"。

在理论界,"历经 30 余年,国内外对会计目标定位理论的研究始终是裹足不前,难以突破 FASB 对会计目标定位理论研究的窠臼"。即便是 IASB 也因为"只缘身在此山中"而"却始终摆脱不了 FASB 对会计目标定位理论研究成果的桎梏,一直在决策有用观包含受托责任观还是取代受托责任观之间徘徊,难有创新和发展"。② 那么,如何突破而确立合理的会计目标? 对此,著名会计学家娄尔行早年指出,"会计运行于特定的社会政治经济环境之中,这种特定的社会政治经济环境决定了会计信息使用者的需求、会计的特征、会计信息提供者的意愿,以上三个方面决定了会计的目的"。③ 之后,会计学家张为国教授在其博士论文中以图示方式清晰地表达了会计目的(目标)应当为"使用者需要提供,企业管理人员(会计人员)愿意提供,会计(会计特征和技术水平)又能提供"的三者之交集。④ 通常,目的具有终极性而目标具有具体性的差异,若将其落实到会计系统与会计人员行为中,则实质含义相同。因此,这种外部用户需求、系统内部职能与会计执行者能力三者一致的操作性,决定了会计目标并非会计信息用户单方面的意图,而是理论存在、现实需要、能力可至的三者交集——如实反映才是财务会计的会计目标。

首先,从会计信息使用者需求看,只有真实信息才有用。一般认为,会计信息实际作用在于会计用户的具体决策,但决策多是与特定模型相联系,而特定模型需要特定会计信息。因此,理想化措施是对不同用户提供针对性财务报告,但会因成本太高而不符合经济性原则,甚至即便是不计成本也可能难以实现。另外,从时间角度来讲,决策是对未来行为的选择,故未来信息最为相关;⑤但是,会计信息多为历史信息,而非预测性未来信息。加之未来的不确定性,该不确定会降低信息使用效果;相反,与其苦苦追寻一个

① 郑安平:《关于会计目标定位的思考》,《会计研究》2020 年第 3 期,第 3—18 页。
② 郑安平:《关于会计目标定位的思考》,《会计研究》2020 年第 3 期,第 3—18 页。
③ 张为国:《我国著名会计学家娄尔行教授的学术思想和贡献》,《会计研究》2015 年第 10 期,第 3—14 页。
④ 张为国:《会计目的与会计改革》,北京:中国财政经济出版社,1991 年,第 24—25、27 页。
⑤ FASB 强调资产未来经济利益流入之特征,其结果便会导致财务会计成为基于未来数据的财务预测学。会计学家葛家澍教授曾经在论及财务会计本质时,对此就有所感叹。参见葛家澍:《财务会计的本质、特点及其边界》,《会计研究》2003 年第 3 期,第 3—7 页。

不确定的未来信息,不如相对方便地获取一个真实的历史信息。因为未来是历史的延伸,历史信息影响着未来信息,通过历史信息的趋势更加有助于用户的未来决策。

其次,从会计系统的供给看,反映真实是其内在职能(参见第八章第一节)。会计系统所生成的会计报表反映的是会计主体的财务状况,而财务状况是一种客观存在,应当具有唯一性与确定性。一个确定的会计主体具有唯一确定的范围,具有唯一确定的经营活动历史,拥有唯一确定的资产,该资产在具体环境中只能存在一种恰当的市场价格,因而必然具有唯一确定的财务状况。对此,会计学家葛家澍、黄世忠教授早在 1999 年已指出"反映经济真实是会计的基本职能"。[①] 基于反映真实的会计职能,决定了财务会计系统只能够反映真实的会计信息;如果会计还有其他职能,则属于管理会计等会计分支的职能了。

再次,从会计人员的能力看,反映真实是最理性的选择。人是能动的,会计人员可编制出很多类型的会计报表。而在虚假与真实之间,理性的会计人员会选择哪一种? 从利益驱动角度看,会计人员会选择使自己利益最大化的做法。但从岗位职责来讲,依法遵循会计准则是会计人员最为理性的选择。该行为能力的结果,便是会计准则要求的结果。而《企业会计准则——基本准则》中制定目的便是"保证会计信息质量",而会计信息质量的首要特征便是《会计法》所要求的"真实可靠、内容完整"。

因此,会计目标是会计系统所能够产生的、会计环境(用户)所需要的、会计人员所能够达到的三者之交集,该共同目标就是反映真实。其实,这也是《会计法》所确立的法定目标——"为了规范会计行为,保证会计资料真实、完整",第 3 条指出各单位必须保证会计资料的"真实、完整",第 4 条指出单位负责人对本单位的"会计资料的真实性、完整性负责"这一系列表述,均围绕"真实完整"的会计目标而展开。如何选择表述用词,"反映真实"还是"如实反映"。因为,"如实"有着"按照实际情况"的含义。[②] 对于会计人员而言,正是通过其"如实反映"的会计行为来实现会计目标;而若表述其结果,则是"反映真实"或"真实"。对此,笔者不区分其间细微差异,而是多采用具有会计人员行为特征的"如实反映"来表述。

与会计联系紧密的是证券领域,其《证券法》对信息披露提出了"内容应

---

① 葛家澍、黄世忠:《反映经济真实是会计的基本职能》,《会计研究》1999 年第 12 期,第 2—7 页。

② 中国社会科学院语言研究所词典编辑室:《现代汉语词典》,北京:商务印书馆,2016 年,第 1110 页。

当真实、准确、完整"的要求。此要求,是为了实现"保护投资者的合法权益,维护社会经济秩序和社会公共利益,促进社会主义市场经济的发展"的立法目标。在证券市场中,投资者是不会因为"会计信息与决策不相关"而起诉上市公司的;但若该公司财务造假,会计信息用户便会以会计信息失真而提起民事诉讼。[①] 因此,如实反映是会计系统、会计人员与信息用户的共同需求,也是会计人员赋予会计系统、会计报表可实现可操作的目标。

(二) 与主流观点的比较

不过,目前会计目标的主流观点是"决策有用观";当然,有时候还会包括"受托责任观"。但是,从"决策有用观"的"有用"(useful)二字直观地告诉我们,该观点所表述的并不是会计报表目标,而是会计信息、会计报表的作用。

就含义而言,"作用"是指"对事物产生影响,对事物产生某种影响的活动,对事物产生影响的效果、效用";"目标"是指"射击、攻击或寻求的对象;想要到达的境地或标准"。[②] 因此,会计信息(会计报表)被其用户用于"决策"之后的"效果、效用",是其实际"作用";但是,会计信息自身却很难直接产生该结果,而是有赖于会计信息用户的主动性应用。因为会计目标是会计系统所具有的、可以由会计人员实现的、体现在会计报告中结果,所以,决策有用的会计目标,实际上是基于用户视角的会计作用的错位。

其实,该错位早已被多位学者所发现,通常表现为介绍财务报告作用时。如,曾任上海财经大学校长的汤云为教授等在图解会计理论结构时,就明确指出了决策有用的"会计目标"就是"会计信息的用途"。[③] 再如,会计学家葛家澍教授等在介绍西方现代会计时,就指出 FASB 在第 1 辑和第 5 辑"概念公告"(SFAC)中所介绍的财务报告作用是:"帮助投资者、债权人进行合理决策""反映管理当局的受托责任"和"评估和预测未来的现金流动""促进社会资源配置"这四大主要用途。[①] 从名称上看是介绍 FASB 所认为的会计目标,但内容上却是会计信息(会计报表)的作用,故主流会计目标观点是会计功能的错位。当然,由于会计被认为包括财务会计与管理会计,因此学者认为主流的两大会计目标其实是财务会计与管理会计的分支目标。其

① 宋建波、朱沛青、荆家琪:《审判仍在路上:新〈证券法〉下康美药业财务造假的法律责任》,《财会月刊》2020 年第 13 期,第 134—139 页。
② 中国社会科学院语言研究所词典编辑室:《现代汉语词典》,北京:商务印书馆,2016 年,第 1757、928 页。
③ 汤云为、钱逢胜:《会计理论》,上海:上海财经大学出版社,1997 年,第 105 页。
① 葛家澍、林志军:《现代西方会计理论》,厦门:厦门大学出版社,2001 年,第 267—268 页。

中,会计名家胡玉明教授认为"提供决策有用的会计信息"是"管理会计而非财务会计的目标".①

时任会计司司长在"新会计准则体系"颁布后就指出:"企业会计准则满足投资者可持续投资的信息披露,应当是真实可靠的."②从《会计法》《证券法》等法律规定中,我们可以发现:持续提供真实可靠完整的会计信息,是财务会计现实可行的目标.其实,美国会计学者中也有提出要求真实、准确的看法.如,斯科特(Scott)早在1941年就提出了会计数据应当公允无偏见,会计报告应当真实准确.③

那么,为何会产生"决策有用"的会计目标? 对此,还应当从该观点产生的过程中来研究.决策有用观滥觞于FASB于1978年发布的《财务会计概念公告》第1辑,再往前追溯,该公告蓝本却是1973年"特鲁布拉德委员会"(Trueblood Committee)所提出的《财务报表的目标》.该报告是在对用户进行调查后所撰写,是基于会计信息用户的需求而提出的.④ 该报告的贡献在于以用户需求为导向,通过调查认识到了会计信息用户使用会计信息的目标在于决策,但该报告却直接将会计信息用户目标"移植为"会计信息提供者(会计系统、会计报表)的目标,从而导致会计信息作用与会计报表目标的错位.因为会计成果表现为一套以会计报表为核心的会计信息,对会计人员而言,编制符合质量要求的会计报表应当就是其工作(会计系统)目标,即会计报表质量标准就应当是会计(报表)目标.与此不同,会计信息用户使用财务报告,不是为了真实反映财务状况,而是用于各种决策.

因此,决策有用是会计用户的使用目标,而非会计人员的工作目标,当然也不是会计报告或者会计系统的应有目标;会计(系统、人员、报表)目标只能是反映真实,因为会计主体的财务状况是不以人们意志为转移的客观存在,其结果具有客观唯一性.因此,不论会计系统还是会计人员,其能够做到的只能是反映真实.

(三) 会计目标的具体落实

其实,不仅我国法律规定了真实的会计目标,在西方,真实(外加公允)

---

① 胡玉明:《管理会计的本质与边界》,《财会月刊》2021年第19期,第16—24页.许金叶:《财务会计与管理会计的边界——基于社会时间观的解释》,《财务研究》2015年第1期,第34—40页.

② 刘玉廷:《关于企业会计准则体系建设、趋同、实施与等效问题》,财政部会计司编写组,《企业会计准则讲解2010》,北京:人民出版社,2010年,第2页.

③ D R. Scott, "The basic for accounting principles", *The Accounting Review*, 1941, Vol. 14. (Dec.):341—349.

④ Trueblood Committee, *Objectives of financial statements*, AICPA, New York, 1973.

也是英国法律对财务报表的要求。但是,"耸立于英国会计之上的真实公允,但十分奇特的是,没有人知道它的意思"。① 英国作为判例法法系,其法律含义有时候需要司法判例来解释;而我国不同,我国有着较成体系的法律规范、法学理论,都可以成为我们理解法律真实的钥匙。

说到真实,人们首先会想到法律真实。在法学界,对真实性的讨论主要集中于证明标准上,先后提出过客观真实说、主观真实说、法律真实说、形式真实说等观点。如果对这些观点所涉及概念进一步划分,实际上存在四组、每组由两个相对概念构成、共计八个具体的概念——实质真实与形式真实、客观真实与主观真实、事实真实与法律真实、绝对真实与相对真实。② 这里不再对其赘述,而是要如何将法律所要求的真实落实到会计系统中。

所谓会计系统,是指确认与计量会计主体经济权利义务的系统,其中对外表现为以会计报表为核心的会计报告的系统。对会计系统中的真实,可以通过对民事法律关系的分析而获得,因为"民事法律关系是整个民法逻辑体系展开与构建的基础"。③ 因此,对"如实反映"法定目标的实现,也应通过法律关系来落实。

一般来讲,"法律关系"通常是指法律规范在调整人们的行为过程中所形成的具有法律上权利义务形式的社会关系,包括主体、客体、内容三要素。其中,(1)主体,是指法律关系的参与者,是能够行使民事权利并承担民事责任的人。在会计核算系统中,通常表现为发票等各类单据中的付款方(债务人、采购方)与收款方(债权人、销售方),在会计报告系统中,表现为根据该票据所编制会计报表(个别报表、合并报表)的表头编制单位。(2)客体,是指法律关系所指向的对象,具体包括物权、债权、知识产权等。在会计系统中,首先将其归类为不同的会计要素,其次表现为不同的会计报表项目,最后会集中为一套结构完整的会计报表。(3)内容,是指法律关系中主体所享有的权利和承担的义务。在会计系统中,通过会计要素而落实,一方面根据权利、义务的静态关系确认为资产、负债与所有者权益;另一方面根据权利义务交换与转换的动态关系,而反映为收入、费用及其结果的利润。因此,法定"如实反映"的会计目标主要通过会计报表而实现。

会计报表主要有资产负债、利润表、所有者权益变动表、现金流量表这四张会计报表,其中,反映真实财务状况主要由资产负债与利润表来实

---

① P. J. Walton, "True and fair view doctrine: A search for explication, Irish accounting", *Journal of Business Finance Accounting*, 1985(Winter):83—94.
② 张建伟:《证据法学的理论基础》,《现代法学》2002 年第 2 期,第 34—46 页。
③ 杨立新:《中国民法典精要》,北京:北京大学出版社,2020 年,第 379 页。

现。因为,现金流量表以现金实际流动状态而编制,本身就是客观现状的描述;而所有者权益变动表既是对所有者权益项目变动过程与结果的反映,又是联结资产负债表与利润表的桥梁。① 那么,对于资产负债表和利润表,如何实现如实反映呢? 由于会计系统是对会计主体经济价值的反映,因此其真实性需要通过主体、客体、时间、价格四个要素来体现。其中,主体为会计主体,客体具化为不同会计报表中的不同报表项目。因此,关键在时间因素与价格因素,而价格又是随着时间而变化的,因此需要结合报表特征来确定。

因此,资产负债表的真实性特征在于:(1)价格要素是指会计主体资产或负债的价值信息。会计上,主要由账面价值与公允价值两种类型价值信息。(2)时间要素是指资产负债表的时点,通常又被称为"会计期末",年度报表就是当年的 12 月 31 日,离开了时点的其他任何日期,都会导致财务状况的不真实。当我们将时间因素与价格因素两者综合考虑之后,资产负债表的真实性需要通过会计期末的"市场价格"来落实。此时,对其准确的描述应当是"资产负债表期末的市场价格",或表述为"市场价格计量"。

其实,这也是西方国家的要求。对此,会计学家黄世忠教授等指出:"英国 1844 年颁布的股份公司法强调,资产负债表应当'完整和公允'。1856 年修订的股份公司法更是明确要求按市价对资产进行计价,以便以'真实和正确'的观点反映企业的财务状况。上述公司法要求资产按市价计价是基于这样一种理念:资产负债表上的价值应当反映开展业务和履行偿债义务的能力。"② 从上述法律要求与会计计量属性关系的表述中,我们可以发现市场价格计量是对"真实、完整"法定目标的落实措施。

与此同时,利润表的真实性特征在于:(1)时间要素为一个有着确定起点与确定终点的动态会计期间,其终点一定是资产负债表的期末时点。因为时间终点与资产负债表期末的相同,使其通过利润分配项目联结着两张会计报表,从而产生了会计报表之间的勾稽关系。(2)价格要素,是存在于这一动态期间的实际价格。由于利润表是反映主体经营成果的会计报表,其经营主要通过销售、确认收入而实现,而收入确认主要通过市场交易来进行,故会计上对收入是通过"交易确认"来进行的,因此,采用真实的交易价格来计量会计收入,是落实"如实反映"会计目标的当然举措。于是,对于这

---

① 笔者曾参与国有企业年报审计,其报表系统由"久其软件公司"(深圳证券交易所上市,股票代码:002279)提供,最终审核问题多集中于"所有者权益变动表",因其处于会计报表体系之中枢。

② 黄世忠、王肖健:《公允价值会计的历史沿革及其推动因素》,《财会月刊》2019 年第 2 期,第 3—11 页。

一时间与价格的组成要素的准确描述就是"利润表期间的实际交易价格",或表述为"交易价格计量"。不过,对于成本结转的金额,则通常采用初始成本,以便反映出该项目的交易利润。①

此时,利润表采用"交易法"原则以如实反映经营结果,资产负债表秉持"市价计量"方法以全面揭示期末真实的财务状况。基于资产负债表的"市价计量"与利润表的"交易价格",笔者曾经将这一实现如实反映会计目标的方法称为"市价交易观"。② 当然,根据其对会计要素计量的目的,更应当被称为"市价交易计量法"。

二、市价交易计量的定位

将"市价交易观"称为"真实交易观",如实反映了笔者观点变化。当初在研究利润表要素时,认为"资产负债表目标为真实的静态财务状况,利润表目标为对交易过程与结果的反映",故而提出过"真实交易观"。③ 之后发现,真实是会计整体性目标而非资产负债表所独有,遂根据其计量属性而更名为"市价交易观"。对此,另一专家指出:"目前的会计理论和会计准则坚持的依然是资产负债观和利润表观(即关注存量还是流量)两种理论,市价交易观是计量属性,能否于此并列,值得讨论,是否可以区分不同层次加以论述。"对此,笔者认为:(1)存量与流量同等重要,故而提出"市价"(存量)与"交易"(流量)并列的"市价交易观"。(2)但是,其与"资产负债观"和"利润表观"并非同一个层次,仅为落实会计目标的技术手段、计量方法而已。

对两大主流观点,会计学家黄世忠教授分析指出,"资产负债观和收入费用观分属两个不同的系统,体现了不同的会计确认逻辑",④其差异最初源自对收益确认的不同选择。其中,"交易法"以实际交易为收益确认原则,无论是资产负债计量还是收入费用确认均以交易为基础,只要交易尚未发生,即使外部市价已变动也不能作为收益构成而被确认,即所谓"收益满计观"。此方法下,收益通过收入抵减费用而获得,故被称为"收入费用观"或"利润表观"。与此不同,"作业法"以作业完成而非交易为收益确认依据,只要产生收益的活动已发生,不论是交易活动还是市场价格变动,都要在利润表中

---

① 对持有期限超过一个会计期间的资产交易,也可以结转期初成本,以便反映本期成果。而结转期初成本还是初始成本,主要在于内部管理的需要。而从外部需求与整体视角,应当是实际交易价格与初始成本的比较结果,以便反映完整的经营成果。

② 黄申:《基于市价交易观的利得损失定义》,《西部论坛》2011 年第 5 期,第 50—55 页。

③ 黄申:《利润概念之法学完善》,《当代经济管理》2009 年第 11 期,第 93—96 页。

④ 黄世忠:《中流自在行:我的会计学术之路》,北京:中国财政经济出版社,2020 年,第 91 页。

确认与计量,即所谓"当期收益观"。此方法下,收益通过"资产减负债净额"的期末与期初差额来确定,故被称为"资产负债观"或"资产负债表观"。

其中,"收入费用观"所确认的利润具有可靠性,"资产负债观"的利润具有完整性,此为二者之优势;但是,前者因递延项目存在而导致所反映资产负债状况不客观,后者则因公允价值计量下的未实现损益确认使得会计净利润难以用于利润分配,并在 2008 年金融危机中备受非议。[①] 应用环境的变化,尤其是"2008 年西方主要国家在经历了严重的金融危机后,各方面对平衡资产负债表观和收益表观的呼声越来越高"。[②]

笔者认为,既然两种思路各有千秋,那么保留其优点来构建第三观点将是一种可行且现实的改进思路。于是,产生了"市价交易计量法"。为了落实两者同样重要的认识,还构思了"持产价差"的所有者权益项目而将两张报表相连接。不过,由于矛盾普遍联系规律使得两观点差异从收益确认不断拓展,但是,"随着经济环境对会计理论的进一步影响,尤其是会计目标所产生的影响,这种差异从本质上慢慢地影响到会计准则制定的指导思想,并渗透到会计准则的方方面面"。[③] 三种观点、方法主要差异对比,如表 7-1 所示。

表 7-1　资产负债观、收入费用观与市价交易计量主要差异对比

项目	资产负债观	收入费用观	市价交易计量法
会计目标	决策有用	受托评价	反映真实
质量首要特征	注重相关性	注重可靠性	落实可核性
会计计量属性	公允价值	历史成本	市场价格
会计要素重心	注重存量	注重流量	存量流量同等重要
会计计量重心	资产计价	收益确定	资产、利润同等重要
计量时间特征	面向未来	基于过去	会计期末时点
利润计量	(期末—期初)净资产	收入—费用	收入—费用
权益变化	当期利润	当期利润	当期利润±持产价差
期间收益性质	综合收益	当期营业观	当期经营观

---

① 黄世忠:《后危机时代公允价值会计的改革与重塑》,《会计研究》2010 年第 6 期,第 13—19 页。

② 张为国:《影响国际会计准则的关键因素之三:业绩报告(上)》,《财会月刊》2021 年第 10 期,第 3—11 页。

③ 施先旺、刘美华:《资产负债观与收入费用观比较研究》,《财会通讯·综合》2008 年第 6 期,第 31—32 页。

（续　表）

项目	资产负债观	收入费用观	市价交易计量法
未实现损益	利润表确认	不确认	资产负债表确认
财务报表重心	资产负债表	利润表	两报表同等重要
财务报告内容	完整状况、全面收益	平衡状况、经营收益	完整状况、经营收益
优势	状况信息完整	利润可验证	完整、真实
不足	未实现损益波动放大	递延的资产、负债	披露成本高

　　三种观点并非同一层次,因为其提出的初衷各不相同。其中,资产负债观与收入费用观产生于收益的不同确认标准,随后才延伸至会计目标。[1] 而市价交易计量法则是实现"真实完整"会计目标的技术手段,随后落实到具体问题之中。将三者对比,有点"关公战秦琼"的味道:不在同一层次,自然不可能相互替代。另外,表7-1中"可核性"是整体性概念而非具体要求——"真实性"会计目标需要借助用户可靠"核实"来验证,用户在核实后还可以二次处理,生成特定决策需要的会计信息。至于会计信息质量特征的具体构成,因为合并报表直接相关而安排在总结部分介绍(参见第八章第一节)。

　　对于资产负债观与收入费用观,学者曹伟教授等指出:"现在已经不再是所谓的'资产负债观'与'收入费用观'之间的矛盾了。当前需要注意的问题是:不应标签式地使用'资产负债观',应处理好'资产负债观'与概念框架之间的关系。如果继续使用'资产负债观'概念,则要面对的已经不再是'资产负债观'与'收入费用观'之间的对立,而是'资产负债的交易计量观'与'资产负债的市价计量观'之间的对立,更严格地说,是'资产负债的交易计量观'与'资产负债的混合计量观'之间的对立。"[2]因此,笔者将"市价交易观"调整为"市价交易计量法"。该方法不仅是合并报表编制"公平理论"的落实,也是物价变动会计与外币报表折算难题化解的技术方法。

第二节　物价变动的市价计量

　　面对来自现实社会的物价变动,会计上诞生了"物价变动会计"(price

---

[1]　张为国:《影响国际会计准则的关键因素之二:理论之争(上)》,《财会月刊》2021年第4期,第3—12页。

[2]　曹伟、蒋砚章:《"资产负债观"辨析》,《财会月刊》2015年第1期,第3—7页。

change accounting)。其中,基于谨慎性原则的要求,会计上对于对物价下跌通过计提跌价/减值准备而合理解决,因此,物价变动会计主要是"通货膨胀会计"(inflation accounting)。

一、文献梳理与不同模式

(一) 美国会计准则规范

作为一个建立在货币之上的经济现象,通货膨胀古已有之。据邓燕飞博士考察,"古代的通货膨胀多与战争有关。公元前330年,马其顿王国的亚力山大大帝征服波斯王国之后便发生了通货膨胀,这是人类对通货膨胀的最古老记录"。[①] 在会计学领域,美国学者米德尔迪奇(Livingston Middleditch)于1918年发表在《会计杂志》的《在账上应否反映美元价值变动》的论文,首次提出了有关物价变动会计的问题,但并未引起会计学界的重视。[②] 之后,AICPA于1963年10月发表了《会计研究文集第6号——报告物价变动的财务影响》(Reporting the Financial Impact of Price Changes),建议按照一般物价水平调整和报告不变价格美元的信息,但依然未能够引起会计理论与实务界的重视。

而作为具有一定约束力的会计规范,系APB于1969年6月发布的《会计原则委员会公告第3号——一般物价水平变动条件下的财务报表重述》(Financial Statement Restated for General Price-level Changes)。该公告采纳了前述AICPA第6号文集中的观点,建议企业采用美国商务部公布的季度物价指数对财务报表进行调整并报告其结果。

由于1973年爆发了"石油危机"(Oil Crisis),面对这一世界性事件的广泛影响,FASB迅速于1974年公布了《按一般购买力单位编制财务报表》(Financial Report in Units of General Purchasing Power)的征求意见稿,建议利用"一般物价指数"(general price index)调整财务报表。[③] 与此同时,SEC于1976年发布了第190号会计条例文告《披露某些重置成本数据》,要求大型上市公司在提供给SEC的年度财务报告中揭示固定资产及其折旧、销货成本的重置成本信息,但并未要求在对股东的年度报告中公布这类信息。这类规定的主要目的是为投资者提供有助于他们理解企业现行成本的

---

① 邓燕飞:《通货膨胀动态的理论与实证研究》,上海:华东师范大学博士学位论文,2018年,第17页。

② 曲晓辉:《论物价变动会计》,北京:中国财政经济出版社,1991年,第38页。

③ 托马斯·金:《会计简史》,周华、吴晶晶译,北京:中国人民大学出版社,2018年,第98页。

信息。①

受到 SEC 的影响,FASB 撤销了 1974 年的征求意见稿,并于 1979 年 9 月颁布了《财务会计准则公告第 33 号——财务会计和物价变动》(Financial Report and Changing Price, SFAS No. 33),要求达到一定规模的证券上市交易的大公司同时揭示不变美元和现行成本基础上(即现时成本/不变购买力计量模式)的补充材料:存货和固定资产的现行成本以及按照一般物价指数调整后的账面价值,以满足投资者的信息需求,但不要求企业重编会计报表,仅需要提供部分补充资料。但在 SFAS No. 33 实施后,股票市场对所披露的通货膨胀信息几乎毫无反应,这间接表明如此披露的会计信息不具有价值相关性。②

之后,FASB 于 1984 年 11 月发布了《财务会计准则公告第 82 号——财务报告与物价变动:删除某些披露要求(修订 FASB 第 33 号财务会计准则公告)》[Financial Reporting and Changing Prices: Elimination of Certain Disclosures(An Amendment of FASB Statement No. 33),SFAS No. 82],取消了提供不变美元和现行成本这类补充通货膨胀会计信息的要求。③ 然而,两年后 FASB 又改变了原有立场,于 1986 年 12 月发布了《财务会计准则公告第 89 号——财务报告与物价变动》(Financial Report and Changing Price, SFAS No. 89)取代了 SFAS No. 33,鼓励而非强制要求企业披露现行成本/不变购买力信息,并为相关信息披露提供了指引。不过,其变化仅增加了披露现时成本与一般物价水平变动之差距而已。

(二) 国际会计准则规范

IASC 对通货膨胀会计处理的举措始于 1977 年的《国际会计准则第 6 号——物价变动的会计反映》(Accounting Responses to Changing Prices, IAS No. 6),认为企业应采用在财务报表中表述特定物价变动、一般物价水平变动或两者对财务报表的影响的程序。

之后,"IASC 于 1981 年发布了《财务会计准则第 15 号——反映物价变动影响的信息》(IAS No. 6;,取代 IAS6,并于 1993 年修订、1994 年重编)。适用于那些在收入利润、资产或职工人数在其经营环境中重要的企业。规定可以采用:(1)一般购买力法;(2)现行成本法;(3)综合以上两种方法特点

---

① 曲晓辉:《论物价变动会计》,北京:中国财政经济出版社,1991 年,第 52 页。

② 托马斯·金:《会计简史》,周华、吴晶晶译,北京:中国人民大学出版社,2018 年,第 99—101 页。

③ Donald J. Kirk, "Looking back on fourteen years at the FASB: The education", *Accounting Horizons*, 1988(2):8—16.

的方法"。①

1989 年 7 月,IASC 发布了《国际会计准则第 29 号——恶性通货膨胀经济中的财务报告》(Financial Reporting in Hyper Inflationary Economies,IAS No. 29),要求"三年累计通货膨胀率超过 100%,利率、工资及价格与物价指数挂钩"等恶性通货膨胀情况下,会计主体应当采用一般购买力计量单位对财务报表进行重述,属于是对 IAS No. 15 的补充。

改组后的针对 IASB"提出改进项目的目标是,通过借鉴世界上最佳实务和取消国际会计准则中的可选择方法,减少现行国际会计准则内部的重复和相互矛盾之处,改进按照国际会计准则编制的财务报告的质量,增强一致性"。② 截至 2003 年,正式发布了 13 项改进后的国际会计准则,同时废止了 IAS No. 15。③

(三) 我国的相关会计规范

从之前有关合并会计、合并报表相关规范回顾发现,主要的规范都可以在 1985 年 3 月 4 日发布的《中华人民共和国中外合资经营企业会计制度》(财会字〔1985〕第 16 号)中找到。其中,第 17 条要求"合营企业的各项财产应按实际成本核算,不论市价是否变动,一般不调整账面价值"。但制度对"一般规定之外"并未规定,而在后续的会计规范,如《对外承包企业会计制度》(财会〔1988〕68 号)才有规定。如,第 14 条规定"国外公司在年度终了时,对于市价低于账面实际成本的库存材料物资,也可以按市价调整账面实际成本"。1989 年财政部的《财政部关于国营工业企业兼并和出售有关会计处理的暂行规定》(财会字〔1989〕60 号)在"产权转让后未丧失法人资格,但改变了产权转让企业实体的会计处理"部分指出,"产权转让企业在办理产权转让手续后,应重新开立新账,按评估或确认后的资产、负债登记入账;转让企业的成交价大于企业净资产的差额,作为商誉列入无形资产账户;企业的资产(包括商誉)与负债的差额,作为受让产权企业的投资处理,列入'其他单位投入资金'科目"。之后,1992 年 6 月 24 日发布的《中华人民共和国外商投资企业会计制度》第 9 条规定:"外商投资企业的财产应当按照实际成本核算。除另有规定者外,企业不得自行调整财产的账面价值。"不过,这仅是物价变动会计的影子。

---

① 常勋:《财务会计四大难题》,上海:立信会计出版社,2002 年,第 377 页。

② 张至象、李红霞:《〈改进国际会计准则〉项目 13 项国际会计准则主要变化(一)》,《会计研究》2004 年第 1 期,第 82—95 页。

③ 张至象、李红霞:《〈改进国际会计准则〉项目 13 项国际会计准则主要变化(一)》,《会计研究》2004 年第 1 期,第 82—95 页。

　　对物价变动会计的明确规范,体现在 2006 年发布的《企业会计准则第
19 号——外币折算》(CAS No. 19)之中。因为我国虽然暂无通货膨胀而缺
乏相关准则的现实需求,但对境外经营外币报表折算时则会面临到。因此,
其第 13 条规定:"企业在并入处于恶性通货膨胀经济中的境外经营的财务
报表时,应当按照下列规定进行折算:对资产负债表项目运用一般物价指数
予以重述,对利润表项目运用一般物价指数变动予以重述,再按照最近资产
负债表日的即期汇率进行折算。在境外经营不再处于恶性通货膨胀经济中
时,应当停止重述,按照停止之日的价格水平重述的财务报表进行折算。"从
上述规定可知,物价变动会计方法采用"一般物价指数"进行调整,而不是现
行成本法。

(四) 基本结论归纳

　　会计计量涉及计量属性与计量单位的不同组合。其中,会计主要计量
属性有历史成本、重置成本、可变现净值、现值、公允价值五种,计量单位一
般分为名义货币单位与稳值货币单位,后者又细分为一般购买力单位、特定
物价指数单位。[①] 对不同计量属性与计量单位进行排列组合,可形成十种物
价变动会计模式。[②] 其中,较成熟的是"历史成本/不变购买力模式"的一般
购买力会计、"现时成本/名义购买力模式"的现时成本会计和"脱手价格/名
义购买力模式"的变现价值会计。具体介绍可参见汤云为教授等《会计理
论》第 16—17 章[③]及陈今池编著《现代会计理论概论》第 11—14 章"变现价
值会计"。[④] 以下对物价变动会计的叙述,主要参考了这两本书,并进行了必
要的更新。

　　一般购买力会计也称一般物价水平会计,是指以一般物价指数对会计
数据加以调整,从而消除物价水平变动影响、按货币现时购买力反映会计主
体财务状况和经营成果的会计。在理论界,系统阐述一般物价水平会计的
是美国学者斯威尼(Henry Whitcomb Sweeney),其于 1936 年出版的《币值
稳定会计》(*Stabilized Accounting*)被认为是一般物价变动会计的第一本著
作。在书中,他提出了采用"等值美元"(common dollar)作为计量单位取代
名义货币。此时,会计报表中的非货币性资产负债项目要按照一般物价指
数加以调整以消除通货膨胀影响;由于未改变历史成本的会计结构,所以此

---

　　① 　王桢、王培:《论我国通货膨胀会计准则的构建》,《财会通讯》2011 年第 21 期,第 3—6 页。
　　② 　王仲兵:《资本保全会计研究》,北京:中国财政经济出版社,2006 年,第 56 页。
　　③ 　汤云为、钱逢胜:《会计理论》,上海:上海财经大学出版社,1997 年,第 427—505 页。
　　④ 　陈今池:《现代会计理论概论》,上海:立信会计出版社,1993 年,第 223—268 页。

方法简便易行。①

　　现时成本会计是以资产现时成本或按照一般物价指数调整后的历史成本计价会计。因其也采用重置成本,又被称为重置成本会计(replacement cost accounting),其观点源自爱德华兹(Edgar O. Edwards)和贝尔(Philip W. Bell)于 1961 年出版的《营业收益的理论和计量》,作者在书中系统地阐述了以现时成本计量企业营业收益的一套完整的程序,其突出贡献在于对营业收益与持产损益的区分。② 随后的 1962 年,斯普罗斯(Robert T. Sprouse)和穆尼茨(Maurice Moonitz)在《商业企业广义会计原则的暂行说明》中建议以现时成本为计量基础,以便更好地衡量出资产价值。③

　　变现价值会计也被称为"脱售价值会计"(exit value accounting),是以资产的现时销售价格为计价基础调整物价变动影响的方法会计。其以资产的现时销售价格(即产出价值)而不是投入价值计价,而会计理论体系是由麦克尼尔(Kenneth Forsythe MacNenl)提出,钱伯斯(Raymond Chambers)和斯特林(Robert Sterling)逐步完善的。④ 其中,麦克尼尔在 1939 年的《会计中的真理》(Truth in Accounting)中认为,传统历史成本会计报表不能反映企业资产真实价值,因此要采用现时销售价格计价以反映企业的真实财务状况。⑤ 钱伯斯则通过《会计、计价和经济行为》提出了一套脱手价格会计建议。⑥ 他认为企业为了适应环境变化应随时准备出售其资产,以寻求最大利益,故其观点被称为"持续适应环境会计"(CoCoA)。斯特林通过《企业收益计量理论》等文献阐述了自己的理论主张,认为利润计量方法选择要取决于决策需要,与决策相关的是最好的,而采用销售价格计价,不仅具有可靠性、客观性,而且可适用不同决策。⑦

　　在研究过程中,三人出发点虽有所差异——麦克尼尔采用历史分析方

①　亨利·惠特科姆·斯威尼:《稳定币值会计》,王昌瑞、李成艾译,上海:立信会计出版社,2017 年,第 1—265 页。

②　Edgar O. Edwards & Philip W. Bell, *The Theory and Measurement of Business Income*, Berkeley and Los Angeles, University of California Press, 1961.

③　Robert T. Sprouse and Maurice Moonitz, "A tentative set of broad accounting principles for business enterprise", *Accounting Research Study* No. 3, New York, AICPA, 1962.

④　杰恩·戈弗雷、阿伦·霍奇森、斯科特·霍姆斯:《会计理论》,孙蔓莉等译,北京:中国人民大学出版社,2007 年,第 197—201 页。

⑤　肯尼斯·福赛斯·麦克尼尔:《会计中的真实性》,龚翔等译,上海:立信会计出版社,2017 年,第 1—235 页。

⑥　Raymond J. Chambers, *Accounting, Evaluation and Economic Behavior*, Englewood Cliffs, New Jersey: Prentice Hall, Inc, 1966.

⑦　Robert R. Sterling, *Theory of the measurement of enterprise income*, Lawrence: University Press of Kansas, 1970.

法、钱伯斯着重分析企业适应环境能力、斯特林则是分析使用者不同决策类型信息需求——但三位学者的研究结论殊途同归,均为变现价值会计。其会计调整主要为:首先,编制以现行销售价格为基准的基期资产负债表,将起始日的资产负债表按照变现价值会计计量,以反映会计主体基于变现价值会计时的财务状况。其次,在按现时销售价格反映企业资产收进、销售或其他付出的同时,反映由此给企业带来的损益。再次,按当日资产销售价格调整期末资产账面价格,并调整经营损益。第四,通过期末与期初净资产变动确定期末净收益,而不采用收付费用配比模式。最后,编制一套完整的变现价值会计报表。

比较三种物价变动会计模式,一般物价水平会计因为有单一指数进行物价变动的调整,因其与实际情况差异较大而缺陷明显;而重置成本与企业持续经营的之外不甚吻合,比较而言,变现价值会计因为对持续经营的脱离而不尽完善。

二、不同领域的解决思路

(一) 我国会计界的努力

物价变动会计因理论基础不同而分为三类:一为"本金保全论",认为物价变动会计是为了保持会计主体期初本金的完整。因为企业只有在回收利得期初本金之后,才可以谈盈利。因此,对于物价变动,应当以本金保全为前提。二为"成本补偿论",认为物价变动会计在于成本的足额被补偿。因为只有成本补偿后才有盈利。因此,物价变动应对,应当以成本足额补偿为前提。三为"合理配比论",认为利润的计算应当统一基础的配比。因此,应当采用统一的购买力单位计量,以获得合理配比后的经济利润。[①]

理论概念的多样性,造就具体方法的丰富性。根据我国第一位会计学女博士曲晓辉教授的梳理,会计理论界的物价变动会计模式,包括"不变美元(CD)或一般物价水平(GPL)或一般购买力(GPP)或现行购买力(CPP)会计模式、现行成本会计(CCA)或现行价值会计(CVA)或重置成本会计(RCA)模式、现行成本/不变美元(CCA/CD)会计模式及现行脱手价格(C(E)V/CD)会计模式等"。[②] 在会计学家曲晓辉教授当年的博士论文中,实际上列举了多达十五种有着具体名称的物价变动会计模式。[③]

---

① 娄尔行、张为国:《物价变动会计的理论基础和模式选择》,《会计研究》1991年第2期,第18—22页。
② 曲晓辉:《关于物价变动会计的几个问题》,《会计研究》1989年第3期,第46—50页。
③ 曲晓辉:《论物价变动会计》,北京:中国财政经济出版社,1991年,第35页。

我国学者对物价变动会计的关注源自 1988 年价格改革所引发的物价上涨,仅在 1988 年当年,便有两位博士对此进行了研究。其中,上海财经学院首位会计学博士汤云为就"认为原始成本会计存在着严重的局限性,必须以重置成本会计取代原始成本会计"。他在考察我国经济改革实践后,认为"实行重置成本会计不仅是必要的,而且是可能的",①并提出了应对物价变动客观现象的"重置成本模式"。之后,会计学家葛家澍与曲晓辉博士提出了"一项全面调整和两项局部改动"的渐进式建议:"一项全面调整,是指对全国各类企业重置价格上升的固定资产进行一次全面调整。两项局部改动,是指对于某些流转时间过长因而受物价变动影响较大的特殊行业的存货改用'后进先出法'计转其销货成本;对于主要固定资产受技术变革影响较大的行业,其折旧的计提,可采用加速折旧法。"②对于局部改动,曲晓辉博士将其概括为"通过税务会计,部分消除物价变动的影响";对于前者则表述为"试行物价变动会计,补充反映物价变动的影响"。随后,又从"目标、基本假定、基本原则、基本规则、计量基础、计量方法"等六方面构建了"物价变动会计的理论体系"。③

同时,学者们也从会计理论层面进行了总结,或认为物价变动会计有三种:不变币值/一般物价水平会计、现行价值会计、现行价值与不变币值会计;或认为应对物价变动可以采取重置成本会计、现时价值会计或一般物价水平调整会计;更有人认为,通货膨胀会计至少有四种模式:历史成本/不变价格会计模式,现行成本/历史会计模式,脱手价格会计模式,现行成本/不变价格会计模式。④ 对此,一个原因可能在于物价变动影响的主要是货币性资产尤其是货币资金,而我国的保值贴补率给予一定程度的化解;另一个原因,是物价变动原因的复杂性及其影响的广泛性,并非一个财务会计而能够解决的。

对于前一个原因,根据中国人民银行于 1988 年 12 月 24 日发布的《关于公布 1989 年第一季度人民币长期保值储蓄存款贴补率的通知》(银传字〔1988〕第 67 号),首先确定了"1989 年第一季度三年以上储蓄存款的保值贴补率为年率 16.13％",然后规定"凡在 1989 年 1 月 1 日至 3 月 31 日内到

---

① 汤云为:《论重置成本会计》,《会计研究》1988 年第 1 期,第 59—64 页。

② 葛家澍、曲晓辉:《试论我国会计对当前物价变动的可能反应方式》,《会计研究》1991 年第 2 期,第 23—25 页。

③ 曲晓辉:《论物价变动会计》,北京:中国财政经济出版社,1991 年,第 77—88、88—102、104—138 页。

④ 孙铮:《近年来我国物价变动会计研究综述》,《会计研究》1991 年第 2 期,第 30—38 页。

期的三年、五年、八年储蓄存款,除按原规定利率计付利息外,再按上述保值贴补率给储户贴补"的具体计算方法。此后,从 1993 年 7 月开始我国又实行了第二阶段的保值贴补措施。此阶段,储蓄存款 3 年期的年利率已达 12.24%;[①]与此同时,最高的保值贴补率在 1995 年为 13.24%。[②] 此做法有效地缓解了物价上涨所导致的储蓄存款在购买力上的损失,因此可以看作是物价变动会计的金融化解对策。

对于后一个原因,在 1992 年甚至 1988 年之前,FASB 以及 IASC 都已经发布了针对物价变动的会计规范。如,我国在 1992 年发布了《企业会计准则》(财政部令第五号)之后,曾经发布了多项具体会计准则的征求意见稿,其中包括 2006 年 2 月至今未见实际发布的"清算会计准则",但有关"物价变动会计"的具体准则,哪怕是征求意见稿也没有见到。至今难觅我国有关"物价变动会计"的相关准则,不是物价变动不重要,而是时机尚不成熟,因为我国通货膨胀不再是一个重要的社会经济问题。在美国,对于通货膨胀会计的研究也是如此。"1979 年,美国国内的年通货膨胀率是 13%。1979 年 9 月,财务会计准则委员会发布了第 33 号公报《财务报告和物价变动》。它要求公司提供一份调整了物价水平且采用现行成本的附加披露。"而"到了 1986 年,CPI 的年增长速度持续放缓,降低到每年 3%~4%,通货膨胀会计问题就失去了重要性"。[③]

另外一个原因,也在于问题的复杂性导致[④]在此之后研究探讨物价变动会计的论文尤其是博士论文明显减少,说明该问题或者不再紧迫或者暂时无解。

(二) 经济学界的研究

从物价变动会计模式物价指数的多样性,我们可以预知其学术观点也会较多。其中,马克思经济学建立在劳动价值基础之上,其有关物价变动的看法也与此有关。学者陈博、高珊珊发现马克思学说认为通货膨胀既表现为价格总水平的不断上升,又表现为货币购买力的下降。因此,导致通货膨胀的原因可以分为货币的绝对贬值导致价格总水平不断上升,以及货币的

---

① 黄刚:《试析储蓄利率结构的合理设置》,《金融经济》1994 年第 7 期,第 47—48 页。
② 刘煜松:《保值贴补率回顾与展望》,《陕西金融》1996 年第 6 期,第 63 页,原载经济学消息报,1996-2-2。
③ 加里·约翰·普雷维茨、芭芭拉·达比斯·莫里诺:《美国会计史——会计的文化意义》,杜兴强等译,北京:中国人民大学出版社,2006 年,第 439—440 页。
④ 这一点,在美国尤其明显,其通货膨胀会计被认为系"一场政治争论"。参见加里·约翰·普雷维茨、芭芭拉·达比斯·莫里诺:《美国会计史——会计的文化意义》,杜兴强等译,北京:中国人民大学出版社,2006 年,第 345—358 页。

相对贬值导致价格总水平不断上升。而西方经济学理论将其分为:(1)宏观研究视角,侧重分析宏观经济变量的关系对货币流通量的影响;(2)微观研究视角,试图探索通货膨胀微观成因。比较而言,宏观角度因为可用于政府决策而有着较大影响,尤其在英美两国的通货膨胀研究领域。①

通货膨胀的相关理论可以有多种分类,通常根据其原因而有着综合的而不是单一标准的分类,主要可以分为如下几大类。

第一种观点,需求拉动通货膨胀论,多从总需求拉动角度来分析物价变化。但对引起总需求的原因却有着不同的理解。凯恩斯主义(Keynesianism)强调实际因素对总需求的影响,货币主义(Monetarism)强调货币因素对总需求的影响。其中,货币主义认为,引起总需求过度的根本原因是货币的过量发行。在实际产量、货币流通速度不变条件下,流通中的货币量越多则商品价格水平越高,从而单位货币的购买力就越低。最有代表性的是费雪的现金交易数量说和马歇尔(Alfred Marshell)与庇古(Auther Cecil Pigou)的现金余额数量说。与其不同,凯恩斯主义认为,当总需求增加后,产生短缺会导致价格上升。凯恩斯在《就业、利息和货币通论》(The General Theory of Employment, Interest and Money)中指出:"一般来说,增加的有效需求一部分被消耗于增加就业量;另一部分被消耗于提高价格水平。所以,有效需求增加的实际后果既不是失业状态下不变的价格水平,也不是充分就业状态下价格水平与货币数量保持相同比例的上升,而是价格水平随着就业的增加而逐渐上升。"②

第二种观点,供给通货膨胀论,从总供给角度来解释通货膨胀的原因。从总供给的角度看,引起通货膨胀原因在于成本增加,进一步又可以分为以下几种:(1)工资推动的通货膨胀。工资增加往往从个别部门或行业开始,但因工资之间的比较行为,个别部门或行业工资增加往往会导致社会工资整体水平上升,从而引起普遍的通货膨胀。(2)利润推动的通货膨胀,指市场上具有垄断地位的厂商为了增加利润而提高价格所引起的通货膨胀。具有垄断地位的厂商控制了产品的销售价格,从而就可以提高价格以增加利润。(3)进口推动的通货膨胀。在开放经济中,因进口原材料价格上升而引起的通货膨胀。一国的通货膨胀通过国际贸易渠道而影响到其他国家,在我国经常称其为输入性通货膨胀,主要因为我国需要大量的境外原材料采购。

---

① 陈博、高珊珊:《通货膨胀理论的比较及启示》,《经济纵横》2013年第4期,第22—26页。
② 约翰·梅纳德·凯恩斯:《就业、利息和货币通论》,北京:商务印书馆,1999年,第308页。

第三种,供求混合的通货膨胀论,认为通货膨胀并非由单一总需求或总供给引起,而是这两者共同作用的结果。若通货膨胀是因需求而开始,则过度需求引起物价上升,物价上升会使工资增加,导致供给成本增加,反过来又引起成本通货膨胀。相反,如果通货膨胀是因成本增加而开始,此时若总需求没有相应增加,则会使成本推动通货膨胀逐渐停止。只有在成本推动的同时又有总需求的增加,这种通货膨胀才能持续下去。

第四种,结构性通货膨胀论,是指因经济结构发生变化而引起的通货膨胀。因为不同部门虽然劳动生产率不同但货币工资增长率大致相同,就给劳动生产率增长率较低的部门或行业形成工资成本增加的压力,进而导致一种由工资成本推进的通货膨胀。哈耶克(Friedrich August von Hayek)作为奥地利学派的代表人物,他提出的通货膨胀理论更为独特。哈耶克关注货币数量变动对利率或价格的影响,进而影响生产结构或资本结构。物价水平与生产结构是相互联系的两个层面,正是生产结构的大幅变动,才导致一般物价水平的变化,即物价是结果,结构才是原因。[①]

第五种,预期通货膨胀理论。货币主义者认为,无论何种原因引起通货膨胀,即使当初起因消除了,依然会留存在人们心中而预期通货膨胀会持续下去甚至加剧。心理预期对人们经济行为有着重要影响,在产生了通货膨胀后,人们会依据过去通货膨胀率经验预期未来通货膨胀率,并把这种预期作为指导未来经济行为的依据。

应当说,上述这些理论在特定时期所提出,故在其特定环境下通常逻辑自洽、结论合理。不过,诸多理论的存在说明了物价变动这一现象背后原因的复杂性。因此,很难从物价变动原因中找寻一个化解物价变动会计难题的合理方法,且相关会计文献中的确没有如此研究思路的论文。现有的物价变动会计研究,基本上都是从币值稳定或生产能力维持与价格变动的视角来进行的。

在理论上,"通货膨胀"被看作一个物价持续上涨或货币购买力持续下跌的过程。[②] 因此,通货膨胀的管理首先通过货币政策来进行。对此,我国学者对我国的货币资金与资产价格的反映进行了研究,但结论却存在相互矛盾的结果。[③] 放眼全球,学者谭天骄等发现:"纵观全球主要央行的货币政

①　陈博、高珊珊:《通货膨胀理论的比较及启示》,《经济纵横》2013年第4期,第22—26页。

②　Laider D E W and Parkin M J, "Inflation-A Survey", *Economic Journal*, 1975(Dec.) 741—809.

③　项后军、于洋:《通货膨胀预期视角下的货币政策对资产价格反应问题的研究》,《统计研究》2012年第11期,第41—48页。

策操作实践,货币政策在管理通胀上屡屡失效。除此之外,全球经济金融形势的跌宕起伏、潜在金融风险的不断积累和恶性通货膨胀甚至滞涨的出现,都对隐秘性货币政策提出了质疑;相反各国央行政策操作经验表明,提高货币政策透明度不仅在某种程度上的确有助于稳定物价,而且还可以提前消化政策的负面影响。"①从该发现我们获得一个启示,试图从物价与货币之间找寻物价变动的原因不太可行,而透明化披露却相对有效。

三、物价问题的应对之策

众所周知,物价变动是一个不以人们意志为转移的社会现象,也是一个复杂且难以准确解释的经济现象。想要找寻一个合理解释其原因的理论,进而对其价格变化进行充分调整的会计模式,目前来说不可能。那么,如何应对物价变动的会计列报问题?

会计学家娄尔行教授、张为国教授早在 1991 年便已经指出:"物价变动会计的核心是改善会计计量。"②进一步,所改善后的计量属性应当能反映真实的财务状况,符合会计报表所能够达到的会计目标。笔者认为,这一计量属性就是市场价格。申言之,便是前述的"市价交易计量方法",以客观交易的市场价格来反映出物价变动这一客观现象。

实际上,此结论不仅是会计学家娄尔行与张为国两位教授的看法,也是两位美国学者乔伊(Frederick D. S. Choi)和米克(Garry K. Meek)在"international accounting"中的观点,只不过其观点针对境外物价变动而提出,实际上是对外币报表折算与物价变动会计两大会计难题的综合解决方案。他们提出的做法是:首先,对所有境外子公司和境内子公司以及母公司会计报表,都按照现时成本重新表述,以调整物价变动的影响。其次,应用子公司所在地货币的期末汇率将境外子公司会计报表折算为母公司所在国货币表示的会计报表。因为按照会计主体所在地的现时成本消除物价变动影响,能够提供决策相关的信息。这一信息能够反映各个公司的实际经营成果,有利于股东的决策。而且,先消除各地通货膨胀的影响,有利于不同地区公司之间的比较,有利于内部管理。③

---

①　谭天骄、李亘:《货币政策透明度对通胀预期偏差影响的研究》,《当代财经》2018 年第 5 期,第 47—58 页。

②　娄而行、张为国:《物价变动会计的理论基础和模式选择》,《会计研究》1991 年第 2 期,第 18—22 页。

③　弗里德里克·D. S. 乔伊,加里·K. 米勒:《国际会计学》,大连:东北财经大学出版社,2005 年,第 208—210 页。

从"公平理论"应用介绍开始，笔者就提出了市场价格计量的技术方案。只不过在此又将其应用于物价变动问题的化解。对于市场价格计量，其中最大疑点在于其客观性。对此，充分披露是现实可行的对策。对于市场价格计量，需要针对性的披露两点：

其一，所选取的市场价格数据来源。这一来源要求会计信息用户能够对其核实，而不是仅仅提供一个结果。其二，此市场价格与计量对象的相关性（即会计信息质量特征中针对初始计量的要求），申言之就是合理性，即在诸多的市场价格中，为何选择这一个。如果属于第二、第三层级的公允价值，则需要进一步解释相关估值模型、参数确定的合理性。

第三节　外币报表的单一汇率折算

法定流通货币因国家或地区而异，进而导致对境外会计报表的折算问题；该过程因折算汇率的不同选择而导致折算方法不唯一，并成为财务会计一大难题。

一、主要方法与共同问题

（一）现有的折算方法

最早提出的"流动与非流动项目法"（current/non-current method），系AIA 于 1931 年在第 92 号公告中推荐的方法，这是历史上第一个含有外币折算方法的会计文告；之后，AIA 于 1934 年第 117 号公报中再次重申了这一方法。[①] 而 CAP 于 1939 年 12 月的《会计研究公报第 4 号——境外经营与外汇》（Foreign Operations and Foreign Exchange，ARB No. 4）虽然确立了该方法的合法性，但此举却成了外币折算会计疑难问题的起源。[②]

该折算方法理由在于，流动性的资产与负债多为会计期末而产生，因此用期末现行汇率折算较为合理，而非流动资产、负债以及所有者权益均采用业务发生时的历史汇率折算。若企业处于短缺经济时代，流动性资产与流动性负债均产生于会计期末，则其理由是成立的，折算方法也是合理的。但是，对于商品存在过剩时，流动性资产中存货会存在早期甚至之前会计期间

---

① 康玉珠、熊筱燕：《美国外币报表折算方法的历史演变及对我国的启示》，《现代经济探讨》2001 年第 11 期，第 60—62 页。
② 周华：《会计程序委员会的时代：1936—1959 年》，《财会月刊》2019 年第 10 期，第 49—55 页。

所购入,此时采用期末现行汇率折算就会歪曲财务状况。

对缺陷扬弃后,诞生了"货币与非货币项目法"(monetary/no-monetary method)。该方法系由赫普沃斯(Samuel R. Hepworth)教授于 1957 年在《国外经营报告》中提出,[①]并在 1960 年就得到了美国"全国会计师联合会"(National Association of Accountants,NAA)的赞同。[②] 此后,APB 于 1965 年在所发布的第 6 号意见书《会计研究公报的地位》中,通过对"ARB No. 43 第 12 章"的修订而采用该方法进行外币报表折算。赫普沃斯认为,只有货币性项目受到汇率的影响,因此货币性资产与货币性负债选用期末现行汇率折算,而非货币性项目采用业务发生时的历史汇率折算。

1971 年 8 月"布雷顿森林货币体系"(Bretton Woods system)瓦解,美元停止兑换黄金,世界进入浮动汇率时代。[③] 利率的浮动直接影响到境外经营在投资者立场的结果,尤其对货币性项目的影响显著,而外币报表折算的两个主要问题在于:其一,如何选择合适的汇率以进行外币报表折算;其二,所产生的外币报表折算差额如何列报。之前的"流动与非流动项目法"基于稳健性原则,要求损失计入当期损益,收益在资产负债表中递延。随后的"货币与非货币项目法",则要求将折算损益在利润表中列示。面对两种方法的结果差异,FASB 于 1973 年 12 月发布了《财务会计准则公告第 1 号——披露外币交易信息》(Disclosure of Foreign Currency Translation Information,SFAS No. 1),重申汇率波动的重要影响,要求企业披露外币折算政策和外币折算差额的列报形式。[④]

在外币报表折算方法的理论发展中,最著名的当属 1972 年 6 月由伦纳德·洛伦森(Leonard Lorensen)撰写的《会计研究文集第 12 号——采用美元列报美国公司的境外经营》,该研究文集较为全面地论述了"时态法"(temporal method)。[⑤] 时态法以不改变计量属性为前提,对不同计量属性

---

① Samuel R. Hepworth. Reporting Foreign Operations,Ann Arbor,Bureau of Business Research,School of Business Administration,University of Michigan,1956,Review by Stephen V. N. Powelson,*The Accounting Review*,1957,Vol. 32.(3)516—517.

② 张亚东:《简述美国外币报表折算方法规范的变迁》,《财会月刊》2003 年第 19 期,第 39—41 页。

③ 1944 年 7 月 1 日,西方主要国家代表在美国新罕布什尔州布雷顿森林确立了以美元为中心的国际货币体系,该体系因会议地点而被称为"布雷顿森林体系"。后因美元危机、美国经济危机以及制度本身的矛盾性,该体系于 1971 年 8 月 15 日被尼克松(Richard Milhous Nixon)政府宣告结束。

④ 托马斯·金:《会计简史》,周华、吴晶晶译,北京:中国人民大学出版社,2018 年,第 109 页。

⑤ Leonard Lorensen,*Reporting Foreign Operations of U. S. Companies in U. S. Dollars* (Accounting Research Studies No. 12),AICPA,1972.

的项目用不同的折算汇率,从而成为最为合理的外币报表折算方法。因此,FASB 于 1975 年发布了《财务会计准则公告第 8 号——外币交易和外币报表的折算》(SFAS No. 8),[①]以时态法为唯一的外币折算方法,并要求将外币折算差额作为汇兑损益计入利润表。该方法认为,外币财务报表折算不应改变被计量项目的计量属性。因此,现金、应收和应付项目以及长期负债等货币性项目,按现行汇率折算;按历史成本计价的非货币性资产,按取得资产时的历史汇率折算;按现行市价计价的非货币性资产项目,按编表日的现行汇率折算;所有者权益项目的折算,按照各自业务发生时的历史汇率折算,未分配利润为平衡数。

但是,SFAS No. 8 的发布并未取得预期效果,而是引发一场轩然大波,"尤其是一些发现在合并报表时不得不披露巨额折算损失的公司。根据第 8 号财务会计准则公告的要求,这些损失应当抵减合并利润,从而减少了每股收益。因此,许多美国公司不喜欢这一强制进行的变动"。[②] 作为对 SFAS No. 8 不满的应对,FASB 于 1981 年 12 月发布了《财务会计准则公告第 52 号——外币折算》(Foreign Currency Translation,SFAS No. 52),要求独立经营的子公司采用现时汇率折算外币财务报表,并将折算差额单独作为所有者权益的一部分予以列示。为了支撑这一做法,SFAS No. 52 提出了"功能货币"(functional currency)概念——"实体在其从事经营活动的主要经济环境中,现金流入和现金流出所使用的货币",并进一步将境外实体分为母公司经营的延伸与独立实体,并因此选择不同外币报表折算方法。[③] 这一做法,实际上认可了现行汇率法的合法性。

境外独立实体所采用的外币报表折算方法即为"现行汇率法"(current rate method),又被称为"单一汇率法",是 1967 年英镑贬值后由"英格兰和威尔士特许会计师协会"(ICAEW)在 1968 年在第 25 号《标准会计实务公告》中提出的方法。[④] 该方法认为,会计报表服务于会计信息使用者,而会计信息使用的主要手段是财务比率分析,折算前后财务报表主要比例不变的方法,属于不扭曲财务状况的好的折算方法。在现行汇率法下,所有资产与负债项目,均按资产负债表编表日现行汇率进行折算;实收资本、资本公积等项目,按投入资本时的历史汇率折算;未分配利润项目取自利润及利润分

---

① FASB, *SFAC No. 8: accounting for the translation of foreign transactions and foreign currency financial statements*, 1975.

② 张晶晶:《外币报表折算问题研究》,大连:东北财经大学硕士学位论文,2007 年,第 31 页。

③ 裴宗舜:《论外币报表换算》,《上海会计》1999 年第 3 期,第 3—8 页。

④ 裴宗舜:《论外币报表换算》,《上海会计》1999 年第 3 期,第 3—8 页。

配表。外币报表折算差额，作为所有者权益构成项目单列，不计入当期损益。该方法简单易行，且资产负债之间比例折算前后不变，对于财务状况扭曲程度最小，因此也获得了广泛应用。

（二）国际会计准则相关规范

作为旨在"制定一套高质量、易理解且可实施的全球会计准则"的IASB，[①]其前身IASC成立后便开始了外币报表折算规范的研究，于1977年12月公布了第11号讨论草案——《外国财务报表的外币交易与折算的会计》，草案建议的方法是当时流行在英国与美国的现行汇率法和时态法。经过充分征求意见，IASC于1983年7月发布了首份外币报表折算规范《国际会计准则第21号——外币汇率变动影响会计》（Accounting of the Affect of the Foreign Currency Exchange Rate Changes，IAS No.21），该准则与SFAS No.52实质相同，将国外主体分成"相对独立经营的国外实体"和"母公司经营整体的组成部分"，并分别采用不同外币报表折算方法，但未采用"功能货币"概念，而是采用"报告货币"概念。而若受到高通货膨胀的影响，则应当根据《国际会计准则第15号——反映价格变动影响的资料》（Information Reflecting the Effects of Changing Prices，IAS No.15）的相关规定进行处理。

之后，IASC于1993年12月对IAS No.21进行了首次修订，并更名为《国际会计准则第21号——汇率变动的影响》（The Effects of Changes in Foreign Exchange Rates，IAS No.21），以便与其他准则协调，文字上将会计主体分为"构成报告企业的有机组成部分的国外营业"和"国外实体"两种，并要求恶性通货膨胀经济环境下的境外财务报表，在其换算成报告企业的货币表述之前应按《国际会计准则第29号——在恶性通货膨胀经济中的财务报告》（Financial Reporting in Hyper Inflationary Economies）的要求进行重述。[②] 之后，IASC对该准则分别与1998年、1999年进行过修改，但无实质性变化。

2003年12月，IASB发布了《国际会计准则第21号——汇率变动的影响》取代了1994年的IAS No.21，将"报告货币"分解为"功能货币"和"列报货币"，取消了"构成报告企业经营整体组成部分的国外经营"和"国外实体"分类。同时，将原《解释公告第19号——报告货币：根据《国际会计准则第

---

① 国际会计准则理事会：《国际财务报告准则.2015.A部分》，中国会计准则委员会组织翻译，北京：中国财政经济出版社，2015年，第14页。

② 朱海林：《国际会计准则简介：IAS—21外汇汇率变动的影响》，《财务与会计》1994年第11期，第57—59页。

21 号)和《国际会计准则第 29 号》财务报表的计量和列报》中的"计量货币"表述变为"功能货币"。新准则规定会计主体可以任何一种或几种货币列报其财务报表,若列报货币与功能货币不同则应当将以功能货币计量的经营成果和财务状况折算为列报货币。而功能货币是否为恶性通货膨胀经济中的货币决定了当期财务报表和比较信息的折算程序,统一了并购国外经营时产生的对资产和负债的公允价值调整的适用方法与条件,并将合并商誉作为被购国外经营的资产。①

(三) 我国的会计规范

我国最早的外币报表折算会计规范为 1985 年的《中华人民共和国中外合资经营企业会计制度》(财会字〔1985〕第 16 号)。第 26 条规定:"以外币为记账本位币的合营企业,年度终了时,除编制外币的会计报表外,还应另行编制折合为人民币的会计报表。"该会计制度仅适用于中外合资经营企业,而对内资企业的会计规范源自财政部于 1988 年 10 月发布的《对外承包企业会计制度》(财会〔1988〕68 号),其第 64 条规定:"国内公司对国外公司上报的会计报表应先按美元数进行汇总,然后将汇总的美元数按规定的折合率折成人民币,与国内分公司上报的和公司本身的会计报表进行汇编。"该制度后被 1993 年发布的《对外经济合作企业会计制度》(财会〔1993〕第 03号)所取代,这三项会计制度虽然提及合并境外会计报表首先需要完成外币报表折算,但也未提供具体的折算方法。

对外币报表折算的具体规定,来自财政部 1992 年 6 月 24 日发布的《中华人民共和国外商投资企业会计制度》(财会字〔1992〕33 号),该制度废止了 1985 年的《中华人民共和国中外合资经营企业会计制度》。其第 73 条规定:"资产负债表项目一般按照年末国家外汇牌价换算,其中原由人民币折合为外币金额的项目,仍应按原人民币金额计算。实收资本项目,对于以人民币注册的企业,按照投入时的人民币金额或外币折合人民币的金额计算;对于以外币注册的企业,按照年末国家外汇牌价换算。利润表以全年加权平均汇率对营业收入项目中的外币营业收入部分进行换算,然后与人民币营业收入部分的人民币金额相加,得出营业收入项目的人民币金额;再按照相同的方法,将折扣与折让项目的外币金额换算为人民币金额。两者相减后,得出营业收入净额项目的人民币金额。营业税金项目以实际应交的工商统一税的人民币金额反映。营业收入净额项目的人民币金额与营业税金

---

① 张至象、李红霞:《〈改进国际会计准则〉项目 13 项国际会计准则主要变化(二)》,《会计研究》2004 年第 2 期,第 84—90+81 页。

项目的人民币金额相减后的差额,除以相同项目的外币金额相减后的差额,算出一个换算比例,据以换算利润表中的其他项目。"规定特殊之处在于——"营业收入净额项目的人民币金额与营业税金项目的人民币金额相减后的差额,除以相同项目的外币金额相减后的差额,算出一个换算比例,据以换算利润表中的其他项目"。[1] 其结果体现着重要性与稳健性原则,即以营业收入为主来确定利润表折算中的其他项目,这样的折算结果与人民币直接核算结果差异最小。这一特殊规定,反映着我国改革开放初期外汇管制的思维与烙印,是时代选择的必然。

之后,再一部外币报表折算规范文件便是1995年2月财政部印发的《合并会计报表暂行规定》。其中,第8条便是对外币报表折算的具体规范,以便"以折算为母公司本位币后的会计报表编制合并会计报表"。具体方法为:所有资产、负债类项目均按照合并报表决算日市场汇率折算为母公司记账本位币。所有者权益类项目除"未分配利润"项目外,均按照发生时市场汇率折算为母公司记账本位币;"未分配利润"项目以折算后数额作为其数额列示;而折算差额,在"未分配利润"项目后单独列示。年初数按照上年折算后的资产负债表的数额列示。损益表以及利润分配表中有关项目应当按照会计期间平均汇率折算为母公司记账本位币,也可以采用合并报表决算日的市场汇率折算为母公司记账本位币。利润分配表中"年初未分配利润"以上年折算后的期末"未分配利润"数额列示;"未分配利润"项目,按折算后的利润分配表中的其他各项目的数额计算列示。上年实际数,按照上期折算后的损益表和利润分配表的数额列示。

上述规定中,利润表折算备选折算汇率为"合并会计报表决算日的市场汇率",实际上就是资产负债表的期末汇率。该做法相当于现行汇率法,有着明显的中国特色。

如今,我国针对外币报表折算的会计规范为2006年发布的《企业会计准则第19号——外币折算》(CAS No.19),其规定的外币报表折算方法为规范的现行汇率法。其中,第12条规定"利润表中的收入和费用项目采用交易发生日的即期汇率折算,也可以采用按照系统合理的方法确定的、与交易发生日即期汇率近似的汇率折算",没有采用资产负债表日的期末汇率,属于国际流行的现行汇率法的规定。

(四) 不同折算方法的缺陷

就外币报表折算方法而言,目前主要使用具有理论基础的时态法与操

---

[1]　沈小南:《外商投资企业会计制度介绍》,《财务与会计》1992年第7期,第41—43页。

作相对简便的现行汇率法,此乃历史选择的结果。对此,会计学家常勋教授总结道:"从国外投资的历史发展进程看,在国外建立的子公司,早期多是母公司业务的延伸,那时采用时态法是合适的。而当国外子公司成为独立经营的实体时,母公司与子公司之间的纽带主要是投资关系,开始着眼于汇率变动对投资净额的影响,现行汇率法就更为合适。"[①]

对于时态法下将外币报表折算损益计入利润表,学者喻立勇、喻立忠指出:"折算差额在性质上是'未实现'的,将这部分未实现的折算差额直接计入当期损益,不利于对子公司进行业绩评价,有时甚至会发生国外子公司在折算前后由盈利变为亏损等令人困惑的现象,使折算后子公司的账面结果与真实的经济结果不符。"[②]而学者曹伟教授则发现两种外币报表折算方法各自有着不同的理论缺陷,认为"如果按照时态法的逻辑,外币报表折算只应改变其计量单位而不应改变其计量属性。那么,所有外币财务报表项目都应按照交易或事项发生日的历史汇率折算,而不是某些资产或负债项目按照现行汇率折算。然而,在时态法下的所有者权益项目却按照历史汇率折算,这是很难自圆其说的。由此可见,被认为有较强理论依据的时态法,其理论依据其实并不很充分"。对于现行汇率法,曹伟教授进一步指出:"外币报表折算的一项重要任务是编制合并会计报表,从而反映整个跨国公司集团的财务状况和经营成果。使用现行汇率法看不出其与实现这一目标有多少相关度,更看不出其优点。……因此,现行汇率法不是应当被发扬,而是应当被改造或干脆放弃而转向其他方法。"[③]

现实中,母公司的境外子公司并非单一类型,此时,就会出现单一合并报表编制中兼用时态法与现行汇率法的现象。此时,便会出现更大的矛盾:(1)两种折算方法观点因相互排斥而难以统一为单一。早期,因为境外子公司多为母公司经营的延伸,故而有人主张时态法为唯一的方法。但是,如今越来越多的境外公司独立于母公司,因而凸显了现行汇率法的优势。(2)如果境外子公司类型较多,则同时采用两种不同外币报表折算方法折算不同性质的境外子公司,再据此编制母公司的合并报表。如此将两种不同的货币观点拼合在一起,所编制的合并报表结果"什么都不是"。[④]

---

① 常勋:《财务会计四大难题》,上海:立信会计出版社,2002 年,第 323 页。

② 喻立勇、喻立忠:《试论我国外币报表折算的最佳方法》,《会计研究》1998 年第 7 期,第 24—29 页。

③ 曹伟:《对四种外币报表折算方法的评论》,《财会月刊》2004 年第 21 期,第 45—46 页。

④ 常勋:《财务会计四大难题》,上海:立信会计出版社,2002 年,第 360—361 页。

基于"功能货币",理论界取得了暂时共识：[①](1)若境外子公司经营相对独立于母公司,则子公司的功能货币为当地货币；鉴于子公司已经按照当地货币编制会计报表,则此时子公司应当按照现行汇率法将会计报表折算为母公司货币的会计报表。(2)若境外子公司属于母公司经营活动有机组成部分,则子公司的功能货币为母公司使用货币,此时子公司应当采用时态法将会计报表折算为母公司货币的会计报表。(3)若境外子公司功能货币既不是当地货币也不是母公司列报货币,而采用第三国货币的情况,子公司已经按照当地货币编制会计报表,此时子公司应当先采用时态法将会计报表折算为功能货币列报的会计报表,然后再用现行汇率法将以功能货币表示的会计报表折算成以母公司列报货币的报表。此时,因为子公司功能货币不是当地货币与母公司列报货币,故需用两种方法折算两次。

外币报表折算问题在于折算汇率选择与折算差额处理。其中,前者是因后者是果；若无汇率变动则不会存在差额,不会产生外币报表折算的难题。基于解决问题的溯本求源思路,从汇率形成机制或影响币值因素中或能发现化解之道。

二、汇率变动的机理辨析

从概念上讲,"汇率"(foreign exchange rates)是不同货币之间的相对价格。在国际金融界,针对汇率先后出现了国际借贷理论、利率平价理论、购买力平价理论、货币主义理论四种观点。这些理论从不同视角探讨了汇率形成原因,也许我们可以从这四种理论中发现化解外币报表折算难题的解决思路。

其中,"国际借贷理论"(theory of international indebtedness)亦称"外汇供求说"(theory of foreign exchange supply and demand),由英国学者葛逊(George Goschen)于 1861 年提出。该理论认为汇率是由外汇的供给和需求决定的,而外汇供给和需求源于国际借贷,故国际借贷是汇率变化首要影响因素。该理论盛行于第一次世界大战前的金本位时期,目前虽已淡出金融理论界,但影响依然存在。即使现阶段,南美国家汇率变动依然在印证该理论,但该理论无法解释在纸币流通制度下的汇率变动。

"购买力平价理论"(purchasing power parity)是研究和比较各国或地区不同货币购买力之间关系的理论。该理论先由经济学家桑顿(Henry

---

① 梁怡文：《财务会计准则公告第 52 号——外币折算》,《会计研究》1990 年第 6 期,第 43—49 页。

Thornton)于 1802 年、边沁(Jeremy Bentham)于 1804 年先后提出,后由经济学家卡塞尔(Gustav Cassel)加以发展和完善,其观点集中于 1922 年的《1914 年以后的货币与外汇》(*Money and Foreign Exchange After 1914*)专著中。该理论认为,货币主要功用在于购买商品,两种货币间汇率等于各自所具购买力之比,汇率变动取决于货币购买力变动。该理论诞生于第一次世界大战后,在不兑现纸币流通条件下,能够较好地解释通货膨胀中的货币比较问题。但该理论要求所有商品均参与国际贸易,且未考虑服务、国际资本流动、政治局势等因素,故而从主流理论中淡出。

"利率平价理论"(interest rate parity theory)是研究不同货币利率差影响汇价使其趋于平衡的理论。该理论系由英国经济学家凯恩斯于 1923 年在《货币改革论》(*A Tract on Monetary Reform*)中提出,认为利率差使得资金将从低利率处流向高利率处,供不应求使得稀缺货币汇率上升,直至不同货币的投资报酬率完全相等时。[①] 2018 年 6 月 14 日,美国联邦储备系统(The Federal Reserve System,简称美联储)宣布加息之后,包括人民币在内多数国家货币相对美元贬值,证明了该理论的合理性。但该理论忽视交易成本、外汇管制等现实因素,如,阿根廷为稳定汇率而将贷款利率提高到40%,依然未能阻止其货币贬值,说明了该理论的缺陷。

"货币主义理论"(monetarism theory),是研究货币促进经济增长、社会发展规律的理论。该理论系由美国学者弗里德曼(Milton Friedmann)于1956 年的《货币数量论——重新表述》(*The Quantity Theory of Money:A Restatement*)在扬弃传统货币数量论的基础上提出的。该理论以货币数量论为基础,将货币数量论与购买力平价学说相结合,认为物价变动决定于货币供给数量,同时货币供给量也影响着汇率变动,综合诸多变量之间相互影响关系后,不同货币的供给量将最终影响其货币之间的汇率。但该理论假定浮动汇率制能促使国际收支平衡,片面强调货币因素并忽视短期因素,故多用于长期汇率的预测方面。

不同理论因特定环境而提出并有一定合理性,而随着贸易全球化、货币国际化、经济全球化发展,汇率影响因素绝非单一;以《国际金融》教材中所介绍的成熟观点,影响汇率因素至少包括"国际收支情况、通货膨胀差异、利率差异、中央银行的直接干预、宏观经济政策和市场预期心理"。[②] 因此,目

---

① 喻立勇:《从经济学角度评外币报表折算方法》,《财会月刊》1998 年第 3 期,第 34—35 页。
② 贺昌政、任佩瑜、俞海:《人民币汇率影响因素研究》,《管理世界》2004 年第 5 期,第 45—49 页。

前我们还难以通过影响因素而化解汇率波动以使其获得稳定的结果。而且,当笔者回顾外币报表折算会计问题研究过程,尚未发现试图通过找寻汇率波动的原因来解决外币报表折算会计难题的应对思路。之所以存在如此研究视角的空白,不是前辈们的忽视,而是此路不通的反映。因此,对于外币报表折算难题的解决,还应当返回会计理论体系内部,通过会计目标的指示来化解。

三、单一汇率的化解路径

如何化解外币报表折算难题? 会计学的前辈们已经进行过研究,提出过化解这一难题的思路,笔者只要沿着前辈们所指出的思路,便可以找到具体的方法。

首先,学者吴革教授早在 1996 年便撰文指出:"国外子公司的外币报告折算的目的,是为了母公司的统一的报告货币编制跨国公司集团的合并财务报表。"[①]根据这一目标导向思路,外币报表折算方法选择应当以合并报表编制理论概念为依据;那么,母子公司均属于独立法人,故而应当以合并报表编制的"公平理论"为指导,采用会计报表的"市价交易计量法"为具体措施。

其次,会计学家裘宗舜教授早在 1999 年指出:"如果全球财务会计有一天统统以现行成本计量模式取代历史成本计量模式,那么,外币报表换算采用时态法与采用现行汇率法所得的结果就完全相同。难题也就不存在了。现在,难题依旧,辩论依旧。"[②]其实,这一研究思路所指向的会计计量方法,依然是"市场价格法"。

再次,会计学家常勋教授指出:"如果以现时成本计量模式取代历史成本计量模式,根据时态原则,所有按现时成本计量的项目,都要按现时汇率折算,那时态法也就与现行汇率法合而为一。而以现时成本重新表述的子公司报表也就消除了当地通货膨胀的影响,然后再按现时汇率进行折算,不是都顺理成章了吗?!"[③]

最后,针对外币报表折算,IASB 考虑过的两种方法中,一种方法是对包括比较金额在内的所有金额都采用最近期的期末汇率折算。"这种方法有一些优势,比如,折算方法非常简单,便于采用;不会产生新的利得和损失;不改变诸如资产报酬率这样的财务比率等。赞成这种方法的人们认为,以

---

①　吴革:《企业外币报表折算方法的选择》,《会计研究》1996 年第 7 期,第 16—18 页。

②　裘宗舜:《论外币报表换算》,《上海会计》1999 年第 3 期,第 3—8 页。

③　常勋:《财务会计四大难题》,上海:立信会计出版社,2002 年,第 353—354 页。

不同货币表述报表项目的过程，应当继续保持以功能货币计量的这些项目金额之间的关系，不应当由此产生新的利得和损失。"①

　　在外币报表折算方法选择时，若拘泥于折算前会计报表计量必然会导致多种处理方法的出现。因为折算前会计处理是与企业经营同步进行，但是外币报表折算仅在会计期末的确定时点才进行。因此，按照日常会计处理的思路进行外币报表折算，自然会导致难以适用的情况。当我们采用"市价交易计量法"进行会计计量后，折算前的会计报表因为真实反映了报表日的财务状况，进而使得报表折算采用"单一现行汇率法"即可。②

　　所谓"单一现行汇率法"(single current rate method)，是指对所有会计报表项目一律采用资产负债表日现行汇率进行折算的方法。此方法不同于前述现行汇率法，因其资产负债日现行汇率仅适用于资产与负债，而这里所提出的方法适用于所有的财务会计报表项目的折算。之所以如此，在于财务状况的客观现象，在于"如实反映"的会计目标。

　　因为外币报表折算是对资产负债表日财务状况的不同计量货币单位的表达，此过程所选用汇率不能背离资产负债表日这一时点的客观事实，因此，只能采用单一的资产负债表日的现行汇率折算所有的报表项目。虽然利润表是一个期间会计报表，其净利润结果的产生是一个动态过程而非静态结果，但对其折算这一工作却是在其结果"净利润"已经成为不可改变的历史之后，那么，对于净利润这一资产负债表日所计算完成的结果，依然应当采用这一时点的汇率进行折算。相反，如果采用其他任何时点的汇率，都会出现与折算时点——期末相冲突，从而导致结果不真实与财务状况扭曲。

　　因采用单一折算汇率故不会有折算损益，外币报表折算不再是会计难题，是一个将所有项目乘以相同比例并按格式重新表述的过程。而且，这样的折算过程与结果，才能够更好地服务于编制合并报表、评价管理层、境外发行证券的需求。

四、市价计量的充分披露

　　对于会计信息披露，笔者曾于 2004 年看过一篇题为《会计最终是要消亡的、剩下的只有披露》③的网络文章。该文通过对会计选择权滥用的分析，

①　张至象、李红霞：《〈改进国际会计准则〉项目 13 项国际会计准则主要变化(二)》，《会计研究》2004 年第 2 期，第 84—90＋81 页。

②　黄申：《外币报表折算难题的化解》，《财会月刊》2019 年第 11 期，第 89—93 页。

③　郑朝晖：《会计最终是要消亡的、剩下的只有披露》，原载"中国会计视野"，2021 年 8 月 29 日浏览网页为 https://kaoshi.7139.com/1999/09/47779.html。

认为"披露"是目前有效的化解对策。其实,这是对所有会计信息疑问的应对之策,我们不能因为会计操纵、因为外界质疑就停止使用市场价格计量。面对不合理质疑就停止是历史倒退,只有知难而上、合理应对才是会计人员的正确抉择。充分披露不仅是提高市场价格计量的应对之策,而且将会是促成财务会计革命性变革的前奏。[①]

（一）会计信息披露的载体

正如第六章第四节中所提出化解市价计量主观性的策略,应当借鉴司法诉讼中的"质证"方式、通过透明化披露来化解,那么,如何能够将司法判决中的"质证"环节予以公开? 财务报告中的"会计报表附注"（accounting statement notes）是目前的解决之道。对于会计信息要求,《会计法》提出了"会计资料真实、完整"的原则要求,但是,如何落实该要求? 由于会计报表是格式化与确定化的表达结果,因此需要一个对产生该结果的过程的详细说明。为此,2000 年《企业财务会计报告条例》（国务院令第 287 号）第 14 条指出:"会计报表附注是为便于会计报表使用者理解会计报表的内容而对会计报表的编制基础、编制依据、编制原则和方法及主要项目等所作的解释。"具体包括:不符合基本会计假设的说明;重要会计政策和会计估计及其变更情况、变更原因及其对财务状况和经营成果的影响;或有事项和资产负债表日后事项的说明;关联方关系及其交易的说明;重要资产转让及其出售情况;企业合并、分立;重大投资、融资活动;会计报表中重要项目的明细资料;有助于理解和分析会计报表需要说明的其他事项。[②]

理论上,会计主体因为全面采用了市场价格计量,则附注披露主要内容在于资产或负债市场价格的来源信息。在会计报表附注中,应当将市场价格的来源、不同来源的取舍原因、非直接价格的调整模型、调整参数选择原因等都作详细说明。如何评价披露的充分性? 其评价标准是使用者能否复核其调整过程。如果会计信息使用者能够通过会计报表附注核实市场价格信息的来源,并应用相关模型调整获得所列报的金额,进一步,在根据与自己决策更加相关的决策模型,对上述信息进行重述以获得新的会计信息及其会计报表,才算是充分的透明化披露。也许有人会质疑:如此规定是否符合成本效益原则?

笔者认为,在大数据环境下其效益一定会大于成本。因为在信息化时

---

① 因为最彻底的会计披露是事项法会计,财务会计未来一定是事项法会计。论述参见第八章第一节。

② 国务院:《企业财务会计报告条例》,《财务与会计》2008 年第 8 期,第 50—52 页。

代之前的首次披露其成本会很大,因为首次不熟悉而导致成本较大,但是,第二次的重复工作则效率会大大提高、成本会大大降低。在非信息化时代,价格资料获得较为困难。但在信息化时代,大数据的环境特征、数据挖掘与选择的技术会使得这些工作不再困难。

(二)充分披露的保密性问题

应用问题的最后一点,是会计主体事项资料在使用者手中的保密性问题。这一问题,牵扯到会计信息是否属于"公共物品"(public goods)。对此,学术界有不同看法。如,会计名家蒋尧明教授等认为,"随着经济的发展,企业组织形式的变更,为降低交易成本,会计信息的交换无法直接采用商品交换的形式,因此,会计信息在这样特定的背景下、一定的范围内不得不呈现出'公共物品'的形态"。[①] 但是,现实中仅有上市公司因公开披露而使该会计信息一定程度上成为公共物品,因此,其他众多的非上市公司会计信息在特定用户(各种投资者)中都是私人物品。[②] 也有学者对其权变观察,认为"从静态角度看,会计信息的物品属性可以分为纯公共物品、准公共物品和私人物品"。[③]

其实,即使上市公司的会计信息属于公共物品,但也仅仅是会计信息的结果——财务报告,而非原始的会计资料。财务报告产生于会计凭证与会计账簿,而后两者关系如何——会计账簿是否包含会计凭证?基于我国成文法法系的特点,不同的人民法院也有着不同的判决结果。即使是股东,也并非能够很容易地查阅。[④] 不过,查阅会计账簿等是公司股东的法定权利,所以只要股东需要,便一定能够查阅。对此,《公司法》第33条规定,股东不仅"有权查阅、复制财务会计报告",而且,"可以要求查阅公司会计账簿"。而且,"公司拒绝提供查阅的,股东可以请求人民法院要求公司提供查阅"。[⑤]

① 蒋尧明、王庆芳:《论会计信息的商品属性》,《财经研究》2002年第3期,第68—73页。
② 吴水澎、秦勉:《论会计信息资源的配置机制——对会计信息公共物品论的反思》,《会计研究》2004年第5期,第3—7页。
③ 朱灵通、方宝璋:《论会计信息的物品属性和商品属性》,《当代财经》2020年第6期,第123—129页。
④ 朱锦清:《公司法学》,北京:清华大学出版社,2019年,第378页。
⑤ 如,根据"深圳市南山区人民法院民事判决书(2020)粤0305民初5881号"判决,"深圳市繁兴科技股份有限公司"应当向股东提供"自2011年1月1日至2015年8月4日的会计账簿(包括但不限于总账、明细账、日记账、其他辅助性账簿等)和会计凭证(包括但不仅限记账凭证、相关原始凭证及作为原始凭证附入账备查的有关资料)供原告及原告委托的专业人员查阅、复制,查阅、复制时间不少于十个工作日"。参见东方财富网,http://guba.eastmoney.com/news,834354.963810414.html。

而股东之外的债权人,是否可以依法获得会计信息? 对此,《民法典》第 669 条规定:"订立借款合同,借款人应当按照贷款人的要求提供与借款有关的业务活动和财务状况的真实情况。"第 772—773 条规定:"贷款人按照约定可以检查、监督借款的使用情况。借款人应当按照约定向贷款人定期提供有关财务会计报表或者其他资料";"借款人未按照约定的借款用途使用借款的,贷款人可以停止发放借款、提前收回借款或者解除合同。"①可见,贷款人根据合同约定而可查看借款人的财务会计报告等会计资料。

但是,与会计主体利益相关的其他民事主体,如何能够获得会计资料的查阅权? 正如之前合并报表的模拟编制中,股权投资事前应当知悉被投资公司真实的财务状况,为此需要了解远比会计报表附注详细的会计资料。如何解决之?

笔者认为,当事人可签署查阅合同以明确双方权利义务,并增加详细的保密条款,针对泄密等不利事项进行事前约定。一旦查阅者不适格则会计主体可以拒绝,一旦导致泄密则要承担相应的民事责任甚至刑事责任。对民事行为中的保密义务,《民法典》第 501 条规定:"当事人在订立合同过程中知悉的商业秘密或者其他应当保密的信息,无论合同是否成立,不得泄露或者不正当地使用;泄露、不正当地使用该商业秘密或者信息,造成对方损失的,应当承担赔偿责任。"因此,对于使用者所获得的经济事项信息,应当予以保密,并承担因泄露等行为给提供者所造成的损失。而《中华人民共和国刑法》(2020 年 12 月 26 日,《中华人民共和国刑法修正案(十一)》修正)第219 条规定,"违反保密义务或者违反权利人有关保守商业秘密的要求,披露、使用或者允许他人使用其所掌握的商业秘密的",若情节严重的,则"处三年以下有期徒刑,并处或者单处罚金;情节特别严重的,处三年以上十年以下有期徒刑,并处罚金"。②

可见,法网恢恢疏而不漏,对于会计信息的针对性处分披露,是有着民法、刑法的多层次保护的。因此,充分披露是化解市场价格计量所引发会计信息难以质证的单方处理问题的有效对策。不过,充分披露的持续发展,则可能是事项会计的崛起(参见第八章第一节中的分析)。

---

① 全国人大常委会法制工作委员会审定:《中华人民共和国民法典》,北京:法律出版社,2021年,第 382、394—395 页。

② 唐稷尧:《扩张与限缩:论我国商业秘密刑法保护的基本立场与实现路径》,《政治与法律》2020 年第 7 期,第 42—55 页。

第四节 本章小结

本章是市场价格计量应用的第三章,主要探讨了与合并报表编制相关的物价变动会计与外币报表折算。因此,本章首先解析了"市价交易计量方法"——曾经称之为"市价交易观",系根据其实质而更名。因为该计量方法是落实"如实反映"会计目标的手段。与主流的决策有用观不同,本章基于用户需求、会计系统与会计人员三者的交集论证了《会计法》"如实反映"的会计目标。而落实这一目标的具体技术方法就是——资产负债表采用市场价格计量、利润表采用交易价格计量。其次,就物价变动会计难题,通过找寻物价变动原因而化解也是不现实的,会计对于物价变动客观现象的应对措施,应当就是"如实反映"。最后,就外币报表折算难题,通过找寻汇率波动原因而化解也是不现实的,而基于"如实反映"的会计目标,可以采用单一的期末汇率折算。

第八章　研究总结与展望

本书总结部分,先解答有关专家的相关问题,后归纳研究观点、创新与不足。在展望部分,分别以"权责确认"与"市价计量"两大基础,探索了会计的可能性趋势。

第一节　专家问题解答

本节是对有关专家问题的解释与回答,因其系财务会计理论之构成,故而放置在总结部分,以便笔者解释自己的学术观点,读者更好地理解本书的研究结论。

一、会计职能与质量特征

有专家指出:"作者提出真实交易观取代资产负债观和收入费用观,其合理性与可行性值得商榷,毕竟对于财务报表的编制而言,应体现的质量特征不仅限于真实性,还应体现为可靠性。"此问题涉及:(1)"真实交易观"及"市价交易计量法",已于上一章解答。(2)真实性与可靠性,实际上涉及会计职能与信息质量特征两个问题。

(一) 财务会计的反映职能

对财务会计职能的辩论随着会计本质辩论,主要存在于 20 世纪 80 年代,并形成了很多观点,从单一职能直到多达十二种职能。对此,学者李孝林教授梳理得较全面,主要代表性观点有:[①]

(1) 一职能观,因为仅有一个职能,故所提出的观点差异较大。如,学

[①] 李孝林:《会计职能、目标系统论——兼议建立中国特色的会计基础理论体系》,《北京商学院学报》2000 年第 3 期,第 23—26 页。孔庆林、李孝林、弋建明《试论会计职能理论史》,《北京工商大学学报(社会科学版)》2007 年第 2 期,第 35—44 页。

者陈铁峰的"只有反映或核算职能"。[①] 再如,学者王天东、陈亚民教授"认为当代财务会计的主要职能应当是权益估值"。[②]

(2) 二职能观,多集中于核算与监督或反映与控制之中。如,会计学家葛家澍教授等认为会计"公认的主要职能是反映和控制"。[③] 再如,会计学家郭道扬教授认为会计职能实现了从"反映—监督"向"反映—控制"职能的转变。[④] 又如,会计学家阎达五教授指出"会计管理的基本职能是计划和控制"。[⑤]

(3) 三职能观,提出此类观点的学者较少。如,学者张世英教授通过会计发展历史回顾,认为"现代会计具有反映、监督和控制三个职能"。[⑥]

(4) 四职能观,多基于会计管理而提出。如,著名学者王文彬认为会计有反映、控制、监督和分析职能。[⑦] 再如,会计学家李天民教授在辨析了相关基本概念后,认为会计具有计划、反映、监督与促进这四大职能。[⑧] 又如,会计学家裴宗舜教授认为会计具有计量、收集、传递、参与决策的职能。[⑨]

(5) 五职能观,具体观点差异较大。如,学者孔繁柏认为会计具有反映、监督、控制、分析和决策这五项具体职能。[⑩] 再如,会计学家杨纪琬、阎达五教授论述"会计管理活动论"中指出:"会计管理的传统职能是反映和控制,但也有计划、决策、考核等职能。"[⑪]又如,会计学家葛家澍、余绪缨教授认为,"现代会计具有反映经济活动、控制经济活动、评价经营业绩、参与经济决策、预测经营前景等五项职能"。[⑫]

(6) 六职能观,具体观点差异更大。例如,会计学家李天民教授提出会计具有规划、制度、核算、控制、分析和检查等六个方面职能。[⑬] 再如,会计学

① 陈铁峰:《会计监督与监督会计》,《会计研究》1996 年第 8 期,第 28—30 页。
② 王天东、陈亚民:《财务会计职能演进及评价》,《现代管理科学》2010 年第 9 期,第 15—16 页。
③ 葛家澍、唐予华:《关于会计定义的探讨》,《会计研究》1983 年第 5 期,第 26—30 页。
④ 郭道扬:《论会计职能》,《中南财经大学学报》1997 年第 3 期,第 62—75 页。
⑤ 阎达五:《马克思的价值学说与会计理论建设》,《会计研究》1983 年第 1 期,第 1—5 页。
⑥ 张世英:《从反映、监督到控制——浅谈会计职能发展及其他》,《陕西财经学院学报》1981 年第 3 期,第 63—67 页。
⑦ 王文彬:《会计在国民经济中的作用》,《社会科学》1980 年第 5 期,第 60—63 页。
⑧ 李天民:《关于会计的属性、地位和作用的探讨》,《会计研究》1980 年第 2 期,第 35—40 页。
⑨ 裴宗舜:《对会计职能问题的反思》,《财会通讯》1987 年第 8 期,第 83—88 页。
⑩ 孔繁柏:《会计五职能论》,《会计研究》1984 年第 1 期,第 40 页。
⑪ 杨纪琬、阎达五:《会计管理是一种价值运动的管理——为纪念中华人民共和国成立三十五周年而作》,《财贸经济》1984 年第 10 期,第 13—17 页。
⑫ 葛家澍、余绪缨:《会计学》,北京:高等教育出版社,2000 年,第 23 页。
⑬ 李天民:《遵循马克思主义的学说建设和发展会计理论》,《中央财政金融学院学报》1983 年第 1 期,第 22—28 页。

家张以宽教授认为会计具有反映经济情况、控制经济过程、监督经济活动、考核经济效果、分析经济情况、预测经济前景的六个主要职能。[①]

在词义上，"职能"是指"人、事物、结构应有的作用；功能"。[②] 会计学作为管理学科门下工商管理学科的专业，其职能应从属于管理职能或结合会计特点而确定。对于前者，最早归纳管理职能的是管理学家法约尔（Henry Fayol），他于 1916 年在《一般管理与工业管理》中提出了计划、组织、指挥、协调、控制的五职能说。[③] 此处，组织、指挥、协调多为人力资源管理领域内容；而承担价值管理的会计，为计划与控制这两大职能。

其中，计划表现为根据管理目标并结合国家政策、市场环境等约束条件的全面预算，其价值预算部分为会计计划的结果；控制是以预算目标为标准，对阶段性经营成果分析比较并围绕该目标所进行的纠偏措施，其价值管理部分为会计控制的体现。而会计的反映职能，则是在对预算（计划）执行结果的货币化度量，其结果对外表现为财务会计报告、对内表现为管理会计报表或项目会计报表，是基于会计特点而产生的职能。

对比分析之前的不同观点，差异主要在于视角或侧重点的不同，是基于会计主体或不同分支对会计职能的解析。总体而言，大会计具有反映、计划与控制三大独立职能；其中，对外的财务会计具有反映职能，内部的管理会计则具有计划职能与控制职能。[④] 可见，有关会计职能的争论多为大会计不同分支职能的表现。其中，会计反映职能主要描述了财务会计的核算行为，不太能够解释会计计划行为、可以部分解释会计控制行为——基于内部制度的合规性评价，[⑤]评价涉及能否入账以及入账金额的计算，从属于会计的反映职能。会计计划职能主要是对价值管理事前的计划行为，"是从若干个方案中进行选择""主要是决策活动"，因此，不太能解释执行中的会计反映与会计控制。会计控制职能主要针对组织目标的事中纠偏行为，"对采取的行动与计划本身的质量进行反馈"，[⑥]基本不涉及事后的会计反映与事前的会计计划。因此，大会计系统是以会计计划（预算管理）为起点设定经营目

① 张以宽：《现代会计的六大职能》，《财会月刊》1991 年第 9 期，第 4—5 页。
② 中国社会科学院语言研究所词典编辑室：《现代汉语词典》，北京：商务印书馆，2016 年，第 1466、1682 页。
③ 陈传蕊：《法约尔管理思想对现代管理的启示》，《智库时代》2019 年第 6 期，第 151—152 页。
④ 美国会计学会：《基本会计理论》，文硕等译，北京：中国商业出版社，1991 年，第 50 页。
⑤ 控制一般是指内部以预算为目标的纠偏行为，而监督是指源自外部合法性评价行为。前者为管理行为，后者为行政行为。会计核算中控制服务于登记记账凭证，并非独立的职能。
⑥ 美国会计学会：《基本会计理论》，文硕等译，北京：中国商业出版社，1991 年，第 51 页。

标、以会计核算(财务会计)为执行过程之反映、以管理会计(经营分析)为控制手段的一个完整的"价值管理(会计)系统"。①

虽然多数学者都认为会计职能不止一项,但是,仅独立职能才是真正的职能。在民事主体中,民事权利能力会因年龄而受到限制,无权利能力者只能通过其法定代理人代理。基于会计信息的真实性要求,行贿款可否入账?入账是真实性的体现,但现实中极为罕见。对此,有学者发出疑问:"既然会计有两种基本职能,为什么控制职能在会计本质和目标的表述中却不予体现?"②因此,财务会计仅有一项职能,便是反映真实的职能。而会计学家葛家澍、黄世忠两位教授早已明确指出了该结论。③

(二)财务会计信息质量标准

在 IASB 概念框架修订中,参与其中的我国会计学家张为国教授指出,代表们的主要争议"集中于财务报告目标、有用财务报告信息的质量特征和财务报告主体三大方面"。④ 三者关系中,会计信息质量特征服务于会计目标。因为会计目标为"反映真实",因此"真实性"难以构成会计信息质量特征,否则就会产生逻辑循环。如下解释将分为三个部分:现行会计准则中对真实性的看法,笔者对会计信息真实性的观点,笔者针对会计信息质量特征的观点。

第一,IASB 等机构的结论:不再将可靠性作为质量特征的构成,而是用如实反映替代了可靠性。对此,会计学家张为国教授指出,"IASB 的解释是可靠性是财务报告的关键质量"。因为,"人们对可靠性有不同的理解,如有些人看重避免误差而将如实反映置之度外,而另一些人将可靠性与准确性联系起来。由于无法达成一致理解,IASB 开始思考如何更好地表达可靠性的含义,经研究后建议以如实反映来替代可靠性"。⑤

根据学者赵敏等分析认为:IASB 如此变化,在于强调根据经济实质进行会计核算。⑥ 因为"大家对'可靠性'一词缺乏一个统一的理解,有许多人

---

① 源自中国会计学会"作为一项基础性经济管理活动,会计涉及经济社会发展的方方面面"的表述。参见周守华、刘国强:《贯彻落实十九大精神、繁荣新时代会计理论——〈会计研究〉新年献辞》,《会计研究》2018 年第 1 期,第 1 页。

② 李孝林等:《会计基本理论比较研究》,北京:科学技术文献出版社,1997 年,第 2 页。

③ 葛家澍、黄世忠:《反映经济真实是会计的基本职能》,《会计研究》1999 年第 12 期,第 2—7 页。

④ 张为国:《影响国际会计准则的关键因素之二:理论之争(上)》,《财会月刊》2021 年第 4 期,第 3—12 页。

⑤ 张为国:《影响国际会计准则的关键因素之二:理论之争(上)》,《财会月刊》2021 年第 4 期,第 3—12 页。

⑥ 赵敏、李万福、王开田:《IASB 新财务报告概念框架的发展概述及启示》,《会计研究》2018 年第 10 期,第 28—34 页。

会把'可靠性'简单地等同于'可验证性'或是'无重大差错',特别地会把'可靠性'仅仅等同于可以容忍的'计量不确定性'。"所以,IASB 最终用原属"可靠性"构成的"如实反映"对其替代,且与"相关性"并列为基本质量特征。也有反对者认为不能把"如实反映"作为基本质量特征,应恢复"可靠性"。因为,在 IASB 于 2016 年所收到的反馈中,包括"英国财务报告委员会"(Financial Reporting Committee,FRC)在内 25% 的反对者认为:"可靠性"的含义比"如实反映"含义更清楚,更能表达"信息使用者可以决策依赖"的含义。相反,用"如实反映"代替"可靠性"则会缺少"相关性"和"可靠性"之间的权衡,进而影响会计报表的整体质量。[①]

而 IASB 的支持者认为:"这种替代减少了原有术语的歧义(在中文语境中,'可靠'含有道德意味,更要谨慎采用)。另外,在对其内涵做出充分释义之后,'如实反映'概念已经与之前概念框架文件中的'可靠性'内涵基本一致。"[②]我国 1992 年的《企业会计准则》第 10 条提出了"如实反映"的"客观性"要求,而在 2014 年的《企业会计准则——基本准则》中,将"客观性"要求分为第 12 条的"真实可靠、内容完整"的"可靠性",和第 16 条的"实质重于形式"原则。[③]

第二,对真实性与可靠性的看法。两者均是会计信息质量相关的重要概念,但是两者均非会计信息质量特征的具体构成要素。因为"真实"(true)是指"跟客观事实相符合","可靠"(reliable)是指"可以信赖依靠;真实可信"。[④] 因此,两者含义较为接近但也有着明显差异:真实与否的结论需要与客观事实比较来获得;可靠含义中,前一个倾向于价值判断,后一个倾向于事实判断,但两者结论均需要特定操作行为方可获得。因此,真实与可靠都需要基于一定事实或行为而判断,故均难以构成会计信息质量特征。但两者均十分重要,真实是会计信息的目标,而可靠是对该目标的验证(见第七章第一节)。其在会计理论体系中的地位,真实性与可靠性要远远高于"信息质量特征"这一层次。

财务会计是什么?其独立的职能是什么?其独立的第一职能是反映,这可以从会计学家查特菲尔德(Michael Chatfield)的《会计思想史》中归纳

---

① 任永平、巩满霞:《IASB 会计信息质量特征修订:国际争论与思考》,《上海大学学报(社会科学版)》2018 年第 1 期,第 96—106 页。

② 陈朝琳、叶丰滢:《借鉴 IASB 概念框架,完善我国企业会计基本准则》,《会计研究》2019 年第 9 期,第 21—27 页。

③ 财政部会计司编写组:《企业会计准则讲解 2010》,北京:人民出版社,2010 年,第 6—7 页。

④ 中国社会科学院语言研究所词典编辑室:《现代汉语词典》,北京:商务印书馆,2016 年,第 1663、738 页。

得出,他指出:"人类思想的进步在一定条件下可以决定社会的发展,社会的发展,同样可以决定人类思想的进步。所以,人类思想与生活环境之间,有着明显的关系。通过考察这种关系的演进过程可以看出,会计的发展是反应性的,也就是说,会计主要是应一定时期的商业需要而发展的,并与经济的发展密切相关。"①那么,商业需要是什么? 必定是真实而非虚假的会计信息。

第三,对会计信息质量特征构成的观点。基于会计信息是一个从原始资料、记账凭证(会计分录)、账簿体系(报表项目)、报表加附注(财务报告)处理过程,其信息质量标准应当针对过程特点而提出。因此,从原始资料形成会计凭证过程需要确定性与相关性,即处理结果的确定与所选择方法的相关。从会计账簿形成报表项目过程需要充分性与明晰性,以清晰地解释项目金额的计算过程。会计报表体系则需要针对性与完整性,针对性是指单一的会计报表应当针对性地揭示会计主体某一方面的财务状况,而完整性要求不同会计报表构成的财务报告能够不重不漏地反映出会计主体整体的财务状况,而不是片面的或相互独立的。而承担解释说明重任的报表附注应当具有准确性与易懂性;表述准确、含义明了在于有助于使用者理解;易懂在于让普通投资者理解。② 会计信息质量特征是否实现如实反映的会计目标,关键在于可靠、可核;因此,会计信息质量特征正是对可靠、可核性的落实措施,只有会计信息能被用户核实,才有可能做到如实反映的可靠结果。因此,可靠可核性是对会计信息质量的整体性要求,故而不构成特征之一(表7-1)。

因此,会计信息不包含可靠性与真实性。因为真实性是需要达到的财务会计目标,故而不构成其质量标准;可靠性是对会计信息质量验证后的结论,是会计信息用户使用后的评价,而非会计人员能够做到的。而从会计信息提供者(会计报表编制者)立场评价,则应当对形成会计报告信息的整个过程可以核实,并获得可信的结论。

虽然,IASB认为相关性为基本的会计信息质量特征,并认为会计信息应当与用户决策需求相关,但是,面对不同用户的不同需求,一方面会计人员如何知悉,另一方面会计人员如何满足? 因此,相关性应为对会计处理方法选择的要求。因为会计主体财务状况作为一个不以人们意志为转移的客

---

① 迈克尔·查特菲尔德:《会计思想史》,文硕等译,北京:中国商业出版社,1989年,第2页。
② 因此,本书对重要概念通常先参考《现代汉语词典》中含义,以便普通人能够理解会计理论。进一步,笔者认为会计应当作为常识课进入中学生的课堂讲授中。

观存在,其结果具有唯一性。为了让会计报表尽可能接近这一客观结果,应当选择合适的处理方法。如,采用货柜车沿街叫卖的小商贩,后进先出的发出存货计价方法可能更合适。相反,如果方法的适用条件不匹配,结果必然导致对如实反映会计目标的背离,实质上就是会计舞弊。

二、智能化与事项法趋势

有专家提出:"数字化的经济背景和经济活动,对合并报表的冲击是否也需要在研究中体现? 例如,事项会计的崛起是否会导致合并报表的消失,或者作用下降?"该问题涉及:(1)财务会计的智能化(数字化);(2)事项法会计崛起对会计的影响。

(一) 会计处理的智能化

信息技术对会计的影响是根本性的,上海国家会计学院近几年均组织评选了当年对会计人员影响的信息技术,通过对"2020 年影响会计人员的十大信息技术"[①]的学习,更加清晰了这一认识。此方面的研究,以专注于会计信息研究、现任中国会计学会会计信息化专业委员会主任委员的杨周南教授为代表,他认为:"在智能化逐渐成为新一轮产业变革核心驱动力的背景下,会计管理活动的重心已经从簿记和报告转向价值管理与风险控制,会计信息系统作为会计在 IT 技术上的映射也面临着从信息化向智能化的转变。"于是,杨周南教授"以会计管理活动论为理论基础,结合大会计观和 IT 环境论,提出了'智能会计系统'(intelligent accounting system)的概念",并"基于软件工程方法学提出了智能会计系统的概念模型,构建了'决策—控制'价值增值循环、'披露—反馈'价值信息交换循环、'优化—共享'价值协同循环、'监督—调控'微观会计与宏观经济一体化管理循环四个智能会计系统业务循环模型,并从构建方法、物理结构和应用模式三个方面论述了智能会计系统的实现路径"。[②] 在技术应用层面,信息技术对财务会计影响充分地体现在会计主体内部与外部两个方面;而会计主体内部与外部两方面作用,促使会计核算的智能化。

在内部信息方面,应用在于:(1)"物联网"(internet of things),是指"通过互联网技术,结合射频识别、无线通信技术,运用 GPS、传感器等激光传感设备,将物品与互联网进行有效衔接,以互联网为媒介,进行有效信息交流,

---

① 刘勤:《2020 年影响中国会计从业人员的十大信息技术》,上海:立信会计出版社,2020 年。

② 续慧泓、杨周南、周卫华、刘锋、刘薇:《基于管理活动论的智能会计系统研究——从会计信息化到会计智能化》,《会计研究》2021 年第 3 期,第 11—27 页。

从而将物品信息智能化。物联网使得信息获取与传递无需人工介入，而由系统独立完成"。此时，"采购原材料、入库产品、分类放置物品、销售产品等环节都可以运用物联网技术。物联网的传感器可以将物品转换成电信号以完成对电子信息的存储与传输。传统的会计工作模式老旧，不能确保会计信息的准确性及完整性，而电子信息在这方面具有明显的优势，对财务信息与非财务信息也进行了较明确的区分"。① （2）"移动互联"（mobile internet）是指互联网技术、平台、商业模式和移动通信技术结合并实践的活动总称，是移动通信工具和互联网融合的产物，具有移动随时、随地、随身和互联网开放、分享、互动的两方面优势，可同时提供话音、传真、数据、图像、多媒体等高品质电信服务的新一代开放的电信基础网络。此技术，能"让每一个物体本身形成一个独特的专属 ID，以此为基础，在企业采购环节、入库环节、生产及物流环节、销售环节等，均可以接着感应设备将物体信息收集并存储到相关数据库之中。企业人员则可以借助这些信息实现对物体的全面跟踪与调查，通过网络形式能够展示物体的详细信息，并将该信息传输到会计信息系统，为会计账务核对等提供现实依据"。② 此时，不仅物流信息及其价值信息得以自动采集、存储与传递，且能据此计算计件制、计时制雇员的薪酬，再加上差旅、请假信息便可以计算出人工成本。此时，财务会计报表所需要的物流与人流信息便已实现自动采集。

外部信息多为业务合同及其物流或劳务责任与资金往来，应用在于：（1）"电子商务"（electronic commerce），是指以信息网络技术为手段，以商品交换为中心的商务活动；通过电子手段进行的商业事务活动。通过使用互联网等电子工具，使公司内部、供应商、客户和合作伙伴之间，利用电子业务共享信息，实现企业间业务流程及其信息交流的电子化交易方式。电子商务的应用，能够实现会计主体与外部主体业务合同，及其执行信息的自动采集，涉及不同主体之间物流信息、资金往来（网上银行）信息的传递。而且，此商务信息还包括员工差旅等，该信息可以通过车票、住宿预订系统中而实现，仅需要确定信息接受者为员工单位即可。（2）"税务信息系统"（tax information system），是指有关纳税人认定、发票领购、纳税申报、税款缴纳过程管理的系统。税务信息涉及征管的税务机关与缴纳的企业层面。在税务机关层面，我国已建立"金税三期"，其"三个覆盖"将完成所有税种与所有

---

① 李洁煌：《物联网对企业会计的影响探究》，《当代会计》2017 年第 7 期，第 9—10 页。
② 朱秀芬：《物联网时代背景下的会计信息化发展研究》，《现代经济信息》2016 年第 13 期，第 226—227 页。

工作环节的覆盖,并实现国地税局与相关部门的联网。在企业层面,"智能财税"可以完成"支持增值税、企业所得税等全税种税金计算,纳税申报自动化,根据企业不同业务场景或纳税人资质智能化匹配算法和报表模块,企业用户一键自动编制台账、底稿和申报表,且在条件允许下支持一键自动报税"。[①]

上述财务会计智能化处理的描述,大公司由于自身及其外部环境的信息化程度较高而容易实现。但对小公司而言,其困难主要在于外部信息,可能会因为缺少外部链接而难以直接获取相关信息。对此,仅需一个编码便可以解决;该编码应当要包含三组信息,开票单位、收票单位、主管税务局。当完成商业活动时,对方单位所开具发票信息或通过短信或通过电子邮件来传递给接受主体,该主体再基于该代码在主管税务局网站获得发票信息,从而补充了外部会计资料。该模式还可以从根本上杜绝假发票所导致的信息失真,杜绝真发票的重复使用。而内部信息,即使单位尚不具备相关管理软件也可以手工或RPA(Robotic Process Automation,机器人流程自动化)将相关资料输入会计软件中以自动生成会计报表。小公司的另一困难,是在于市场价格的获取。对此,学者李勇等"提出了一个应用智能协作信息技术进行internet信息检索的完整的解决方案"。在这个智能信息检索系统中,应用用户接口主体、信息处理主体和信息搜索主体这三类智能主体,便可以实现个性化的智能浏览器、网上信息的分析处理以及信息的搜索。[②]

对此,专注此领域的学者刘梅玲指出:"在会计信息化领域中,创新发展突出体现为如何更好地利用最新信息技术,如大数据、电子发票、云计算、数据挖掘、移动支付、机器学习、移动互联、图像识别、区块链和数据安全技术等,推动会计实务、会计方法和会计理论的创新。如在会计实务领域,可采用电子发票实现财务会计中的开票无纸化和入账自动化,采用移动支付提升资金支付和收取环节的效率,采用数据安全技术保障移动支付环节资金和信息的安全,采用大数据技术进行预算的自动化推导、全面风险筛查,采用区块链解决供应链金融中票据的信任问题、真实性问题和流动效率问题,采用财务机器人提高财务自动化处理的效率、准确度和覆盖面。"[③]在相关信

---

① 金蝶软件:《智能财税行家:提供税务、发票及影像档案综合管理解决方案》,2020年11月,第3页。
② 李勇、徐振宁、张维明、黄凯歌、李由、汤大权:《智能协作信息技术在信息检索中的应用》,《计算机与现代化》2001年第4期,第34—39页。
③ 刘梅玲:《基于新发展理念探析会计信息化发展的几个方面》,《财务与会计》2018年第16期,第34—36页。

息技术中,学者程平教授等指出:"机器人流程自动化 RPA 已日趋成熟。2017 年 5 月,德勤会计师事务所推出'财务机器人',普华、安永、毕马威在一个月以后也相继推出了各自的'财务机器人',以期帮助企业实现财务和税务工作流程的自动化。"[①]实际上,该构想已在中国烟草总公司云南省公司财务会计系统中得以实现。[②]　其中,"财务层面,立足于业务驱动财务,借助智能财务会计共享平台,实现会计核算的标准化和自动化、资金结算的集中化和自动化、资产盘点和对账的自动化、税务计算和申报的自动化、会计档案管理的电子化和自动化……业务层面,立足于管理规范业务,借助智能管理会计共享平台,实现预算编制和分析的自动化、预算控制的前置化和自动化、成本归集和计算的自动化、项目管理的标准化和过程化、税务风险检测的智能化"。[③]

信息技术的应用,不仅是财务会计的智能化,而且是会计报表编制的自动化。而当个别报表完成后,软件便可以自动匹配出需要抵销的项目而完成合并报表的编制工作。因为编制合并报表的主体通常被称为集团,且集团内部会有单一且统一的管理信息系统,针对每一个个人主体有着不同的身份编码。系统只要识别该编码——需要包含交易双方的信息,便可以很容易找寻出需要抵销的项目与具体金额,从而生成合并会计报表。此时,根本不需要合并抵销分录,可以直接根据交易编码信息的自动匹配结果而直接抵销,完成合并报表编制表。对此,金蝶软件(中国)有限公司在其产品介绍手册中指出,"单体组织(财务中心、责任中心)报表可通过主动批量编报自动出具,通过设置方案、定义需要系统自动完成的步骤,有系统自动完成新增、计算、审批、上报、接受以及复制报表等功能。而合并报表通过设置调整方案、抵销方案、合并方案,由系统自动按照由下至上的顺序执行合并,并智能地按照分录—底稿—合并报表的顺序执行数据处理,提供数据分析功能,让财务数据为管理赋能",从而实现"合并过程自动化"。[④]

当然,实际情况的复杂性会影响合并报表的自动生成。但是,其困难不会来自个别会计报表而是实务界的特殊情况;对此,只要厘清其来龙去脉、挖掘其原因所致,便能找寻到解决这一问题的思路与方法,实现会计报表与

① 程平、张洪霜:《基于 RPA 的财务共享中心税务管理优化研究》,《会计之友》2018 年第 14 期,第 145—148 页。

② 刘梅玲、黄虎、杨寅、张富祥:《云南烟草商业智能财务建设之核算自动化》,《财务与会计》2020 年第 21 期,第 22—26 页。

③ 刘梅玲、黄虎、佟成生、刘凯:《智能财务的基本框架与建设思路研究》,《会计研究》2020 年第 3 期,第 179—192 页。

④ 金蝶软件(中国)有限公司:《企业上云、智见未来:金蝶 EAS Cloud 数字化转型解决方案》,2020 年,第 30—31 页。

合并报表的智能化生成。

（二）事项法的披露模式

有专家提出数字化经济背景和经济活动对会计与会计报表的冲击，不仅表现为会计核算的智能化，而且会导致事项会计的崛起，进而引起会计报表甚至合并报表的消失。

一般认为，"事项法会计"由会计学家索特（George H. Sorter）提出，而其观点表达则要追溯到1964年。那一年，AAA为了庆祝成立50周年，组建了"基本会计理论报告委员会"（Committee to Prepare a Statement of Basic Accounting Theory）用以编写著名的《论基本会计理论》（ASOBAT）。该书基于"会计信息系统论"观点，认为会计信息应当服务于使用者的决策，并构建了"历史成本与现行成本"双重计量的"价值法会计模式"。[①] 对此，最年轻的索特明确表示反对，他根据威廉·沃特（Wiliam J. Vatter）教授的思想火花，于1969年撰文指出价值法会计所存在的"无法描述、定义或规定决策模型""会计汇总和估值产生的信息损失大于相关收益"等缺陷后，认为"会计不是直接为未知或可能未知的决策模型生成输入值，而是提供让个人用户为自己的决策模型生成自己的输入值的相关经济事项信息"。其中，资产负债表应当成为"会计主体创立以来发生的所有会计事项的间接共享"，损益表应当提供"有关经营事项或活动的直接共享"。[②] 至此，在会计理论体系（主要通过会计披露而引发）内形成了会计理论的"价值法模式"与"事项法模式"两种不同理念。

不过，对于事项法会计的观点，学者翟伟栋认为索特并非首倡者，他指出："早在索特发表文章之前，Schrader于1962年已经提到了索特（1969）和Johnson（1970）关于事项会计的许多观点。Schrader的文章没有被许多学者认为是事项会计，可能是因为他在文章没有提到'事项'这个术语；然而，Schrader在文章中多次强调记录和存储交易事项的明细信息。Schrader主张Goetz（1939）关于在会计范围内应当记录基本历史信息的观点，会计人员应当按照特定的目标和标准，记录每一个事件发生的参与者、事件、地点和时间。在与Malcolm、Willlngham合作的一本书中，Schrader（1981）强调在一项交易中观察到的数据与其他经过分析和处理的数据是有区别的。"[③]对

---

① 美国会计学会：《基本会计理论》，文硕等译，北京：中国商业出版社，1991年，第80—103页。

② George H. Sorter, "An 'Events' Approach to Basic Accounting Theory", *The Accounting Review*, 1969(1): 12—19.

③ 翟伟栋：《事项会计、数据库会计与REA会计之比较》，《财会月刊》2015年第15期，第98—103页。

此,笔者认可对学术概念追根溯源的精神,但学术界通常认为索特为"事项法会计"的系统化论证者。

事项法会计从 1969 年提出至今,其应用困难在于三点:合适的决策模型,事项信息的传递(会计主体的披露与使用者的获取),决策相关市场价格的获得。① 事项法会计的现实形态,如同人们心中的"哈姆雷特"。笔者认为,事项法就是对原始信息的披露。因此,为了对其加工成为用户可用的信息,需要合适的决策模型,需要与模型相适应的会计信息。由于决策基准日不同于业务发生日,因系需要基准日的市场价格信息,从而加工出可用的会计信息;然后基于特定决策模型,最终完成会计信息用户特定决策的需要。

正如专家所指出,数字化经济背景和经济活动,对企业经营环境带来极大改变。笔者认为,这一改变涉及海量原始信息的传输与存储、后续处理所需要的市场价格这两点。其中,针对大数据的应用,便表现为对会计主体海量事项信息的传递,不仅有利于会计主体的信息披露,而且能够解决会计信息使用者的获取。进一步,对于使用者所需要的市场价格信息,也会因为大数据环境而得以化解。而对影响事项法会计推广应用的关键因素——决策模型,也会随着数字经济与数字活动而逐步解决。这是因为财政部已经于2014 年发布了《财政部关于全面推进管理会计体系建设的指导意见》(财会〔2014〕27 号),该"指导意见"对管理会计要求"通过利用相关信息,有机融合财务与业务活动,在单位规划、决策、控制和评价等方面发挥重要作用"。财政部又于 2016 年发布了《财政部关于印发〈管理会计基本指引〉的通知》(财会〔2016〕10 号),"指导意见"及其"基本指引"将会直接促使管理会计的发展应用,激发各种适合于不同场景决策模型的不断涌现,从而实现"通过运用管理会计工具方法,参与单位规划、决策、控制、评价活动并为之提供有用信息,推动单位实现战略规划"的管理会计目标。在这一发展过程中,一方面数字化经济的大数据会促使现有决策模型的应用与改进,另一方面又会促使新模型的研究与发展,两者相互促进将会解决事项会计中对决策模型的需求。

如今,信息技术的发展,商业范式的变革,会计革命的汇集,使得事项法会计模式的应用不再仅停留于理论概念,而是近在咫尺的大趋势。对此,会计学家张为国与用友软件董事长王文京指出:"真正引起当代会计革命的是索特在 50 年前提出的'事项法'会计理论和新一代信息技术、数字化商业环

---

① 事项法会计通常仅提供原始的事项信息,该信息一方面需要计算,另一方面主要目前的市场价格信息对其进行调整,否则难以适应目前的决策需要。

境三者在当前时代的耦合,使事项法会计的基本思想可以转变为会计实务、制度和教育的革命。"①

而从理论概念上讲,事项法会计明显优于价值法会计。对此,学者娄权早在 2000 年便坚信"事项法前景广阔,必将取代价值法"。② 而笔者在 2002 年攻读博士学位时,导师曾经计划让我们四位同学以事项会计为对象进行系列研究,但受实证研究方法限制而未能实现。但笔者从此关注事项会计,并认为随着信息技术应用,事项会计必将取代价值法会计。

第二节 本书观点总结

一、本书技术路线与内容

(一) 本书的技术路线

首先,从整体逻辑与脉络来讲,本书主要以"权责确认基础"与"市价计量基础"为理论支撑,研究如何实现"如实反映"的会计目标,这不仅是《会计法》的法定目标,也是笔者乃至其他学者的(第七章第一节)看法。只不过本书将其应用于合并会计报表的研究,其中以"权责确认基础"探讨了合并报表编制的基础理论,以"市价计量基础"确立了会计报表的技术方法,所以,因研究基础不同本书分为前后两部分。

在前三章中,以"权责确认基础"研究了合并报表编制的法理来源、内涵性质与编制理论。首先,基于法人独立性发现合并报表编制缺乏法理基础,而当其主体混同而丧失独立性后便可依法合并;对独立法人而言,其独立性反过来可以让其将法人权利的部分让渡给控股股东——其中,对法人使用权(经营权)让渡可以形成合并报表编制的法理依据,而拥有法人处分权的主体也拥有部分合并的依据。其次,探寻了合并报表的内涵性质,并基于法人主体混同的法律后果,解释了合并抵销分录的法理依据。基于"法律权责(人格或会计主体)混同"合并报表内涵,解释了合并报表三种主要应用场景。最后,分析现有合并报表理论,发现均存在母公司与子公司、控股股东与其他股东之间的不平等对待;于是,基于民商法的"公平原则"提出了合并报表编制的"公平理论",并解析了可能的实现途径以及未来趋势——市场

---

① 张为国、王文京:《从帕乔利到正在发生中的深刻会计革命——纪念乔治·H.索特的〈会计理论的"事项"法〉发表 50 周年》,《财务与会计》2019 年第 24 期,第 6—12 页。
② 娄权:《对价值法与事项法的比较分析》,《四川会计》2000 年第 4 期,第 52—53 页。

价格计量。

此部分,以法学权责基础——因权利义务为法学基本概念,故所谓"权责"就代表着民法基本原理与具体法律规定——探讨了合并报表编制的法理依据、内涵性质与编制理论这三个前后关联的问题。其关联性在于前者决定后者并产生后一个问题,只有合并报表编制具有法理依据才有其存在的合法性,只有知悉合并报表内涵性质才能够解析其应用场景,只有合并报表编制有着合适理论才能获得现实社会的认可。对这些问题的探讨,均采用权利义务的法学基础理论进行。其中,公司法人人格被否定在于"人格混同",从而为合并报表内涵本质的探寻提供了指引,在合并报表编制的"公平理论"中则通过市价计量与账面计量的对比,引出了下一部分探讨的市场价格计量应用问题。

接下来三章中,以"市价计量基础"解决了合并会计方法、商誉计量、外币折算与物价变动会计四个与合并报表编制密切相关的问题。首先,从《公司法》等法律规定解析了现存两种合并会计方法的依据及其所存在问题,随后从法学层面分析了控股合并的公平交易实质,并确定了以公平交易的市场价格计量企业合并的方法。其次,一方面从商誉持续的超额盈利结果向上追根溯源,认为其源自企业文化的管理制度,并表现为会计中的资产(正商誉)或负债(负商誉),另一方面从企业合并的商誉价差入手,分析了价差的具体构成,梳理了企业价值评估的不同方法,发现采用持续的市场价格计量是商誉会计问题的合理化解之策,当然对市场价格主观性要通过透明化披露来化解。最后,探讨了服务于合并报表编制的物价变动会计与外币报表折算两大问题,发现从物价变动与汇率波动原因中难以找到解决之策,而基于"如实反映"的会计目标,采用会计期末的单一汇率与市场价格则是目前较为可行的化解之道。

此部分,以市场价格计量为核心技术方法,分三章探讨了合并报表编制相关的四个问题。其中,企业合并是合并报表编制的前奏,控股合并产生合并报表编制需求。要想解决合并报表编制问题,要想落实"公平理论"的应用,需要首先解决企业合并会计问题。因此,先是采用法学分析方法解析会计处理的法理依据,然后确定了市场价格计量的研究结论。持续的市场价格计量不仅适用于合并会计,而且应当全面地应用于所有的会计主体中。对商誉,不但应由会计主体用市场价格直接计量(自创商誉),而且应当对不同结果公平对待——借差为正商誉资产、贷差为负商誉负债。对于外币报表折算与物价变动会计,只有采用市场价格计量才能够实现"如实反映"的会计目标,也才能够合理化解其中的会计问题。

在最后的整体性总结中,通过回答有关专家问题,进一步阐释了笔者的会计理论基本观点,所有的观点都是在于实现"如实反映"的会计目标。为此,财务会计仅有反映的独立职能,会计信息质量特征应当分记账凭证、报表项目、会计报表、报表附注四个层次并围绕实现"如实反映"的会计目标而提出。随后,对基于"权责确认基础"与"市价计量基础"的会计发展趋势进行了展望。不仅是展望未来,而且也是对绪论提出的"权责确认基础"与"市价计量基础"两大基础的呼应,形成了首尾衔接的技术路线与论证逻辑。

(二) 主要内容与观点

第一章,绪论。首先梳理了我国、美国与 IASB 有关企业合并与合并报表的会计规范,归纳了我国保持中国特色与持续趋同的特点,及研究的理论价值与现实意义。其中,对我国的会计规范尽可能标注了发文文号,以便做到严谨准确。其次,在分析并提出会计研究的"从会计基础指向会计目标"的技术路线后,通过对会计诞生历史回顾而发现了"权利责任确认经济利益归属""市场价格计量经济利益数量"的两大会计基础。其中,以权责确认基础论证了第 2—4 章合并报表编制的基础理论,以市价计量基础论证了第 5—7 章的技术方法。最后,针对本书研究的思路、方法与内容进行了介绍。

第二章,挖掘了合并报表编制的法理来源。之所以要挖掘,在于其深藏在民商法基础理论之中。为此,首先探讨了合并报表编制的法理基础。基于法人独立性与有限责任,发现控股股东(母公司)不存在编制合并报表的法理依据。紧接着,基于司法判决中的基本原理,发现当被投资公司被其控股股东过度控制时,便会因导致"人格混同"而丧失其独立人格,控股股东会因承担连带责任而可以依法对被投资公司全面合并、编制合并报表。其次,基于法人独立性与民法的"意思自治",探讨了法人将其权利中的权能分离并授予其控股股东之后,所可能产生的合并报表编制法理。其中,还辨析了法人权利构成及其分离状态——法人权利之分离是"三权分离"而非"两权分离"。最后,根据"权能分离理论"逐项解析了法人权利之占有权能、使用权能、收益权能、处分权能分离并授予其控股股东之后,控股股东编制合并报表的法理依据。其中,使用权的授予可以形成合并报表编制的法理依据,而其合并报表编制方法则是主流的完全合并法,而拥有处分权的主体在特定条件下也可以拥有合并报表编制的法理依据。

第三章,探寻了合并报表内涵性质。首先,剖析了会计主体内涵。基于法学权利义务对立统一关系,认为会计主体是"权责统一体";随后,基于合并报表的主体混同的法律实质,以法学混同概念论证了合并报表的产生以及合并抵销分录编制的法理依据。其次,针对基于控股股权而编制的现状,分析了其中的合并权力来源——经营权;不论这一权利由母公司持有还有由民间非营利组织持有。再次,针对行政管理中合并报表编制现状,从管理权责视角对其予以揭示,并介绍其合并报表编制的主要程序。这一源自行政权责混同而产生的合并报表,还存在于总部对分支机构的合并,存在于承包经营中承包公司对被承包企业的合并。最后,基于管理计划职能论证的模拟合并报表编制的权责依据。这一现象存在于我国国有企业改制并上市的时期,也存在于控股合并之前对于不同方案决策需要之时,以及存在于重大资产重组后备用(备考)合并报表的编制中。

第四章,阐释了合并报表编制的公平理论。首先,在总结合并报表编制的所有权理论、母公司理论、实体理论与当代理论所存在的共同缺陷——母公司与子公司之间的不平等、控股股东与非控股股东之间的不平等——基础上,移植民法学中的"公平原则"而提出了合并报表编制的"公平理论"。其次,基于民商法中不同的法律规范,梳理了"公平理论"的法理来源,解析了"公平理论"公平对待的会计处理规则。最后,通过计量属性选择来落实两层面的公平,并设想了"公平理论"两种处理方法——市场价格计量法与账面价值计量法,同时介绍了两种方法下不同的处理特点。随后,通过两者优劣对比引出了更合理的"市场价格计量"模式,又通过相关概念辨析厘清了市场价格与公允价值的同一关系,区分了其与"新起点会计"的差异所在,引出了下一步的研究内容——合并会计。

第五章,论证了合并会计方法的持续市场价格计量。首先,针对目前在用合并会计方法——购买法与权益结合法(账面价值法),分两节从法理上解析具体方法的法律依据,同时指出了各自的现实困惑问题。其次,通过对控股合并法律实质的分析——控股权的"公平交易"与"公平价格",自然引出了会计处理的市场价格计量。再次,为了让市场价格计量得以全面落实,探讨了利润表的计量属性——交易价格。最后,通过表格形式对比了购买法、权益结合法与持续市价交易计量法的主要差别。

第六章,会计商誉问题。因为不可辨认的特征,导致商誉成为会计的具体难题,通过合并价差分解,发现导致该价格差异的原因较复杂,转而从产生超额盈利结果的核心竞争力中探索商誉的内涵本质。通过对核心竞争力形成理论与构成的辨析,认为产生超额盈利结果,表面上来源于核心竞争力,而根源在于合适的企业文化,并具体表现为合理的管理制度,进而提出了商誉的企业文化观。随后,探讨了商誉计量问题,其中的核心问题在于企业整体价值的评估,回顾企业价值评估方法发展历史,发现商誉计量方法的多样性与困难。针对商誉金额计量的困难与结果的主观性,提出了透明化披露的化解之策。

第七章,物价变动会计与外币报表折算。这是与合并报表并列的财务会计三大难题中的其他两大难题。为此,首先梳理并明确了"如实反映"的《会计法》所规定的会计目标,并为此提出了资产负债表的市场价格计量、利润表的交易价格计量的"市价交易计量方法"。一方面是为了化解后续的两大会计难题,另一方面也是对市场价格计量基础的总结。随后,分两节分析了物价变动会计与外币报表折算难题的化解思路。理论上,如果能够从物价变动与汇率变动原因中找寻解决对策,则是根本性的解决之道。但是,文献梳理发现其中影响因素复杂,在各自研究领域中均无定论;所以,从会计人员应实现的"如实反映"会计目标视角来思考,是目前可行且合理的对策。最后,提出了以期末市场价格计量完成对物价变动的客观反映、以单一期末汇率折算完成对外币报表折算的技术方法。

第八章,总结与展望。第一节解答了专家的相关问题,其一为有关会计职能、会计信息质量特征的观点,其二为会计智能化应用与事项法会计崛起的大趋势。第二节总结了研究的技术路线与主要内容,介绍了可能创新与研究不足。第三节发展展望部分,一方面基于权责确认基础,认为会有着以《会计法》为统驭的会计准则中国化之必要性;另一方面基于市价计量基础,预测了管理会计可能的今后两大研究重点。

二、可能创新与研究不足

通过之前对笔者会计研究的基本观点的简要介绍,对本书主要研究规定的归纳,笔者认为困难的创新性观点及其不足可以有如下几点。

(一) 可能的创新

随着阅读文献的增加,笔者对创新的表达越发惶恐;因为笔者发现自认为的创新点或多或少有学者都提出过,或为直接观点或为隐含表达。如,对会计主体"权责统一体"的认识,其他学者在行政管理研究中则论及"权责一致"的看法。[①] 又如,在论证现代公司经营权时提出了"三权分离"的观点,而学者王忠、姜德源更早时候便提出过"国家所有权、行政权与企业经营权"的"三权分离"观点。[②] 再如,两位来自美国的 IASB 理事——佩特·费尼根(Patrick Finnegan)和詹姆斯·莱森林(James Leisenring),其对计量属性的

[①] 郭蕊:《治理时代的权力与责任》,《沈阳师范大学学报(社会科学版)》2013 年第 5 期,第 41—44 页。

[②] 王忠、姜德源:《论国家所有权、行政权与企业经营权的分离》,《法学研究》1988 年第 4 期,第 47—50 页。

观点"几乎是一致的，即纯现时价值观"。① 这也可以看作本书"市场价格计量"的其他学者观点，是对理论界与实务界前辈观点的认同。因此，如果说本书可能有所创新，应当更在于观点的整体性、服务于会计目标的系统性与前后呼应的一致性。

在合并报表的可能创新，基于两个会计基础而产生。在以法学"权责确认基础"的研究中，涉及的三章中有着如下可能性创新：（1）在于合并报表编制法理依据挖掘中，基于法人独立性认为控股股东不拥有合并子公司的法理依据，除非因为过度控制而导致子公司丧失法人独立性。（2）在于合并报表内涵性质辨析中。主流观点是经济控制观，而本书采用法学分析方法，因为合并报表是会计主体"人格混同"的自然结果。为此，从法律关系中混同导致权利义务失去对立面，论证了合并抵销分录的法理依据。（3）在于合并报表编制理论探索中。现有的合并报表编制理论，均存在着母公司与控股股东高高在上而对其他主体不平等对待的缺陷；而《民法典》中"公平原则"的平等理念，形成合并报表编制的公平理论。这一理论中"主体平等"的理念与"公平对待"处理，有别于控股股东优先的现有理论与方法，故而也可能是创新的。

以"市场价格计量"的技术方法，其理论构成可归于"激进学派"（radical school）的"现时价值会计"，②但两观点的出发点有所不同。但本书的技术方法并非仅用于解决物价变动问题，而是会计报表的法律关系所致，在于实现"如实反映"的会计目标。因此，手段相同不妨碍理论价值差异。因此，若可能有创新，仅在于对具体问题的应用。

本书更大的价值在于独立表达，是源自中国学者的观点。因为，会计名家夏立军教授等通过梳理中国大陆会计研究廿余年的国际化进程发现，大陆高校学者在国际顶级期刊论文发表数量增加，却伴随着本土化显著下降和学术影响力的缺失。③ 而会计名家杨雄胜教授等也发出类似感慨，面对会计星空之空缺，"需要中国会计学者站在中国这块大地，立足中国会计发展真实全面的全部实践，通过冷静而严肃的思考，来向世界会计同行认真证明中国会计理论贡献的实际价值"。④ 其实，在阅读相关文献过程中，总能看到

---

① 张为国：《影响国际会计准则的关键因素之四：理事倾向（中）》，《财会月刊》2021年第16期，第3—13页。

② 艾哈迈德·里亚希-贝克奥伊：《会计理论》，钱逢胜等译，上海：上海财经大学出版社，2004年，第387页。

③ 夏立军、王珊：《南辕北辙，还是在路上？——中国会计研究国际化进程观察》，《当代会计评论》，北京：科学出版社，2018年第11卷第4辑，第24—49页。

④ 杨雄胜、缪艳娟、陈丽花、时现、李翔：《仰望会计星空、静思会计发展》，《会计研究》2020年第1期，第67—76页。

与笔者观点相同或近似的看法,因而本书是站在巨人肩上的作品,并能够按照"如实反映"法定会计目标将其前后连贯地排序,也许正是本书有些可能创新之处。

(二) 研究的不足

研究主要不足为一家之言,且以我国法学理论而非主流的西方经济学理论为理论基础,还采用作者的基础起点论而非主流的目标导向论。虽然认同会计信息要服务于会计目标,但所认可的会计目标是"如实反映"而非主流的决策有用观;即使认同"公允价值计量"却又称其为"市场价格计量",且要求对市场价格计量全面持续应用以化解几乎所有的会计难题。如此非主流的理论基础、目标观点与研究思路,每一个理论观点都可以招致批评与质疑,进而影响本书所设想的合并报表整体构想乃至会计理论的整体观点。

具体而言,在探讨合并报表编制法理依据时,基于法人独立性而否定了合并报表编制的合法性,过分强调了法律形式而忽视了经济实质。在探讨合并报表内涵性质时,将任意多个会计主体联合而成的会计报表,均称为合并会计报表。在论证合并报表编制"公平理论"时,过分强调两个层面的形式平等,而忽视了合并报表乃是服务于控股股东的会计经济实质。在论证企业合并会计的市场价格计量时,过分强调企业合并的市场交易性质,忽视了集团内合并使用账面价值的合理性,忽视了 IASB 已经在对此方法征求意见。在合并商誉研究中,并未提出实质性新观点,而是将其让渡于难以实现的充分披露。在外币报表折算与物价变动会计研究中,仅以"如实反映"的法律要求提出期末市场价格的应对之策。

之所以会这样可能处处被质疑的研究,在于两点:其一,目前我国的会计理论研究(重要学者的重要论文)似乎都在证明西方理论(主要是英美理论)放诸四海而皆准。与此同时,我国哲学社会科学研究又在强调"中国特色"。相比这两个不同的理论基础借鉴,笔者的能力与兴趣在于"中国化"的思维。其二,遵纪守法是所有主体的行为规则,包括会计人员。因此,以我国法学理论为基础研究会计问题,希望得到肯定。

本书技术方法是"市价交易计量",持续采用市场价格计量,有着完美主义、理想主义的倾向。之所以如此,笔者认为不能因为条件不完全具备就放弃追求理想的脚步,而是设定目标、不断努力就有可能实现,正所谓"不忘初心、方得始终"。"如实反映"的会计目标,也许近期难以实现,但我们不能放弃。其中问题症结在于商誉计量,如果所有资产负债项目均得以计量,则控股合并时的买卖价差就是谈判效果,但因其主观性较强,可以允许控股股东所列报的购买商誉与被并方所列报自创商誉金额不一致。对此,可以采用听证会方式,由双方各自陈述自己的理由同时质疑对方的理由;是司法判决中对于证据质证的会计实践,通过相互质证,一方面能够厘清各自计算过程,另一方面将会极大促进"如实反映"会计目标的接近。因此,技术方法应用虽有缺陷,但不应被放弃。

为此,笔者通过对法学理论的深入挖掘,疏通了逻辑脉络、补充了法学理论、增添了文献回顾、调整了章节内容、弥补了重要缺陷、形成了清晰结论、强化了以法学理论研究的主线、明确了市价计量的应用。在这一过程中,不仅仅是广泛调研而且是深入学习,而在这一过程中,随着学习的深入,笔者发现自己不是知道的更多,而是不知道的更多。该状态一度影响到笔者自信心与书稿完善进度。此时,笔者反复研读有关专家的建议,透过建议文字而领悟其背后的技术逻辑,方才找到了问题之症结。

在本研究课题结项时,鉴定专家提出了三组意见。其中,意见一针对"公平理论",认为"单纯考虑公平理论,似乎有为研究而研究的问题"。意见一还指出,"其实,很多会计处理方法之所以无法完全遵循一个理论或逻辑,也是因为与实践的妥协,所以单独从理论层面去提出异议(即本书稿的新观点),其实意义不大"。①

意见二认为,"由于合并会计报表的'购买法'和'权益结合法'是比较公认成熟的理论与方法,该成果试图从'权责确认'和'市价计量'视角来研究合并会计报表理论与方法问题,尚需充分深入地论证说明提出该观点的理由和依据"。②

意见三认为,"会计报表完全按市价计量,一是不具备可操作性,二是与经典会计理论不符"。意见三还指出,"解释说明会计技术方法的复杂性,单靠学理上、观念上的论证,容易使人陷入云里雾里,有失趣味性。建议书稿增加一些具体的有数据的例子,使读者能够更好地理解作者想表达的思想"。意见三最后还提出,"书稿在对现实中的一些复杂业务,如母子公司交叉持股、反向购买、处置子公司等均未涉及,建议在以后的研究中加以考虑"。③

鉴定专家的以上意见,不仅指出了本研究的不足,而且将构成笔者今后

---

① 本书基于单一理论逻辑并非与现实妥协而构建,故会导致与目前会计准则规定不一致。
② 虽然本书第一章第二节"会计研究的基础"、第八章第二节"本书技术路线与内容"中涉及"权责确认"与"市价计量"的提出及其应用价值,但论证依然不够深入。有兴趣的读者可参见拙作黄申:《财务会计概念框架之法学研究》,北京:中国人民大学出版社,2013 年。
③ 有关增加现实复杂业务,增加具体例子以提升趣味性,笔者会在后续的研究中考虑。

的研究选项。在此,对鉴定专家深表感谢。

第三节　会计研究展望

会计作为一个价值管理系统,有着多方面的发展可能。笔者在此仅从权责确认与市价计量两大基础预测,既在于梳理笔者今后研究方向,更在于抛砖引玉。

一、权责确认的展望

在会计规范中,直接影响会计处理的是会计准则或会计制度此类技术性规范;不过,该规范也是全球趋同的重要内容。但是,这一过程并非单纯的技术之争;参与其中的会计学家张为国教授等指出:"制定全球适用的国际会计准则既是一个理论之争,又是一个权利之争。"①之所以如此,会计学家黄世忠认为:"会计准则绝不是纯粹的技术规范。究其本质,会计准则就是财富分配的游戏规则,它界定了财富分配的金额和流向。鉴此,各利益相关方利用其影响力,介入会计准则的制定也就不足为奇了。"②

随着我国财政部 2010 年会计准则建设"持续趋同路线图"的确立,随着IASB工作目标由"协调"转向"趋同",使得"'强制性趋同'已成为国际会计准则理事会推进全球性会计制度变革的根本指导思想和基本方针"。对这一趋势,会计学家郭道扬指出,这会使得"经济发达国家对发展中国家经济权益的'会计侵害',正在成为全球化中的普遍现象"。之所以趋同会侵害国家利益,在于要想实现经济权益的合理分配,"要切实保障在它们之间实现利益的公平、公正与均衡分配,其关键取决于一系列产权法律制度的安排,而全球性统一会计制度的安排又是其中具有基础保障作用的部分,在全球性变革中,它既具有针对性与切实性,又具有迫切性与可能性"。但此过程不能以美国经验为标准,因为"美国财务会计准则中的理论性,始终局限于会计与财务原理方面,不仅从根本上缺乏经济学、法学与管理学的理论支持,而且还在一些概念的建立上违背了这些理论。所以,美国的财务会计准

---

① 张为国、李东平:《围绕国际会计准则前景的较量与对策》,《会计研究》1999 年第 8 期,第46—52 页。
② 黄世忠:《中流自在行:我的会计学术之路》,北京:中国财政经济出版社,2020 年,第 308页。

则不可避免地存在若干理论性和制度性的缺陷与问题"。^① 对此,会计学家张为国教授通过其切身感受而指出:"各国意识形态、政治制度、经济发展水平、市场复杂和成熟程度、文化传统、监管体制等存在不同程度的差异,在此背景下,建立高质量的国际财务报告准则(IFRS)并非易事。"^②因此,国际会计准则的趋同不是一个一蹴而就的事情,而为了防止其中的"趋同陷阱",我国必须未雨绸缪地提前应对。

对会计的技术性规范,我国目前形成了会计法律的原则性规范与会计准则具体性规范两个平行发展的不同路线。其中,前者的决定权在于全国人民代表大会,并规定了"真实完整"的法定会计目标,还明确了会计机构构成、法律责任等内容;而后者的主导权在于 IASB,并提出了"受托责任""决策有用"的双目标。那么,如何完善在践行"持续趋同"承诺的同时又遵守我国法律规定,以维护我们的国家利益?

对此,学者周华教授认为,我国应"根据法律证据记录财产权利和债务,能够与税法最大限度地相互协调,从而能够保证会计记录的法律证明力,可用于评价管理业绩,所计算的净利润也可按照公司法进行利润分配"。^③ 如此建议,是因为"无论国家统一的会计制度是否与法律法规挂钩,法律法规都在那里,所有企业都必须遵守。依照法律法规的基本原则完善我国的会计法规,是会计改革取得成功的必由之路"。^④

应当说,会计准则制定不仅是一个技术性问题,而且是一个法律规范制定权问题。如何践行"持续趋同"的承诺又掌握规范的制定权?就我国国情而言,可以通过完善会计基本法——《会计法》来实现。通过修改《会计法》来协调两者差异,一方面能够实现会计领域内"全面依法治国"的落实,另一方面摆脱对"国际会计准则"的被动追随。因为遵守所在国法律、不干涉主权国家内政是《联合国宪章》第二条中的规定,作为民间组织的 IASB 自然不能违反这一规定。对于《会计法》的修订,财政部办公厅已经于 2018 年面向社会征求意见。而在这一过程中,是会计学者可以出力之处,因为《会计法》具有较强专业性。而根据《中华人民共和国立法法》(2000 年 3 月 15 日,第九届全国人民代表大会第三次会议通过)第 53 条规定:"专业性较强的法

---

① 郭道扬:《会计制度全球性变革研究》,《中国社会科学》2013 年第 6 期,第 72—90 页。
② 张为国:《影响国际会计准则的关键因素之二:理论之争(上)》,《财会月刊》2021 年第 4 期,第 3—12 页。
③ 周华、刘俊海、戴德明:《会计准则与法律制度的理念分歧——关于会计准则之价值导向的反思》,《社会科学战线》2009 年第 7 期,第 178—187 页。
④ 周华:《我国会计理论与会计规则的优化路径》,《财会月刊》2019 年第 24 期,第 67—73 页。

律草案,可以吸收相关领域的专家参与起草工作,或者委托有关专家、教学科研单位、社会组织起草。"①而当《会计法》修订完成之后,接着便是《企业财务会计报告条例》和《总会计师条例》两部行政法规,甚至是《企业会计准则——基本准则》等会计准则的修订。只要符合我国会计法律、行政法规规定,就是符合国情且可能被 IASB 所接受的事情。

因此,为了维护国家利益,基于我国民商法的权责规定、基于《会计法》的完善来维护我国的国家利益,则是会计(财务会计技术性规范)的发展趋势之一。

二、市价计量的展望

会计虽有不同分类,但根源均在于管理会计。对此,会计名家胡玉明教授指出:"管理会计本质是会计。会计一开始就是管理会计,因金融市场的发展而分流出财务会计。"②相对基于权责界定经济利益的财务会计,管理会计更关注技术方法,其价值数据都是市场价格而非其他。因此,管理会计方法的丰富属于市价计量的重要发展趋势。

在我国,管理会计发展方向可能有哪些? 中国学者应当服务于国家经济发展,应当从党的报告、国家政策中找寻。因此,环境会计和三农会计是未来的发展。

其一,治理环境问题,需要管理会计。虽然"生态文明建设"早在 2012年党的十八大报告中提出,但之后 2017 年"甘肃祁连山国家级自然保护区生态环境问题"、2018 年"陕西秦岭违建别墅问题"等典型环境违规事件,直接表明了我国环境会计发展的滞后。为此,我们需要"推进绿色发展、着力解决突出环境问题、加大生态系统保护力度"。③

我国环境会计发展,可概括为起步较早、研究滞后、问题突出。在我国,会计学家葛家澍与李若山教授早在 1992 年就完成了对其引进与介绍,④但如何评价我国的环境会计研究? 学者周守华等发现,我国环境会计研究"新的观点不断涌现,但……环境会计理论还难以有统一且权威的理论解释"。⑤ 在党的十八大提出"生态文明建设"战略决策后又是如何? 学者张本

---

① 《中华人民共和国立法法》,北京:法律出版社,2015 年,第 31 页。
② 胡玉明:《管理会计:管理还是会计》,《新会计》2020 年第 4 期,第 6—12 页。
③ 习近平:《决胜全面建成小康社会、夺取新时代中国特色社会主义伟大胜利》,北京:人民出版社,2017 年,第 50—51 页。
④ 葛家澍、李若山:《九十年代西方会计理论的一个新思潮——绿色会计理论》,《会计研究》1992 年第 5 期,第 1—6 页。
⑤ 周守华、陶春华:《环境会计:理论综述与启示》,《会计研究》2012 年第 2 期,第 3—10 页。

越等归纳发现，我国环境会计存在"理论研究不全面、环境会计信息披露质量差、环境会计制度建设不完善等诸多问题"。①

此落后局面，既在于观念固化，也在于方法缺陷。对于观念，需要认同"人与自然是生命共同体"的理念；对于方法，应以"人民群众对美好高质量生活的向往"为标准而构建评价指标与决策方法。为此，需要"持续推动生态环境和自然资源会计核算报告研究，为生态环境损害赔偿制度、责任追究制度、环境治理制度、生态修复制度等提供基础数据支持；探索构建有助于实现碳达峰、碳中和目标的会计体系，进一步合理确认、计量、报告、考核、评估企业自然资源利用效率，充分反映企业履行低碳责任水平，全面披露企业的生态效率和社会效益，科学评估企业经营业绩和环境绩效，倒逼企业开展技术创新，减少碳排放强度；探索将会计工作融入减排路径设计，推动能源转型、节能改造，增加与气候相关的会计信息披露，着力制定完善碳排放相关核算制度、碳核查制度和碳审计制度"，实现"探索构建资源环境会计体系，为推进生态文明建设贡献会计智慧"的任务目标。②

其二，落实"全党工作重中之重"三农问题，需要"三农会计"。党的十九大报告提出："要坚持农业农村优先发展，按照产业兴旺、生态宜居、乡风文明、治理有效、生活富裕的总要求，建立健全城乡融合发展体制机制和政策体系，加快推进农业农村现代化。"③如何实现这些要求以将其有效落实？三农管理会计为首要之选。

相比环境会计，三农会计的研究很薄弱。在中国知网中，以"三农"为题也仅搜到一篇探讨"农业类高职会计课程建设"的论文。④ 正如该文提及，"由于农业生产组织形式的变化、我国会计制度体系的改革、对农业会计教学认识的片面性等因素影响，农业会计教学于 20 世纪 90 年代初开始在高校近乎消失"，这一归纳总结了我国"三农会计"尴尬的现状。而有关农业会计的研究，则集中于相关会计准则。如，学者綦好东教授⑤及其与王斌合著的回顾论文中，发现农业会计主要内容为会计核算，部分内容涉及农村会

---

① 张本越、申振：《生态文明视阈下我国环境会计的重新定位及其发展策略》，《南京工业大学学报(社会科学版)》2018 年第 3 期，第 68—76 页。

② 周守华、刘国强：《感动·心动·行动　浓墨重彩描绘会计理论发展宏图——〈会计研究〉新年献辞》，《会计研究》2021 年第 1 期，第 3—4 页。

③ 习近平：《决胜全面建成小康社会、夺取新时代中国特色社会主义伟大胜利》，北京：人民出版社，2017 年，第 32 页。

④ 刘花：《服务"三农"视角的农业类高职会计课程建设思考》，《财会月刊》2015 年第 21 期，第 107—109 页。

⑤ 綦好东：《我国农业会计准则制定的几个基本问题》，《会计研究》2004 年第 4 期，第 22—26 页。

计人员及其管理体制,①并未涉及三农的管理会计。

应当说,三农会计领域广泛,涉及农村土地、粮食与产业发展,涉及美丽乡村、绿色发展,进而还会延伸到农民个人发展方面。作为农业大国,我国应当拥有一套具有中国特色的三农会计理论体系。在财务会计方面,可以通过建立财务共享中心而促进其发展,但更重要的是管理会计突破。可以研究的领域,至少有以生态环境建设为核心的"绿色发展会计",以"培育新型农业经营主体"和"多目标决策"为代表的"美丽乡村会计"。

三、可能的研究方向

其一,深入编制合并报表企业调研实务问题。此做法,一方面是了解实务,另一方面可探寻公平理论与市场价格计量的现实可行性。因为"实践是检验真理的唯一标准"。② 而我国正在趋同的是"国际财务报告准则",该技术性规范被会计学家郭道扬认为"缺乏科学理论基础"。③ 我国国情不同于西方发达国家,合并报表编制实务中面临很多问题,只有尽可能解决更多的实务问题,才能形成有价值的会计理论,从而丰富现有的会计理论体系。因此,笔者后续研究可以将合并报表编制的公平理论及其市价交易计量法应用进行实务调研,探索本书的研究构想能否顺利应用。进一步,还可以将所研究成果表现为"合并报表准则"这一会计技术性规范。因此,这是基于现有研究的一个后续研究方向。

其二,深入学习领会习近平新时代中国特色社会主义思想,找寻有助于构成合并报表研究理论基础的观点。人文社会科学研究不同于自然科学研究,不同的理论支持会产生不同的学术观点。而社会科学研究本来就是有着强烈的国别特色。但是,我国目前会计理论研究基本上都是在证明西方观点的普遍适用性,这是会计理论研究中缺乏自信的表现。如何将博大精深的习近平新时代中国特色社会主义思想应用到财务会计理论研究中,从而构建出具有中国特色的财务会计理论体系,应当是后续研究的方向之一。

其三,会计法律的研究。基于权责确认基础用法学理论来研究会计问题,甚至《会计法》的研究,也是一个可能的方向。财政部办公厅于2018年6月6日发布了《财政部关于就〈中华人民共和国会计法〉修订重点问题征询

① 綦好东、王斌:《创新、特色、趋同:我国农业会计改革与发展30年述评》,《会计研究》2008年第10期,第3—8页。
② 本报特约评论员:《实践是检验真理的唯一标准》,《光明日报》1978年5月11日。
③ 郭道扬:《会计制度全球性变革研究》,《中国社会科学》2013年第6期,第72—90页。

社会意见的通知》(财办会〔2018〕18 号),提出了 9 类具体问题征询意见。① 随后,财政部办公厅于 2019 年 10 月发布了"《会计法》的征求意见稿",向全社会征求意见。从法学视角的会计研究,最集中的表现应是对《会计法》的研究,这应当是笔者后续的一个可能研究方向。

对于会计的发展预测与后续研究的推测,这里再次引用屈原名言:"路漫漫其修远兮,吾将上下而求索。"笔者将通过个人持续不断的学习,将论文写在祖国大地之上,希望能够有助于会计理论体系的丰富,更希望能够有助于我国会计理论的应用。

---

① 财政部就《中华人民共和国会计法》修订重点问题征询社会意见,《财务与会计》,2018 年第 6 期。

主要参考文献

［1］〔美〕埃尔登·S.亨德里克森：《会计理论》，王澹如、陈今池编译，上海，立信会计出版社，2013年，第1版。

［2］〔美〕艾哈迈德·里亚希-贝克奥伊：《会计理论》，钱逢胜等译，上海，上海财经大学出版社，2004年，第1版。

［3］〔美〕博登海默：《法理学——法哲学及其方法》，邓正来译，北京，华夏出版社，1987年，第1版。

［4］程合红：《商事人格权刍议》，《中国法学》2000年第5期。

［5］陈朝琳、叶丰滢：《借鉴IASB概念框架，完善我国企业会计基本准则》，《会计研究》2019年第9期。

［6］蔡立东：《从"权能分离"到"权利行使"》，《中国社会科学》2021年第4期。

［7］蔡世锋：《企业核心竞争力本质探析》，《当代财经》2002年第10期。

［8］陈信元、董华：《企业合并的会计方法选择：一项案例研究》，《会计研究》2000年第2期。

［9］曹伟、尚振宇：《论合并财务报表与财务会计概念框架的冲突》，《财会通讯》2014年第25期。

［10］常勋：《财务会计四大难题》，上海：立信会计出版社，2002年，第1版。

［11］储一昀、林起联：《合并会计报表的合并范围探析》，《会计研究》，2004年第1期。

［12］财政部会计准则委员会：《企业合并与合并会计报表》，大连，大连出版社，2005年，第1版。

［13］董必荣：《商誉本质研究综述》，《中南财经政法大学学报》2008年第3期。

［14］杜兴强、杜颖洁、周泽将：《商誉的内涵及其确认问题探讨》，《会计研究》2011年第1期。

［15］邓小洋：《商誉会计论》，上海，上海财经大学博士论文，2000年。

[16] 杜云月、蔡香梅:《企业核心竞争力研究综述》,《经济纵横》2003 年第 3 期。

[17] 樊崇义:《诉讼原理》,北京,法律出版社,2009 年,第 2 版。

[18] 范健、王建文:《公司法》,北京,法律出版社,2018 年,第 5 版。

[19] 冯心明、丘云卿:《商誉权法律属性的反思与重述》,《华南师范大学学报(社会科学版)》2009 年第 5 期。

[20] 郭道扬:《会计史研究:历史·现时·未来(第 3 卷)》,北京,中国财政经济出版社,2008 年,第 1 版。

[21] 郭道扬:《全球性会计制度变革研究》,《中国社会科学》2013 年第 6 期。

[22] 郭道扬:《管理基础论》,《会计之友》2013 年第 27 期。

[23] 高富平:《民法学》,北京,法律出版社,2009 年,第 2 版。

[24] 国际会计准则理事会:《国际财务报告准则. 2015. A 部分》,中国会计准则委员会组织翻译,北京,中国财政经济出版社,2015 年,第 1 版。

[25] 葛家澍:《创新与趋同相结合的一项准则——评我国新颁布的〈企业会计准则——基本准则〉》,《会计研究》2006 年第 3 期。

[26] 葛家澍、杜兴强:《财务会计理论:演进、继承与可能的研究问题》,《会计研究》2009 年第 12 期。

[27] 葛家澍、黄世忠:《反映经济真实是会计的基本职能》,《会计研究》1999 年第 12 期。

[28] 葛家澍、曲晓辉:《试论我国会计对当前物价变动的可能反应方式》,《会计研究》1991 年第 2 期。

[29] 郭明瑞:《合同法通义》,北京,商务印书馆,2020 年,第 1 版。

[30] 郭明瑞:《物权法通义》,北京,商务印书馆,2019 年,第 1 版。

[31] 管益忻、韩继志:《论企业战略多元化与专业化之关系》,《中国工业经济》1999 年第 3 期。

[32] 甘培忠:《企业与公司法学》,北京,北京大学出版社,2017 年,第 1 版。

[33] 何家弘:《证据学论坛(第 5 卷)》,北京,中国检查出版社,2002 年,第 1 版。

[34] 侯佳儒:《民法是什么?——学说的考察与反思》,《中国政法大学学报》2014 年第 2 期。

[35] 黄申:《会计理论研究起点观比较与评价——兼议会计理论研究的"基础起点论"》,《西部论坛》2013 年第 2 期。

[36] 黄世忠:《公允价值会计:面向 21 世纪的计量模式》,《会计研究》1997

年第 12 期。

[37] 黄世忠、陈箭深、张象至、王肖健:《企业合并会计的经济后果分析——兼论我国会计准则体系中计量属性的整合》,《会计研究》2004 年第 8 期。

[38] 黄世忠、孟平:《合并会计报表若干理论问题探讨》,《会计研究》2001 年第 5 期。

[39] 黄世忠、王肖健:《公允价值会计的历史沿革及其推动因素》,《财会月刊》2019 年第 2 期。

[40] 郝振平:《发展我国合并财务报表实务若干问题的探讨》,《会计研究》1992 年第 4 期。

[41] 〔美〕杰恩·戈弗雷、阿伦·霍奇森、斯科特·霍姆斯:《会计理论》,孙蔓莉等译,北京,中国人民大学出版社,2007 年,第 1 版。

[42] 焦津洪:《所有权权能的分离与法人所有权》,《法学家》1986 年第 7 期。

[43] 〔美〕加里·约翰·普雷维茨、芭芭拉·达比斯·莫里诺:《美国会计史——会计的文化意义》,杜兴强等译,北京,中国人民大学出版社,2006 年,第 1 版。

[44] 江平:《法人制度论》,北京,中国政法大学出版社,1994 年,第 1 版。

[45] 康德瑢:《股权性质论辨》,《政法论坛》1994 年第 1 期。

[46] 孔庆林、李孝林、弋建明:《试论会计职能理论史》,《北京工商大学学报(社会科学版)》2007 年第 2 期。

[47] 刘大洪:《市场主体规则平等的理论阐释与法律制度构建》,《中国法学》2019 年第 6 期。

[48] 娄而行、张为国:《物价变动会计的理论基础和模式选择》,《会计研究》1991 年第 2 期。

[49] 刘光明:《企业文化》,北京,经济管理出版社,2002 年,第 1 版。

[50] 李国强:《"权能分离论"的解构与他物权体系的再构成——一种解释论的视角》,《法商研究》2010 年第 1 期。

[51] 李海、张勉:《企业文化是核心竞争力吗?》,《中国软科学》2012 年第 4 期。

[52] 梁慧星:《民法总论》,北京,法律出版社,2017 年,第 5 版。

[53] 梁慧星:《民商法论丛(第 6 卷)》,北京,法律出版社,1997 年,第 1 版。

[54] 梁慧星、陈华彬:《物权法》,北京,法律出版社,2016 年,第 6 版。

[55] 李建发:《论改进我国政府会计与财务报告》,《会计研究》2001 年第

6 期。

[56] 李建发、赵军营:《权责发生制政府综合财务报告制度下政府合并财务报表编制问题研究》,《财政研究》2016 年第 12 期。

[57] 刘俊海:《公司法学》,北京:北京大学出版社,2013 年,第 2 版。

[58] 陆建桥、王文慧:《国际财务报告准则研究最新动态与重点关注问题》,《会计研究》2018 年第 1 期。

[59] 黎珞:《股权权能分离制度的法律分析》,《学习与实践》2016 年第 10 期。

[60] 刘梅玲、黄虎、佟成生、刘凯:《智能财务的基本框架与建设思路研究》,《会计研究》2020 年第 3 期。

[61] 梁鹏:《交易公平原则本体论》,《中国青年政治学院学报》2004 年第 2 期。

[62] 刘素:《涉外不当得利、无因管理法律适用实证研究》,《北京理工大学学报(社会科学版)》2021 年第 3 期。

[63] 李若山、蒋卫平、陆颖丰:《企业合并"回整上市"模式下权益结合法的研究》,《研究与发展管理》2005 年第 2 期。

[64] 梁上上:《股东表决权:公司所有与公司控制的连接点》,《中国法学》2005 年第 3 期。

[65] 梁上上:《论商誉和商誉权》,《法学研究》1993 年第 5 期。

[66] 李世师:《试论所有权及其权能分离》,《西北民族学院学报(哲学社会科学版)》1988 年第 1 期。

[67] 刘啸:《企业文化到核心竞争力的三个阶段和两次升华》,《北京工商大学学报(社会科学版)》2012 年第 3 期。

[68] 李孝林等:《会计基本理论比较研究》,北京,科学技术文献出版社,1997 年,第 1 版。

[69] 刘燕:《公司法资本制度改革的逻辑与路径——基于商业实践视角的观察》,《法学研究》2014 年第 5 期。

[70] 刘燕:《验资报告的"虚假"与"真实":法律界与会计界的对立》,《法学研究》1998 年第 4 期。

[71] 李永军:《论我国民法典中无因管理的规范空间》,《中外法学》2020 年第 6 期。

[72] 刘永杰:《权益结合法历史现状与中国的实际》,北京,北京交通大学硕士论文,2007 年。

[73] 刘玉廷:《中国企业会计准则体系:架构、趋同与等效》,《会计研究》

2007 年第 3 期。

[74]〔美〕迈克尔·查特菲尔德:《会计思想史》,文硕等译,北京,中国商业出版社,1989 年,第 1 版。

[75] 毛泽东:《毛泽东选集(第一卷)》,北京,人民出版社,1991 年,第 2 版。

[76] 漆多俊:《论企业法人财产权》,《法学评论》1994 年第 6 期。

[77] 綦好东、王斌:《创新、特色、趋同:我国农业会计改革与发展 30 年述评》,《会计研究》2008 年第 10 期。

[78] 曲晓辉:《股权投资会计问题研究》,《会计之友》2021 年第 6 期。

[79] 曲晓辉:《关于物价变动会计的几个问题》,《会计研究》1989 年第 3 期。

[80] 覃有土:《商法学》,北京,高等教育出版社,2017 年,第 4 版。

[81] 乔元芳:《国际财务报告准则第 10 号——合并财务报表》,《新会计》2011 年第 7 期。

[82] 秦伟、杨占勇:《论所有权及其权能分离的双向性》,《东岳论丛》2001 年第 4 期。

[83] 裘宗舜:《论外币报表换算》,《上海会计》1999 年第 3 期。

[84] 任永平、巩满霞:《IASB 会计信息质量特征修订:国际争论与思考》,《上海大学学报(社会科学版)》2018 年第 1 期。

[85] 孙瑞泽:《深市公司商誉减值与监管应对分析》,《证券市场导报》2020 年第 11 期。

[86] 申卫星:《溯源求本道"权利"》,《法制与社会发展》2006 年第 5 期。

[87] 孙铮:《近年来我国物价变动会计研究综述》,《会计研究》1991 年第 2 期。

[88] 唐稷尧:《扩张与限缩:论我国商业秘密刑法保护的基本立场与实现路径》,《政治与法律》2020 年第 7 期。

[89]〔美〕托马斯·金:《会计简史》,周华、吴晶晶译,北京,中国人民大学出版社,2018 年,第 1 版。

[90] 汤湘希:《企业核心竞争力会计控制研究》,北京,中国财政经济出版社,2006 年,第 1 版。

[91] 汤云为:《论重置成本会计》,《会计研究》1988 年第 1 期。

[92] 汤云为、钱逢胜:《会计理论》,上海,上海财经大学出版社,1997 年,第 1 版。

[93] 王崇敏、郑志涛:《商誉权的法律性质和立法模式探究》,《当代法学》2018 年第 6 期。

［94］万方:《股权转让合同解除权的司法判断与法理研究》,《中国法学》2017 年第 2 期。

［95］吴革:《企业外币报表折算方法的选择》,《会计研究》1996 年第 7 期。

［96］吴汉东:《论商誉权》,《中国法学》2001 年第 3 期。

［97］吴汉东:《论财产权体系》,《中国法学》2005 年第 2 期。

［98］王建文:《论商誉权的概念选择——兼及我国〈民法〉名誉权、信用权立法》,《南京大学法律评论》2004 年第 1 期。

［99］吴建南、李怀祖:《论企业核心竞争能力》,《经济理论与经济管理》1999.年第 1 期。

［100］王利明、杨立新、王轶、程啸:《民法学》,北京,法律出版社,2017 年,第 5 版。

［101］汪青松:《关联交易规制的世行范式评析与中国范式重构》,《法学研究》2021 年第 1 期。

［102］王天东、陈亚民:《财务会计职能演进及评价》,《现代管理科学》2010 年第 9 期。

［103］王文彬:《会计在国民经济中的作用》,《社会科学》1980 年第 5 期。

［104］吴文盛、穆书涛、张举钢:《核心竞争力评价理论与实证研究》,北京,经济科学出版社,2010 年,第 1 版。

［105］王毅、陈劲、许庆瑞:《企业核心能力:理论溯源与逻辑结构剖析》,《管理科学学报》2000 年第 3 期。

［106］王忠、姜德源:《论国家所有权、行政权与企业经营权的分离》,《法学研究》1988 年第 4 期。

［107］王永长:《核心竞争力:企业理论的新发展》,《上海经济研究》1999 年第 6 期。

［108］谢德仁、张梅:《母公司个别财务报表中对子公司投资的会计处理方法之辨:成本法还是权益法?》,《会计研究》2020 年第 2 期。

［109］续慧泓、杨周南、周卫华、刘锋、刘薇:《基于管理活动论的智能会计系统研究——从会计信息化到会计智能化》,《会计研究》2021 年第 3 期。

［110］许家林:《商誉会计研究的八十年:扫描与思考》,《会计研究》2006 年第 8 期。

［111］习近平:《共同构建人类命运共同体》,《求是》2021 年第 1 期。

［112］徐显明:《法理学》,北京,中国政法大学出版社,2007 年版。

［113］徐显明:《公民权利义务通论》,北京:群众出版社,1991 年版。

[114] 许中缘:《论商誉权的人格权法保护模式——以我国人格权法的制定为视角》,《现代法学》2013 年第 4 期。

[115] 阎达五:《马克思的价值学说与会计理论建设》,《会计研究》1983 年第 1 期。

[116] 易军:《民法公平原则新诠》,《法学家》2012 年第 4 期。

[117] 杨纪琬、阎达五:《会计管理是一种价值运动的管理——为纪念中华人民共和国成立三十五周年而作》,《财贸经济》1984 年第 10 期。

[118] 杨纪琬、阎达五:《开展会计理论研究的几点意见》,《会计研究》1980 年第 1 期。

[119] 杨立新:《中国民法典精要》,北京,北京大学出版社,2020 年,第 1 版。

[120] 喻立勇、喻立忠:《试论我国外币报表折算的最佳方法》,《会计研究》1998 年第 7 期。

[121] 俞可平:《重新思考"平等"、"公平"和"正义"》,《学术月刊》2017 年第 4 期。

[122] 尹田:《论民法基本原则之立法表达》,《河南省政法管理干部学院学报》2008 年第 1 期。

[123] 于新循:《商行为特征的法理分析》,《河北法学》2005 年第 2 期。

[124] 杨心宇:《法理学导论》,上海,上海人民出版社,2002 年,第 1 版。

[125] 杨月梅:《论会计理论的逻辑起点》,《会计研究》1998 年第 7 期。

[126] 郑安平:《关于会计目标定位的思考》,《会计研究》2020 年第 3 期。

[127] 朱慈蕴:《公司法人格否认法理研究》,北京,法律出版社,1998 年,第 1 版。

[128] 朱慈蕴:《公司法原论》,北京,清华大学出版社,2011 年,第 1 版。

[129] 周华、戴德明:《会计确认概念再研究——对若干会计基本概念的反思》,《会计研究》2015 年第 7 期。

[130] 周华、戴德明、刘俊海、叶建明:《国际会计准则的困境与财务报表的改进——马克思虚拟资本理论的视角》,《中国社会科学》2017 年第 3 期。

[131] 邹海林:《论企业核心能力及其形成》,《中国软科学》1999 年第 3 期。

[132] 朱锦清:《公司法学》,北京,清华大学出版社,2019 年,第 1 版。

[133] 张建伟:《证据法学的理论基础》,《现代法学》2002 年第 2 期。

[134] 赵敏、李万福、王开田:《IASB 新财务报告概念框架的发展概述及启示》,《会计研究》2018 年第 10 期。

［135］张鸣、王明虎:《对商誉会计理论的反思》,《会计研究》1998 年第 4 期。

［136］张民安:《法国民法中意思自治原则的新发展》,《法治研究》2021 年第 4 期。

［137］周勤业、储民宏:《浅谈企业改制上市模拟会计报表的编制》,《会计研究》1998 年第 9 期。

［138］证券交易委员会:《市值会计研究——遵照〈2008 年紧急经济稳定法〉第 133 节的报告和建议》,财政部会计准则委员会组织翻译,北京,中国财政经济出版社,2009 年,第 1 版。

［139］周守华、陶春华:《环境会计:理论综述与启示》,《会计研究》2012 年第 2 期。

［140］郑石桥、郑卓如:《核心文化价值观和内部控制执行:一个制度协调理论架构》,《会计研究》2013 年第 10 期。

［141］张为国:《我国著名会计学家娄尔行教授的学术思想和贡献》,《会计研究》2015 年第 10 期。

［142］张为国、王文京:《从帕乔利到正在发生中的深刻会计革命——纪念乔治·H.索特的〈会计理论的“事项”法〉发表 50 周年》,《财务与会计》2019 年第 24 期。

［143］张为国、李东平:《围绕国际会计准则前景的较量与对策》,《会计研究》1999 年第 8 期。

［144］张文显:《法理学》,北京,高等教育出版社、北京大学出版社,2018 年,第 5 版。

［145］张文显:《法的一般理论》,沈阳,辽宁大学出版社,1988 年,第 1 版。

［146］郑彧:《民法逻辑、商法思维与法律适用》,《法学评论》2018 年第 4 期。

［147］张永健:《物权法之经济分析:所有权》,北京,北京大学出版社,2019 年,第 1 版。

［148］张至象、李红霞:《〈进国际会计准则〉项目 13 项国际会计准则主要变化》,《会计研究》2004 年第 1 期、第 2 期、第 4 期。

［149］赵万一:《论所有权的权能》,《现代法学》1985 年第 2 期。

［150］Abraham J., 1967: "Briloff. Dirty Pooling", *The Accounting Review*, Jul.

［151］Arthur R. Wyatt，1963："AICPA Accounting Research Study No. 5. A Critical Study of Accounting for Business Combinations",

The Accounting Review，Jan.

[152] Black F，Scholes M. ，1973："The Pricing of Options and Corporate Liabilities"，*Journal of Political Economy*，Mar.

[153] B. Wernerfelt，1984："A resource-based view of the firm"，*Strategic Management Journal*，Feb.

[154] Chow I H. Shan S I. ，2007："Business Strategy：Organizational Culture and Performance Outcomes in China's Technology Industry"，*Human Resource Planning*，30.

[155] C. K. Prahalad and G. Hamel，1990："The Core Competence of the Corporation"，*Harvard Business Review*，Mar.

[156] Donald J. Kirk，1988："Looking back on fourteen years at the FASB：The education"，*Accounting Horizons*，Feb.

[157] DR. Scott，1941："The basic for accounting principles"，*The Accounting Review*，Dec.

[158] Edwards E，Bell P. ：*The Theory and Measurement of Business Income*. California：Berkeley University of California Press，1961.

[159] George H. Sorter，1969："An 'Events' Approach to Basic Accounting Theory"，*The Accounting Review*，Jan.

[160] Gerald A. Feltham and James A，Ohlson，1995："Valuation and Clean Surplus Accounting for Operating and Financial Activities"，*Contemporary Accounting Research*，Feb.

[161] Kerr J. Slocum I W. ，2005："Managing Corporate Culture Through Reward System"，*Academy of Management Executive*，19.

[162] Leake，P. D. ，1941："Goodwill：Its Nature and How to Value It"，*The Accountant*，Jan.

[163] Leonard Lorensen：*Reporting Foreign Operations of U. S. Companies in U. S. Dollars（Accounting Research Studies No. 12）*，AICPA，1972.

[164] Ma Ronald，Roger Hopkins，1988："Goodwill-an Example of Puzzle-solving in Accounting"，*Abacus*，Jan.

[165] Maurice Moonitz，1942："The entity approach to consolidated statements"，*The Accounting Review*，Jul.

[166] Merton，R. C. ，1973："The Theory of Rational Option Pricing Bell"，*Journal of Economics and Management Science*4，Jan.

[167] Miller, Malcolm C. , 1973: "Goodwill an Aggregation Issue", *The Accounting Review*, Apr.

[168] Michael A. Hitt, R. Duane Ireland, 1985: "Corporate distinctive competence, strategy, industry and performance", *Strategic Management Journal*, 6.

[169] Modigliani F. & Miller M H. , 1961: "Dividend Policy, Growth and the Valuation of Shares", *The Journal of Business*, Oct.

[170] Ohlson J. , 1995: "Earnings Book values and Dividends in Equity Valuation", *Contemporary Accounting Research*, Nov.

[171] Robert R. Sterling. *Theory of the measurement of enterprise income*, Lawrence: University Press of Kansas, 1970.

[172] Robert T. Sprouse and Maurice Moonitz. *A tentative set of broad accounting principles for business enterprise*, Accounting Research Study No. 3, New York, AICPA, 1962.

[173] Samuel R. Hepworth, 1957: "Reporting Foreign Operations, Ann Arbor, Bureau of Business Research, School of Business Administration, University of Michigan, 1956, Review by Stephen V. N. Powel son", *The Accounting Review*, Mar.

[174] S. Pratt, R. Reilly & R. Schweihs: *Valuing Small Businesses & Professional Practices*. U. S. : R. R. Donneley & Sons Company, 1998.

[175] Stewart C. Myers, 1977: "Determinants of corporate borrowing", *Journal of Financial Economics*, May.

[176] Trueblood Committee: *Objectives of Financial Statements*, AICPA, New York, 1973.

[177] Walker, George T. , 1951: "Accountants' Present Concept of Goodwill Depends upon Unusual Earnings Power", *The Journal of Accountancy*, Jan.

[178] Yuji Ijiri: *Triple-Entry Bookkeeping and Income Momentum*, American Accounting Association Studies in Accounting Research No. 18, 1982.